U0918354

本书是2020年度国家社科基金重大项目
“国家纵向治理体系现代化和法治化若干重大问题研究”
（20&ZD159）的阶段性研究成果

王建学 著

MONOGRAPHIC STUDY ON LEGAL DOGMATICS OF LEGISLATION

立法法释义学专题研究

中国社会科学出版社

图书在版编目（CIP）数据

立法法释义学专题研究／王建学著．—北京：中国社会科学出版社，2022.9
（天津大学社会科学文库）
ISBN 978－7－5227－0529－3

Ⅰ.①立…　Ⅱ.①王…　Ⅲ.①立法—阐释学—研究—中国　Ⅳ.①D920.0

中国版本图书馆 CIP 数据核字(2022)第 128934 号

出 版 人　赵剑英
责任编辑　张　林
特约编辑　张冬梅
责任校对　赵雪姣
责任印制　戴　宽

出　　版　中国社会科学出版社
社　　址　北京鼓楼西大街甲 158 号
邮　　编　100720
网　　址　http://www.csspw.cn
发 行 部　010－84083685
门 市 部　010－84029450
经　　销　新华书店及其他书店

印　　刷　北京明恒达印务有限公司
装　　订　廊坊市广阳区广增装订厂
版　　次　2022 年 9 月第 1 版
印　　次　2022 年 9 月第 1 次印刷

开　　本　710×1000　1/16
印　　张　20.5
插　　页　2
字　　数　337 千字
定　　价　108.00 元

凡购买中国社会科学出版社图书，如有质量问题请与本社营销中心联系调换
电话：010－84083683

目　　录

第五篇 自贸区、自贸港立法问题

第六篇 监察立法权配置

第七篇 政府法律案的效果评估

序言一

法律本身必须是制定得良好的法律，这是亚里士多德经典法治定义的两项要素之一。在现代法治体系中，为了实现良法的目标，就必须确保立法活动本身遵循其内在的规律性、科学性和规范性。在我国，《宪法》确立了立法制度的基础和框架，《立法法》则将立法制度予以具体化，并进一步对其科学性和规范性发挥了补强和延展功能。由此，《立法法》成为最为重要的宪法相关法之一。近几年来，围绕包括国家监察体制改革等在内的诸多法治事件，相关宪法学讨论经常伴随着立法实践和《立法法》而展开。如果将《立法法》视为动态的宪法，也并不夸张。因此，对《宪法》与《立法法》的统合性研究具有重要性，宪法学者加强对《立法法》的研究具有必要性，宪法学和立法学的适当融合也具有迫切性。

王建学教授的主攻方向是宪法学，自读博开始就一直以央地关系和地方制度为具体研究领域。2008 年他以“作为基本权利的地方自治”为题参加博士论文答辩时，我曾担任其答辩委员会主席。就我的了解而言，他在多年来的央地关系和地方制度研究中逐渐形成了三个比较鲜明的特点：一是注重比较法特别是中法两国宪法的比较研究，二是注重对宪法文本进行系统的规范分析，三是注重挖掘历史文献并结合历史语境。随着央地关系和地方制度研究的方法、内容和体系日臻成熟，他不断拓展并开辟新的学术领域，研究主题不仅包括了立法学，而且还涉及人权法、监察法和环境法等。

《立法法释义学专题研究》一书，是王建学以宪法研究为基础，在立法学领域沉潜深思的重要成果。通过对若干代表性具体立法问题进行较为精致的分析，该书主张在立法学研究中使用法释义学或法教义学的方法，即以《立法法》的条文为基础和框限来解决立法实践中的相关问题。但值得欣慰的是，该书也并未因此落入注释法学的窠臼，作者对《立法法》的释义始终注意到并结合了特定的社会背景，保持了智识思考上的开放性。故该书所倡导的立法法学恰好体现了我国法学研究在方法论方面不断成熟和深入的总体趋势。

综观全书，我认为其表现出以下三个方面的特点。

一是基于《宪法》对《立法法》进行解释，进而实现宪法学和立法学的有效结合。作者将宪法释义学的研究内容、方法和结论充分运用到《立法法》的解释中，比如，以宪法价值溯源和内涵填充等方法阐明《立法法》特定条文的含义，从而为《立法法》的准确适用奠定规范基础。此外，作者还借助合宪性解释方法，基于《宪法》对《立法法》的特定条文进行规范反思和批判，实现了法教义学的体系内批判功能，最终助益于立法制度的完善。

二是聚焦代表性、典型性的立法实践问题，对《立法法》特定条文和制度建立深入且系统的解释框架。比如，《立法法》第 99 条（原第 90 条）规定的被动审查机制是我国审查制度的重要问题，作者通过对审查要求与建议的性质、效力和相互间关系等问题进行规范释义，形成了较为精致和优化的制度性解释方案。当然，《立法法》中包含多项具体制度，作者显然无法对整个《立法法》实现全覆盖，但其已有分析内容和思路对其他立法制度的研究不乏借鉴价值。

三是注重比较研究特别是比较解释方法，从而丰富《立法法》解释的学术想象力。比如，关于《立法法》第 13 条的试验性立法问题，作者非常有针对性地进行了中法两国的比较研究，从而确立起以比例原则为主旨的《立法法》第 13 条解释方案。我国的《立法法》在世界范围内具有独特性，但其中的某些制度不乏比较法意义上的可借鉴项。因此，比较研究的思路特别是比较解释的方法就具有较强的学术增量价值。

当然，该书也存在一定的不足。其中较为突出的一点可能在于，与作者所倡导的立法法学或立法法释（教）义学相比，书中对具体专题的分析虽然较为精致，但关于立法法学的基础理论分析和建构则略显薄弱。晚近以来，学界关于立法（学）与法教义学的结合性研究逐渐深入并取得若干成果。这些成果将有助于在理论上证成该书所倡导的立法法学。

故也有理由期待作者未来在该领域持续性地做出学术贡献。

诚如萨维尼所言，解释法律系法律学之开端，并为其基础，系一种科学性工作，但又为一种艺术。随着中国社会主义法治体系的建构完成，如何立足于中国实践，接续中国法制演进的优良传统，亟须法学学术主体意识的自觉和研究方法的创新。以此言之，王建学教授的本部著作，代表了中国优秀青年法学学人的有益尝试。近几年来，王建学通过一贯的勤学敏思从而成果丰硕，特别是在2020年获得国家社会科学基金重大项目的立项资助更是殊堪嘉许。江山代有才人出，各领风骚数百年。看到王建学的不断成长，我甚感欣慰，期待他励志笃行，卓然大成。

是为序。

秦前红

《法学评论》主编

教育部“长江学者”特聘教授

中国法学会宪法学研究会副会长

2021年10月8日

序言二

在漫长的历史发展演化中，立法始终是代表人类理性和社会化自治的最重要政治行为，无论不同阶级、阶层、社会组织和个人之间的利益博弈与整合，还是体现国家价值取向和集体意志的民主共和形式，立法现象及其规律都需要深入研究。在当代中国，立法是国家的重要政治活动，立法工作关系党和国家事业的发展全局。在全面建设社会主义现代化国家、全面深化改革、全面依法治国、全面从严治党的战略布局中，立法将发挥越来越重要的作用。建设中国特色社会主义法治体系，必须坚持立法先行，发挥立法的引领和推动作用，抓住提高立法质量这个关键，以此推进科学立法、民主立法、依法立法，以良法促进发展、保障善治。《立法法》是实现良法善治的重要的制度保障。自从 2000 年《立法法》颁布实施特别是 2015 年修改以来，我国的立法实践快速发展、立法体制不断完善，进而对立法理论研究的系统性、针对性、实效性提出了新的更高的要求。

近年来，立法学理论研究中涌现出不少有分量的代表性成果，具有中国特色的立法学学科体系日益走向繁荣。这其中，王建学教授撰著的《立法法释义学专题研究》就是其中特色鲜明、有厚重学养支撑的学术成果，其运用的立法法释义学研究思路对丰富和发展中国特色的立法学研究具有重要的理论意义和实践价值。从方法和思路上讲，立法学的研究具有多元性和综合性。表现在立法学的具体领域，比如立法哲学、立法史学、立法法理学、立法社会学、立法政策学、比较立法学等，都有一个不断精细化、规范化、体系化的过程。而在这些领域之外，立法学研究当然也不能忽视《立法法》这个基础文本，更不能丢掉立法法释义学这块重要的学术阵地。正如本书作者所说，只有诸种研究方法在使用上不断精进与深化，立法学研究才能真正从其研究方法的多元性和综合性中获益。

从研究思路上看，本书具有以下两方面特点：一是强调使用法释义学或法教义学的研究方法，对立法规范进行系统的解释，从而发展出系统、融贯和动态的立法规则体系；二是强调面向我国的立法实践，以规范分析方法为立法实践中的现实问题提供法学意义上的解答。众所周知，法释义学方法在渊源上具有以德国法和德国法学为代表的外国法和比较法背景，但在内容上看，立法法释义学则具有强烈的中国问题意识。近年来，法释义学方法不仅成为我国法学研究的重要思路，而且与部门法学相互结合，产生了宪法释义学、行政法释义学等研究面向及诸多创新性成果。在此基础上，以《立法法》为核心，进行立法法释义学研究，不仅有助于深化立法学研究本身，也有助于促进立法学与法理学、宪法学、法学方法之间的深度对话。

本书作者王建学教授曾于2008年至2010年在中国人民大学法学院从事博士后研究，主要跟随韩大元教授钻研地方制度等主题，很自然分外留心与公法理论息息相关的地方立法、行政立法等问题。彼时我在法学院讲授法理学课程，间或举办立法学研讨会，并作立法学相关主题的学术讲座，建学教授是研讨会常客和忠实的听众，由此相识至今。通过多次交流，更是通过他发表的一系列著作和高质量论文，我能分明感受到他对学术研究的热情和执着。

近年来，建学教授的研究兴趣和学术触角更加拓展，对立法制度诸多问题，包括地方立法权配置、地方改革试点授权、法规备案审查、监察立法权配置、自贸区和自贸港立法等，均有涉猎和研究。这些问题自然涉及《立法法》的诸多条文，而对这些条文进行系统、全面的释义学研究则必将有助于立法实践问题的解决。更让人欣喜和感佩的是，建学教授不仅对这些专题进行了条分缕析的系统研究，而且将这些研究上升到方法论层面，提出立法法释义学即立法法学的观点和结论，适足为立法学界同人重视及对话。

期待建学教授在立法学领域取得更多更好的成果，为解决我国立法实践中的现实问题提供智慧，为丰富中国特色立法学理论做出新的贡献。

是为序。

冯玉军

中国人民大学法学院教授

中国法学会立法学研究会常务副会长

2021 年 11 月 25 日

第一篇

立法法释文学的基础理论

第一章

立法法(释义)学的理论建构

【本章提要】《立法法》自2000年颁布至今已满20年。在过去二十多年中，我国的立法体制伴随着改革进程不断完善，其间还经过了2015年《立法法》修改，通过基本法律来规范立法活动的意图日益明显。与此同时，立法学研究逐渐聚焦《立法法》并关注对该法进行规范释义，这种视角在未来立法学研究中将更为显著。与传统立法学研究更多偏向立法对策或建议不同，立法法释义学主要阐释《立法法》相关条文的规范内涵，从而明确立法规则和界限，最终发挥约束和控制立法活动的功能。在《立法法》进入下一个20年的起点，有必要明确提出立法法释（教）义学或立法法学的概念。立法法学主要应采取释义学方法，基于《宪法》解释《立法法》，致力于发展系统、融贯和动态的立法规则体系。

一　基本背景

作为中国特色社会主义法律体系发展过程中的重要标志性事件之一，2000年3月15日第九届全国人大第三次会议通过了《立法法》。该法颁布施行至今已满20年。在过去二十多年中，我国的立法体制随着改革开放进程而不断完善，其间还经过了2015年《立法法》修改。尽管学界对

《立法法》的科学性不乏各种批评和指摘[①]，但不能否认的是，《立法法》的颁布、实施和修改在事实上极大地促进了立法学的研究。立法学在与《立法法》相互伴随的这二十多年时间里，其研究内容无论是在广度还是深度上都不断拓展，其学术体系无论是思路还是方法都日臻成熟。近几年来，立法学界尝试着以既有的丰富研究成果为基础实现基本理论、思路和方法的超越与突破，其中最为典型的表现之一是立法法理学的提出。总体而言，立法法理学的学术旨趣是超越以司法为中心的传统法学理论，将立法纳入法学研究的范畴，通过探寻如何实现更好地立法来最终构建良法善治。[②] 除立法法理学的提出以外，另一种值得注意的潜在思路是立法学和法释（教）义学的融合，即将法释义学或法教义学的思路与方法引入立法学的研究中。按照后一思路，笔者近几年来在具体立法问题上也进行了一定的学术尝试。

在进一步推进立法学研究并创造其学术增量的过程中，笔者认为必须注意到我国在下列两个方面的独特背景。一方面，尽管立法在我国同时属于法学和政治学等不同学科的研究对象，[③] 然而从基本学科定位来看，立法学一直被作为法学内部的独立分支学科。根据《中华人民共和国国家标准 GB/T 13745—2009》所确定的学科分类，立法学与法理学、比较法学、法社会学等并列，一起统属在理论法学之下。《中国图书馆分类法》的分类与此相似，“立法理论”作为立法学的学科呈现主要从属于

---

① 学界的批评主要集中在《立法法》关于立法体例、权限划分、立法程序、法律解释、法律位阶、法规审查等方面的制度设计，具体论述可参见徐向华、林彦《我国〈立法法〉的成功和不足》，载《法学》2000 年第 6 期；胡锦光：《立法法对我国违宪审查制度的发展及不足》，载《河南省政法管理干部学院学报》2000 年第 5 期；纪荣荣：《析立法法对地方立法规定的不足》，载《法学杂志》2001 年第 2 期；周永坤：《法治视角下的立法法——立法法若干不足之评析》，载《法学评论》2001 年第 2 期。

② 立法法理学的代表性主张，可参见［比利时］卢卡·温特根斯《作为一种新的立法理论的立法法理学》，王保民译，载《比较法研究》2008 年第 4 期；叶竹盛：《面向立法的法理学：缘起、理论空间和研究问题》，载《杭州师范大学学报》（社会科学版）2012 年第 5 期；葛洪义、李晓辉：《立法：法学理论研究的一个视角》，载《学习与探索》2013 年第 8 期；宋方青、姜孝贤：《立法法理学探析》，载《法律科学》2013 年第 6 期；曹琼琼：《立法法理学的独特性及其主要研究对象》，载《安徽理工大学学报》（社会科学版）2014 年第 3 期。

③ 20 世纪 80 年代就有学者敏锐地提出：“研究社会主义立法问题对于法学来说是理所当然的”，但同时，“我国政治学的发展迫切需要加强对立法学的研究”。参见吴大英《加强立法学的研究是发展我国政治学的重要内容》，载《政治学研究》1986 年第 2 期，第 4 页。

“法的理论（法学）”。当然，具体到立法学在法学一级学科内部的应有定位则存在长期争议而未能取得共识，① 一直以来主要有理论法学说、应用法学说、法社会学说、法学边缘学科说等主张。② 另一方面，我国存在一部关于立法的专门性法律即《立法法》，而西方法治发达国家至今没有专门制定任何一部关于立法的系统性法律文件。即使在全世界范围内而言，我国的《立法法》也可能属于较为少见的实定法形态。这就使得我国的立法学研究不仅可以覆盖实际的立法权运作和立法制度安排，而且可以在法教义学层面聚焦于《立法法》相关规范的解释和适用。

基于前述两个方面的独特背景，笔者在总体上认为，法释义学研究方法在我国的立法学研究中理应占有重要地位，而且在未来的立法工作中将变得更为重要。在此理论和实践背景之下，本章尝试着提出立法法释（教）义学即立法法学的概念。通过“立法法学”这一题名，作者想表达一种不成熟的学术尝试：在立法学研究中倡导一种法释义学或法教义学的研究方法，即以《立法法》的条文为基础和界限来解决立法实践中的相关问题。从基本立场和功能比较上讲，立法法理学对我国法学研究的战略价值可能略小于其对西方法学的价值，因为我国的法学研究并没有完全限于司法中心主义的视角，立法学一直属于法学研究的重要内容。但在通过研究立法来探寻如何实现更好地立法这一点上，立法法理学却可以与立法法释义学相互配合，并为后者提供技术和方法意义上的战术指导。从研究方法上讲，立法学的研究由于不同研究方法的使用而倾向于包括立法哲学、立法法理学、立法价值学、立法社会学和立法技术学等，而唯独立法法释义学的基础性论证尚显不足。因此，本书也尝试通过研究方法上的多元化和精细化作业来助益于立法学研究的不断深入。

二　时代变迁

我国的现行立法体制和立法工作基本上起始于改革开放和现行 1982

---

① 此外，尽管立法学并没有正式取得法学二级学科的地位，但中国法学会的直属研究会包括中国法学会立法学研究会。

② 参见侯淑雯《新编立法学》，中国社会科学出版社 2010 年版，第 3 页。

年宪法颁布。[①] 从基本特征和趋势来看，过去 40 年大体上可以平分为两个不同阶段。第一阶段即在前 20 年当中，立法工作处于经验摸索阶段，立法体制从无到有并不断确立和定型，立法学的研究也基本处于起步阶段，其主要任务是向立法者提供具体的立法对策和立法建议，同时促进立法工作的制度化、规范化和科学化。从这一时期立法学研究的基本面来看，人们往往将立法学的重要性与大规模立法的时代任务相关联，如有学者指出，“由于历史的安排，中国，作为一个寻求迅速发展的第三世界国家和一个社会主义国家，在那里‘自由’意味着人民联合起来改变世界的自由，它面临着一个为地球上四分之一的人口塑造新的法律秩序的历史性任务”，因此，“这要求设立立法学专业，开设立法程序、法律社会学和立法起草语言学及相关社会科学的课程。”[②] 第二阶段即在后 20 年当中，我国的立法体制日益成熟和完善，立法工作逐渐做到了有章可循，立法学研究进入以《立法法》为规范背景的新阶段，在基本思路和方法上日益深入并形成相对成熟的知识体系和学术脉络，立法学研究不仅在个案中对立法提供具体的对策和建议，更注重向立法者提醒立法的界限和禁区。

对于前述两个阶段的划分以及前后两个阶段的变化，2000 年《立法法》的起草和制定发挥了特别明显的标志性作用。从立法背景所揭示的立法必要性来看，之所以制定《立法法》正是因为 2000 年以前的立法实际工作中逐渐出现一系列问题，这些问题在一定程度上损害了国家法制的统一和尊严，对国家法治建设的可持续发展造成了障碍。因此，对于制定《立法法》的目的，顾昂然在草案说明中提出，“1979 年以来，我国的立法工作取得了显著成就，积累了不少经验。但在实际工作中也存在着一些问题，主要是：有些法规、规章规定的内容超越了权限；有些

---

① 1982 年宪法无疑是我国现行社会主义法律体系的基础和统帅，但在这一体系中，少数法律的通过时间其实早于现行宪法，比如 1979 年第五届全国人大二次会议通过了《刑法》《刑事诉讼法》《地方各级人民代表大会和地方各级人民政府组织法》《全国人民代表大会和地方各级人民代表大会选举法》《人民法院组织法》《人民检察院组织法》《中外合资经营企业法》等七部法律，其中包括三部组织法和一部选举法。这些法律后经修改逐渐融入以现行宪法为核心的法律体系。

② ［美］罗伯特·赛得曼：《开展立法学研究 适应时代需求》，吴伟译，载《中外法学》1990 年第 3 期，第 28—29 页。

法规、规章的规定同法律相抵触或者法规之间、规章之间、法规与规章之间存在着相互矛盾、冲突的现象；有的质量不高，在起草、制定过程中，有的部门、地方存在着不从国家整体利益考虑而为部门、地方争局部利益的倾向。这些问题在一定程度上损害了国家法制的统一和尊严，也给执法造成困难。因此，需要根据宪法制定立法法，对法律、法规以及规章的制定作出统一规定，使之更加规范化、制度化，以维护国家法制的统一，建立和完善有中国特色社会主义法律体系，这对推进依法治国，建设社会主义法治国家，有着十分重要的意义。”① 因此，立法工作的进一步规范化和制度化成为2000年《立法法》的关键词。

事实上，《立法法》不仅对法律、法规以及规章的制定作出统一规定，使之更加规范化和制度化，还进一步规定了法律解释、适用规则、备案审查等广义的立法制度，使整个广义立法制度都实现了有章可循。随着《立法法》的颁布施行，规范和控制立法权并保障立法权的正确行使逐渐成为立法法实践和立法学研究的主题。无论是中央还是地方的各类立法主体的立法活动，都逐渐突出立法活动和立法权行使行为必须遵循《立法法》所规定的事项、权限、框架和程序。就制度的发展而言，以《立法法》为基础的整个立法制度不断丰富和细化，各类相关规范逐渐出台，比如国务院2001年11月16日颁布《行政法规制定程序条例》《规章制定程序条例》，使行政法规和行政规章的制定程序得到有效规范，再比如各级人大陆续出台或修订议事规则、立法规范、备案审查规范等，使地方性法规和地方政府规章受到有效规范。这些专门关于立法的行政法规、地方性法规和决定决议等构成了立法制度化和规范化的外在形式，与《宪法》和《立法法》的内容相互衔接在一起。在2000年《立法法》所激活和引领的新阶段，立法的规范化和制度化得到了反复重申，而下列三个标志性事件则使之不断强化和深化，并继而上升到科学化、民主化和精细化等更高的层面。

第一，2011年3月10日吴邦国委员长在第十一届全国人大第四次会

① 顾昂然：《关于〈中华人民共和国立法法（草案）〉的说明——2000年3月9日在第九届全国人民代表大会第三次会议上》，载《全国人民代表大会常务委员会公报》2000年第2期，第128页。

议第二次全体会议上宣布中国特色社会主义法律体系已经形成。在连续不断的大规模立法之后，涵盖社会关系各个方面的法律部门已经齐全，各法律部门中基本的、主要的法律已经制定，相应的行政法规和地方性法规比较完备，法律体系内部总体做到科学和谐统一。由此，在后大规模立法时代，就需要强调科学立法、民主立法，使粗放型立法尽快走向精细化。对于前后两阶段的差别，吴邦国委员长的下列说法形象而深刻，“改革开放初期，无法可依的问题相当突出，我们提出‘有比没有好’、‘快搞比慢搞好’。这是必要的，也是合理的”，而对于未来的立法工作，“我们要认真总结实践经验，深入推进科学立法、民主立法，着力提高立法质量，不断完善中国特色社会主义法律体系。”①

第二，2015 年《立法法》修改进一步将科学立法等规范要求与全面推进依法治国、建设社会主义法治国家的基本治国方略相互结合。在立法法修正案的草案说明中，第十二届全国人大常委会副委员长李建国同志提出：“总结立法法施行以来推进科学立法、民主立法的实践经验，适时修改立法法，是十分必要的。这对于完善立法体制，提高立法质量和立法效率，维护国家法制统一，形成完备的法律规范体系，推进国家治理体系和治理能力现代化，建设社会主义法治国家，具有重要的现实意义和长远意义。”② 从 2015 年《立法法》修改的诸多环节中，都可以看出提高立法质量是立法制度完善的重点关切，深入推进科学立法、民主立法是立法制度发展的重要取向，而其最终归宿则是完善以宪法为核心的中国特色社会主义法律体系，全面推进依法治国，建设社会主义法治国家。

第三，自党的十九大以来，“依法立法”得到特别的突出和强调。党的十九大报告提出：“推进科学立法、民主立法、依法立法，以良法促进

① 吴邦国：《中国特色社会主义法律体系已经形成》，载《吴邦国论人大工作》，人民出版社 2017 年版，第 561 页。

② 李建国：《关于〈中华人民共和国立法法修正案（草案）〉的说明——2015 年 3 月 8 日在第十二届全国人民代表大会第三次会议上》，载《全国人民代表大会常务委员会公报》2015 年第 2 期，第 182 页。

发展、保障善治。”① 所谓“依法立法”，在直接意义上是突出《立法法》的作用，因为立法所依之法首先是指《立法法》，后者确立了立法权行使的基本范围、要求和程序等。同时，依法立法也意味着立法权的行使也必须以作为根本法和最高法的宪法为根本依归。站在中国特色社会主义法律体系已经形成的时代背景和基础上，依法立法也意味着所立之法必须在法教义学的意义上能够融贯地嵌入中国特色社会主义法律体系，并与之相互协同与配合。对于立法者而言，对既有法秩序的教义性认知是极为必要的，只有以这种教义性认知为基础，才能够使新制定的规范与既有法秩序实现价值、概念、逻辑和体系等方面的融贯对接。因此，如果进一步从规范层级的角度来解读“依法立法”，立法的权力必须受到作为上位法的既有规范的约束、限制和控制，后者构成了前者的基本指南和遵循。

三　功能更迭

总结过去40年以来的时代变迁，可以发现我国立法体制的特征和立法工作的重心已经发生重要变化，立法学的研究也必须发生相应变化。立法学不仅要继续为立法工作提供对策和建议，以学术研究为立法者就立法议题提供科学参考，更要时刻告诫立法者其立法权行使的规则，提醒其立法工作的界限和禁区。也就是说，立法学不仅要告诉立法者应当如何立法，更应当告诉立法者立法不应如何立法。因此，在不断强化对立法权的规范和控制这一点上，《立法法》和立法学必须实现同频共振。在依宪治国的背景下，立法的消极要件远比积极要件更加重要。对于立法学而言，其规范、控制和警示的功能，在未来不应弱于辅助和保障功能。归根结底，“人民群众对立法的期盼，已经不是有没有，而是好不好、管用不管用、能不能解决实际问题；不是什么法都能治国，不是什么法都能治好国；越是强调法治，越是要提高立法质量。”② 因此，只能

---

① 习近平：《决胜全面建成小康社会　夺取新时代中国特色社会主义伟大胜利——在中国共产党第十九次全国代表大会上的报告》，载《人民日报》2017年10月28日第1版。

② 中共中央文献研究室编：《习近平关于全面依法治国论述摘编》，中央文献出版社2015年版，第41页。

通过《立法法》和立法学的规范与控制功能促进立法质量的提升，才能从根本上满足人民群众对立法的期盼。从过去20年特别是晚近几年的立法实践来看，《立法法》和立法学的规范与控制功能主要体现在以下五个较为突出的方面。

第一，在立法权限方面，明确特定立法主体的活动边界。我国的立法体制属于“一元、两级、多层次”的特殊模式，其中的立法主体和权限配置具有高度复杂性。由于我国《宪法》和《立法法》在广义上设置了多类立法主体，它们相互分工配合并分别制定法律（又分为基本法律和非基本法律）、行政法规、地方性法规、行政规章等，因此必须通过明确不同立法权的行为边界来塑造社会主义法律体系的内在协调性。2000年《立法法》颁布以来，曾经出现过的突出问题，比如全国人大立法权与全国人大常委会立法权的划分，法律保留原则之下行政法规的调整范围，地方立法权的扩容及其限制等。就此而言，2000年《立法法》所确立的法律保留原则，以及学术界关于法律保留原则的研究，既发挥了重要作用也引起了广泛关注，比如孙志刚案所导致的国务院《城市流浪乞讨人员收容遣送办法》的废止。[①] 相比于中央层面的立法，地方立法因普通地方立法、经济特区立法、民族自治地方立法等多种立法形态并存，以及庞大的立法主体和巨大的立法体量，其权限问题的复杂程度更高，解决的难度也更大。

第二，在立法程序方面，明确程序机制对立法权的限制性作用。在2000年《立法法》颁布后，立法程序的重要性逐渐得到肯定，并被认为是保障立法的科学性、民主性的有效机制，由此带动了立法程序的不断完善和细化。享有立法权的地方各级人大陆续制定立法条例或办法，从程序方面对地方立法活动进行规范。立法程序涉及一系列具体的环节和步骤，从立法案的提出、审议机制包括审议次数的适用标准、立法听证程序的适用，直至通过和颁布。我国近年来的立法实践中，程序问题也越来越受到关注。比如备受瞩目的《民法典》，其公布程序曾出现争议，如有学者所说，“《民法典》刚刚通过，还没有由法定机构正式公布时，

---

① 相关学术讨论，可参见邓少岭《“孙志刚案与违宪审查”学术研讨会综述》，载《中国法学》2003年第4期，第187—190页。

就有许多出版社开始发行了。”[①] 这种基于商业利益的行为扰乱立法程序，损害立法机关的权威。

第三，在立法内容方面，明确立法权所能够自由形成的规范空间。《立法法》进一步确认和发展了《宪法》中的立法原则，即下位法必须根据上位法而制定，“不与上位法相抵触”构成下位法得以制定的前提。此外，《立法法》还进一步在适用规则的意义上确立了上位法优于下位法得到适用的原则。在全国人大常委会法工委公开的审查案例中，涵盖了法律违反宪法、行政法规违反法律、地方性法规违反法律和行政法规等若干不同的情形，特别是由于我国社会发展速度较快，实践中常见上位法发生变化或出台新的上位法，从而导致旧的下位法因修订不及时而出现违反上位法的情形。

第四，在立法授权方面，如何对被授权的立法主体及其立法行为进行控制的问题。为了适应改革发展和国家建设的实际需要，全国人大及其常委会曾作出多种不同的立法授权，主要包括对行政法规的授权和对地方性法规的授权两大类。其中对国务院行政法规的授权已经由《立法法》第 9 条至第 12 条予以制度化，对授权的目的、事项、范围、期限等均提出了规范上的要求。对地方性法规的授权则包括传统的经济特区法规授权，以及全国人大常委会 2021 年新近分别以法律和决定授权的海南自贸港法规[②]和浦东新区法规。[③] 经济特区法规在实践中引起诸多问题，对国家法制统一和法律的权威性与安定性产生不利影响，因此曾有学者

---

① 夏正林：《论法律文本及其公布》，载《政治与法律》2021 年第 1 期，第 84 页。

② 《海南自贸港法》第 10 条规定：“海南省人民代表大会及其常务委员会可以根据本法，结合海南自由贸易港建设的具体情况和实际需要，遵循宪法规定和法律、行政法规的基本原则，就贸易、投资及相关管理活动制定法规（以下称海南自由贸易港法规），在海南自由贸易港范围内实施。海南自由贸易港法规应当报送全国人民代表大会常务委员会和国务院备案；对法律或者行政法规的规定作变通规定的，应当说明变通的情况和理由。海南自由贸易港法规涉及依法应当由全国人民代表大会及其常务委员会制定法律或者由国务院制定行政法规事项的，应当分别报全国人民代表大会常务委员会或者国务院批准后生效。”相关理论分析可参见王建学、张明《海南自贸港法规的规范属性、基本功能与制度发展——以〈宪法〉和〈立法法〉为分析视角》，载《经贸法律评论》2021 年第 4 期，第 1—15 页。

③ 参见《全国人民代表大会常务委员会关于授权上海市人民代表大会及其常务委员会制定浦东新区法规的决定》（2021 年 6 月 10 日第十三届全国人民代表大会常务委员会第二十九次会议通过），载《全国人民代表大会常务委员会公报》2021 年第 5 期，第 1048 页。

提出“建议在《立法法》修订时予以废除”[1]，而海南自贸港法规和浦东新区法规的问题还有待在未来实践中进一步观察。

第五，在试验性立法方面，如何对法律的地域性和临时性减损进行控制的问题。《立法法》在2015年修改过程中为使立法与改革相衔接，在新第13条明确规定：“全国人民代表大会及其常务委员会可以根据改革发展的需要，决定就行政管理等领域的特定事项授权在一定期限内在部分地方暂时调整或者暂时停止适用法律的部分规定。”由此为了保障改革试点的进行，全国人大常委会就监察体制改革等多项试点工作作出授权决定，也由此引发学界的诸多讨论和质疑，比如学者认为国家监察体制改革试点决定本应由全国人大而非其常委会作出[2]，国家监察体制的普遍确立本应在宪法修正案和《监察法》出台后，而不能由全国人大常委会以决定先予以推开。[3] 新近以来，第十三届全国人大常委会通过《关于授权国务院在部分地区开展房地产税改革试点工作的决定》（2021年10月23日），该决定更因涉及财产权保障、税制改革等重大议题而引发广泛关注。

从以上五个方面来看，《立法法》对立法权的规范和控制功能与立宪主义的基本精神高度契合。近代宪法自形成以来一贯强调通过规范和控制公权来保障人权，而在宪法所规范和控制的公权中，首以立法权为最重要对象。立宪主义的价值才能够得到落实。立法过程虽然在本质上是政治决策，但立法权的随意性、任意性和恣意性则逐渐被宪法所排除，它必须受到宪法教义体系的约束，只有在此约束之下才存在立法的自主形成空间。在宪法审查的过程中，过度禁止、不足禁止和恣意禁止等标

---

① 庞凌：《关于经济特区授权立法变通权规定的思考》，载《学习与探索》2015年第1期，第74页。

② 参见童之伟《将监察体制改革全程纳入法治轨道之方略》，载《法学》2016年第12期，第3页；沈岿：《论宪制改革试验的授权主体——以监察体制改革试点为分析样本》，载《当代法学》2017年第4期，第4页。

③ 参见秦前红《监察体制改革的逻辑与方法》，载《环球法律评论》2017年第2期，第20页；韩大元：《论国家监察体制改革中的若干宪法问题》，载《法学评论》2017年第3期，第14页；朱福惠、张晋邦：《监察体制改革与宪法修改之学理阐释》，载《四川师范大学学报》（社会科学版）2017年第3期，第8页。

准构成立法裁量权行使的上下左右界限。① 通过对立法权的规范和控制在近 20 年特别是晚近以来的立法焦点问题上，宪法理论在立法争议问题的讨论中得到越来越多的运用，《宪法》和《立法法》、宪法学和立法学的联系日益紧密。比如，2019 年 10 月 26 日全国人大常委会通过了《关于国家监察委员会制定监察法规的决定》，其中授权“国家监察委员会根据宪法和法律，制定监察法规”。此种授权是否能够以常委会决定的形式作出，是否应以修改《立法法》甚至《宪法》为前提？此类问题将立法学和宪法学高度结合在一起，必须同时依照《宪法》和《立法法》中的规范、运用宪法学和立法学中的基本原理和知识储备，才能够获得妥帖的答案。目前学界通过分析监察法规的依据、性质和效力等问题，较为一致地认为应当将监察法规制度明确写入《宪法》《立法法》《监察法》和《监督法》等的相应部分。② 因此，立法学研究不仅在法理学等层面解释和描述立法实践、回答其中的疑问，并基于政策学等提供立法对策，更在规范层面回答立法权行使的界限问题，其基本功能的转向在过去 40 年中可谓极为显著。

四　方法转向

为了在规范层面明确立法权行使的规则和界限并解决立法体制运行中的法学问题，立法学的研究必须回归和借重法条和规范，充分运用法释义学方法对《立法法》的条文予以解释。因为只有通过解释来明确《立法法》的条文含义，《立法法》的规范和控制功能才能得到有效发挥。因此，结合过去 40 年的时代变迁和功能更迭，可以明显观察到立法学在规范研究方法上的不断深化。

从研究方法的变迁来看，我国的传统立法学理论将立法原理、立法

---

① 王锴：《合宪性、合法性、适当性审查的区别与联系》，载《中国法学》2019 年第 1 期，第 16 页。

② 参见何永军、李润萍《监察法规：一个崭新的法律渊源》，载《四川警察学院学报》2020 年第 1 期，第 10 页；祝捷、杜晞瑜：《论监察法规与中国规范体系的融贯》，载《上海政法学院学报》（法治论丛）2020 年第 3 期，第 144 页；秦前红、石泽华：《监察法规的性质、地位及其法治化》，载《法学论坛》2020 年第 6 期，第 99 页。

制度和立法技术三要素作为其体系构成，并且在研究方法上较多强调综合性和多元化。这种立场的背后有避免研究方法僵化的考虑。如周旺生教授所说："多年来法学研究中存在两种倾向：要么是脱离实际创造遥远虚玄不切实用的经院法学，要么是生产专门注释现行法律、法规的注释法学。法学体系中缺少理论与应用紧相结合的学科。立法学的出现则是改变这种症状的一剂良药。立法学的成果有直接应用价值，它对理论法学来说是应用法学；立法学成果能指引立法走向科学，它对应用法学来说又是理论法学。"① 基于前述定位，立法学的传统研究方法必须是综合性的，既包括传统法学的规范分析方法，也包括社会学、政治学等研究方法。在此基础上，石东坡教授进一步提出立法学研究存在哲理化、实证化和多样化三大发展趋势。② 当然，也有学者对此提出不同意见，认为，"立法学嬗变的走向是从立法原理的认识论、立法价值的价值论、立法制度设计的本体论转向以立法技术为中心的方法论研究；立法技术主要由包括形式结构规范技术、实质结构规范技术的立法表达技术与以立法前评估、立法后评估为主要内容的立法评价技术构成。"③

无论是强调立法原理还是立法技术，传统上关于立法学研究方法的讨论似乎都没有充分注意到法释义学的重要性。甚至为了防止研究方法和思维的僵化，刻意排除释义学方法从而避免落入注释法学的窠臼。在立法实践中，由于在2000年《立法法》颁布以前，立法所依之法并不丰富充实，规范研究方法又往往沦为价值分析方法，自2000年以来在关于各种具体立法问题的分析中，法释义学方法才真正得到了越来越多的运用。尽管如此，在研究方法上旗帜鲜明地提出释义学方法并强调其重要性以及直接使用"立法法学"这一概念的论著和论者，在立法学领域中

① 周旺生：《立法学体系的构成》，载《法学研究》1995年第2期，第4页。

② 石东坡：《论当代中国立法学学科建设问题》，载周旺生主编《立法研究》（第3卷），法律出版社2002年版，第4页。

③ 李亮、汪全胜：《论"后体系时代"立法学研究之嬗变——基于立法方法论的考察》，载《江汉学术》2014年第1期，第41页。

却并不多见。[①] 法释义学方法在立法学研究中似乎长时间处于“只做不说”的低调状态中。关于立法原理和立法技术的分野，笔者认为，一方面，立法原理的研究应当适度回归立法权行使规范，因为正是在立法规范中蕴含着关于立法的一系列价值要求，就此，拉伦茨的告诫对于立法学研究也有启示意义，即：“假使法学不想转变成一种或者以自然法，或者以历史哲学，或者以社会哲学为根据的社会理论，而想维持其法学的特色，它就必须假定现行法秩序大体看来是合理的。”[②] 另一方面，立法技术的研究也应当通过规范的体系性阐释受到价值系统的指引，并且在以规范为中心的价值整合中成为一种体系性的安排。立法权的技术性行使需要遵循特定的程序和标准，这在任何法治国家都不例外。由于立法权和立法制度在我国的宪法体系中具有举足轻重的地位，以一种规范性的考量将立法原理和立法技术衔接在一起就具有特殊的重要价值。

立法学的研究方法当然应当具有多元性和综合性，但不能以多元性和综合性来妨碍某种特定方法的精进与深化。相反，只有诸种研究方法在使用上不断精进与深化，立法学研究才能从其研究方法的多元性和综合性中获益。在我国背景下，由于有《立法法》这一特殊的实定法存在，并且其中较为专门系统地规定了立法权行使的规则体系，这就使立法学的研究具有两方面特殊意义。一方面，立法学的研究无法回避《立法法》的规范释义问题，必须通过解释《立法法》来为现实的立法问题提供法学意义上的答案，也就是以《立法法》的条文为基础和界限来解决立法实践中的相关问题；另一方面，立法学的研究同时也受益于《立法法》及其规则体系的解释，在对《立法法》的解释中可以获得有益的法学研究素材，不断砥砺和打磨法释义学的研究方法，并促进整个方法论体系的完善。

---

① 在笔者所知的范围内，“立法法学”这一提法的首次出现是在浙江大学立法研究院于2020年9月举办的第一期“立法前沿工作坊”学术研讨会上，该次会议的主题是纪念《立法法》通过20周年。中国社会科学院法学研究所刘志鑫研究员提交了名为“从立法学到立法法学”的论文，笔者则提交了本章初稿作为参会论文。当时的两篇论文不谋而合地使用了“立法法学”的概念，所倡导的研究方向也高度一致，并且在本文初稿的更早版本中，笔者也曾一度以“从立法学到立法法学”作为标题。想必在立法法学这一学术旨趣上意气相投、志同道合的青年学人，应该不止区区两位而已吧。

② ［德］卡尔·拉伦茨：《法学方法论》，陈爱娥译，商务印书馆2003年版，第19页。

近几年来，学界开始有意识地在方法论层面将法教义学方法引入立法学领域，这种学术取向具有极为重要的理论价值和实践意义。从理论层面来看，突出法教义学方法在立法学领域的运用，不仅能够拓展法教义学方法的应用领域，而且能够与立法法理学等不同思路相互呼应，深化立法学本身的研究，提供具有学术增量价值的中国贡献。从实践层面来看，法教义学方法在立法学领域的深化，也是不断推进科学立法、民主立法并进而落实全面依法治国方略的重要途径。法教义学在本质上能够助成立法的科学化，而这种功能则必须通过对立法权进行限制来实现。如学者所说，“立法的科学化并不意味着要取消法的政治因素或立法的形成空间，而只是意味着要对立法者的权力进行限制。”① 限制立法权的前提是首先明确立法规范的内涵，如前文所述，这正是法教义学的首要任务。特别是在我国已经存在《立法法》的背景下，二者的整合更具有扎实的实在法基础，其典型的表现就是以《立法法》为主要释义对象的法学学科体系。如学者所说，“立法学与法释义学相互融合、彼此靠近是法治建设的需要，会对良法的形成、善治的遂行起到积极的促进作用。”②

伴随着我国备案审查机制的不断完善，法释义学方法对立法学研究的促进功能将得到进一步提升。其原因在于，审查过程必然触及受指摘立法的合法性问题，而它需要借助法释义学方法予以阐明。比如民航发展基金的合法性是个老问题，其直接依据是财政部印发的《民航发展基金征收使用管理暂行办法》，它自 2012 年起曾多次因制定程序受到违法指摘，③ 但因审查机制不完备而多次不了了之。近年来，我国的备案审查机制不断完善，民航发展基金的合法性问题再次提出。2020 年全国人大常委会法工委基于审查建议对其合宪性及合法性作出认定：“征收民航发展基金不属于宪法第十三条第三款规定的对私有财产的征收或者征用，

---

① 雷磊：《法教义学能为立法贡献什么?》，载《现代法学》2018 年第 2 期，第 31 页。

② 刘风景：《立法释义学的旨趣与构建》，载《法学》2016 年第 2 期，第 71 页。

③ 根据国务院的《规章制定程序条例》，规章直接涉及公民、法人或者其他组织切身利益，有关机关、组织或者公民对其有重大意见分歧的，应当征求社会各界的意见，起草单位也可以举行听证会。但该《暂行办法》并没有公开征求意见，也没有召开听证会。参见张太凌、李媚玲《两律师建议审查民航发展基金 称其违反立法程序》，https：//finance. qq. com/a/20120427/000821. htm，2021 年 8 月 24 日最后访问。

不存在与宪法相抵触的问题。但是，征收民航发展基金依据的是国务院文件和有关部门规章，与2014年修改后的预算法第九条第一款关于政府性基金依照法律、行政法规的规定征收的规定不符。"[①] 未来通过备案审查机制这一媒介，法释义学方法将与立法学和宪法教义学更紧密地结合在一起。

五 立法法学

基于研究取向的差异和研究方法的转向，有必要明确提出立法法释义学、立法法教义学或立法法学的概念。立法法释义学、立法法教义学或立法法学三者的内涵并无不同，此处采取最简明扼要的表述即"立法法学"。作为一种研究思路，立法法学主张主要采取法释义学或教义学的手段，对《立法法》的条文进行释义学研究，发展出系统、融贯和动态的立法规则体系。唯其系统，才能全面有效整合规范资料而无遗漏；唯其融贯，才能内在协调一致而无冲突；唯其动态，才能不断发展演变而不僵化。借用拉伦茨关于法学的定义[②]，可以将立法法学定义为"以某个特定的、在历史中逐渐形成的立法秩序为基础及界限，借以探求立法问题之答案的学问"。从前提和立足点来讲，立法法学的作业必须保持对现行立法秩序之合理性的确信，也正是在此确信之下，通过阐释《立法法》条文来解答立法问题。

笔者主张立法学在特定程度和方面向立法法学的转变，即通过运用法释义学方法对《立法法》进行研究来整合立法规范资料，从而实现解释和发展立法法规范的目标。因此，从立法学到立法法学的一字之差，旨在表明研究方法的深入，而绝非后者取前者而代之。立法法学是立法学学科体系的重要组成部分之一，是在立法学的诸种研究方法中深化和

① 沈春耀：《全国人大常委会法工委关于2020年备案审查工作情况的报告——2021年1月20日在第十三届全国人民代表大会常务委员会第二十五次会议上》，载《全国人民代表大会常务委员会公报》2021年第2期，第353页。

② 法学是"以某个特定的、在历史中逐渐形成的法秩序为基础及界限，借以探求法律问题之答案的学问"。参见［德］卡尔·拉伦茨《法学方法论》，陈爱娥译，商务印书馆2003年版，第19页。

精进法释义学的方法。立法学作为学科整体的地位，以及支撑立法学的诸种不同方法的多元性和自足性，都是不可取代的，以法释义学为主并不能否定法社会学等其他研究方法的必要性。就方法论而言，正如德国法学家康特洛维茨所说："没有社会学的教义学是空洞的，而没有教义学的社会学是盲目的。"① 此种断语在立法学研究中同样适用。但就主体而言，立法学作为法学二级学科必须首先以法学即法释义学的方法为基础，如果在此基本法学方法和方法论上存在缺失，则无法证成其法学二级学科之定位。

就内在体系而言，立法法学必须直接匹配《立法法》的篇章结构和逻辑体系。从解释《立法法》的总则，到解释其所规范的各类法律规范的制定主体、制定程序和解释机制，解释不同法律规范的效力关系、适用规则和备案审查机制等。《立法法》的每一个章节、条文甚至标点都应当在一种体系化的背景中获得融贯的解释。但在间接意义上，立法法学必须向《立法法》以外作两个向度的延伸。一方面，《宪法》同样为立法设定了一系列基本原则和规则，更何况《立法法》本身就是根据《宪法》制定的，二者在立法权行使规则上存在交集。因此，在解释《立法法》的条文时必须"向上"结合宪法的相关规范，其中尤其涉及合宪性解释的运用，应当基于《宪法》来解释《立法法》的条文含义。另一方面，由于各级各类立法主体还进一步以《立法法》为基础制定了更为具体的立法规范，其中包括全国人大及其常委会的法律和决定、国务院的行政法规、地方性法规等，因此，在解释《立法法》的条文时也必须"向下"统合这些更为具体同时效力更低的立法规范。

就基本功能而言，立法法学必须具有法律系统所固有的评价和批判功能。一方面，从立法规范体系外部而言，由于立法规范的主要功能在于约束、规范和控制广义上的立法活动（既包括立法行为也包括立法结果），立法法学的常规任务主要是将立法活动与立法规范两相对照，审视立法活动是否符合立法规范本身，最终对立法活动作出肯定或否定的规范评价。另一方面，就立法规范体系内部而言，由于立法规范体系本身

① 雷磊：《什么是法教义学？——基于19世纪以后德国学说史的简要考察》，载《法制与社会发展》2018年第4期，第113页。

在效力上的分层现象必然存在，立法法学必然具有系统内的批判功能，既包括基于《宪法》审视《立法法》，也包括基于《宪法》和《立法法》审视更为具体的立法规范。

就成立前提而言，立法法学必须正确处理立法活动的政治性与规范性的关系，并在此问题上与立法法理学共享基本的法学认识论和方法论。如立法法理学所批评的那样，传统的法学理论被立法的政治性所蒙蔽，因此放弃了立法这块学术阵地。如有学者所说，“启蒙后的法律理论要么是忽视立法，要么反对立法，立法问题没有被认真对待。在这种背景下，立法法理学（legisprudence）作为研究立法问题的新进路应运而生，它试图构建一种理性的立法理论，以此恢复立法的尊严，并唤醒法律理论家对立法问题的严肃对待，最终，通过理论上的反思与重构为立法实践提供更好的智识支撑，实现提高立法质量的终极目的。”① 笔者极为赞同立法法理学对传统理论忽视立法的批判，但这种批判并非必须上升到法理学的层面。从教义学的内部视角来讲，基于政治性而将立法过程排除在法学范围以外同样是不能成立的，更不能契合现代宪法观念。如张翔教授所言，“基于立法者必须遵守宪法，现代宪法下的立法活动，同时也是适用宪法、实施宪法的活动。其与传统上指向法适用的法教义学之间，就有着更为紧密的联系。”② 无论如何必须承认，宪法教义学、立法法学与立法法理学都通过反思和批判对立法过程的传统认知，将具有政治性的立法重新纳入法学的研究范围。如有学者所说，“立法确是一个政治过程，但只要这一政治过程是秉承法治原则而运作的，那么为它的运作过程制定一套体现理性的程序规则或许就不是不可能的。所以，以立法的政治属性为理由而将立法排除出法学理论研究的视域显然是有些简单化的。相反，这或许应该激发法学理论界更深入地研究立法。”③ 在使立法符合法治原则和科学原则这一点上，立法法学对立法规范的科学阐释，承继了立宪主义规范和控制公权力的基本价值。

---

① 宋方青、姜孝贤：《立法法理学探析》，载《法律科学》2013 年第 6 期，第 50—51 页。

② 张翔：《立法中的宪法教义学——兼论与社科法学的沟通》，载《中国法律评论》2021 年第 4 期，第 103 页。

③ 葛洪义、李晓辉：《立法：法学理论研究的一个视角》，载《学习与探索》2013 年第 8 期，第 80 页。

就学科发展而言，立法法学应当把握总结和提升立法学的历史契机。早在20世纪80年代末期，就有立法工作者提出，“我们要建设有中国特色的社会主义法律体系，完备社会主义法制，繁荣社会主义法学，首先就必须加强立法学的研究。”① 时至今日，这一论断仍有意义。《立法法》颁布施行满20周年，立法学作为法学学科正式形成三十余年，② 作为二者背景和基础的现行宪法即将跨越第40个年头。通过立法法学来强化对立法权的规范和控制，必定是未来中国特色社会主义法治体系建设的重点。特别是在党的十九大以来，“依法立法”等立法规范问题的重要性得到反复强调，就更需要在立法过程中注入法教义学的价值。如有学者所说，“立法并不是处于‘前教义’环节的‘高高在上’式的存在，立法活动既应当遵循已有的法教义为其所设定的活动空间，也应当在这一活动空间中充分考虑法教义学在内容和体系形成上的积极影响，还应当在立法方法上高度重视与司法裁判阶段的教义学方法之间的衔接。”③ 法教义学与立法学的融合具有扎实的现实基础和广阔的施展空间。

总之，本书旨在强调法释义学方法在立法学研究中的重要性，通过解释和发展立法法规范来规范和保障立法机制运作的重要性。此种学术努力有助于中国特色社会主义法治体系和法治理论的丰富和发展。如有学者所说，《立法法》“自身的立法风格、调整对象、内容范围、体例结构，在国内外立法史上具有创新性和示范性的意义，展示了鲜明的中国特色”。④ 以它为基础而构建的立法法学也将是极具中国特色的法学学科，对于丰富和发展中国特色法学话语体系，必将具有重要的学术增量价值。

（本章内容曾以“立法法释义学的理论建构”为题发表于《荆楚法

---

① 高帆：《关于加强立法学研究的几点意见》，载《法学评论》1988年第3期，第14页。

② 立法学研究基本上开始于现行1982年宪法颁布以后，关于立法学的系统性和学理性专著大体上出现在20世纪80年代后期，比如周旺生《立法法》，北京大学出版社1988年版。

③ 赵一单：《依法立法原则的法理阐释——基于法教义学的立场》，载《法制与社会发展》2020年第5期，第50页。

④ 苗连营：《立法法重心的位移：从权限划分到立法监督》，载《学术交流》2015年第4期，第77页。

学》2022 年第 1 期，核心观点源自笔者 2018 年至 2019 年在厦门大学法学院开设的“立法法专题研究”的课程讲义，感谢修课同学的参与和讨论，文责自负）

法条聚焦：《立法法》第13条

第二篇

试验性立法与改革试点

第 二 章

国家改革、地方试点与比例原则

【本章提要】在全面推进依法治国的背景下，授权地方改革试点决定应当遵循比例原则，防止对法治的常规性造成颠覆性例外。全国人民代表大会常委会的既有授权决定具有一定程度的比例考虑，但个别授权决定在 17 项授权决定所组成的乐谱中并不和谐。有必要运用比例原则反思既有授权实践，并在此基础上合比例地解释《立法法》第 13 条，明确其中的内容、时间和空间三方面限制的各自标准及其相互关联，从而促进未来地方改革试点的良性发展，保证科学和稳妥地推进改革。

全国人民代表大会于 2015 年 3 月 15 日修正的《立法法》第 13 条规定："全国人民代表大会及其常务委员会可以根据改革发展的需要，决定就行政管理等领域的特定事项授权在一定期限内在部分地方暂时调整或者暂时停止适用法律的部分规定。"这是相关法律首次规定地方改革试点及其授权决定，表明全国人大试图将地方改革试点纳入法治轨道，并运用法律措施对其予以有效控制，从而在全面深化改革过程中更好地实现"重大改革于法有据"的根本要求。该条在改革目的下创设了一个非常重要的手段，即暂时调整或停止适用法律的部分规定，并使该手段受四个方面的限制：一是授权者为全国人大及其常委会；二是内容为行政管理等领域的特定事项；三是时间为一定期限；四是空间为部分地方。从性质上讲，授权决定是一种高度自由裁量的法律行为，其本身并无可以适用的具体规则，裁量的空间和幅度甚至堪比立法。由此，在全面推进依法治国的背景下，改革必须面对的重要问题是，地方改革试点的授权决定如何具有合理性同时排除肆意性，比例原则就成为其本质判断标准。

一 全国人大常委会授权地方改革试点决定的主要实践

（一）既有授权地方改革试点决定的概况

自2012年12月28日至2016年12月25日止，围绕地方改革试点共形成17项授权决定，这些决定均由全国人大常委会作出。其中，6项决定于2015年《立法法》修正案公布施行之前作出，其余11项决定则在此之后作出。依时间先后，17项决定依次为：①关于授权国务院在广东省暂时调整部分法律规定的行政审批的决定；②关于授权国务院在中国（上海）自由贸易试验区暂时调整有关法律规定的行政审批的决定；③关于授权最高人民法院、最高人民检察院在部分地区开展刑事案件速裁程序试点工作的决定；④关于在北京、上海、广州设立知识产权法院的决定；⑤关于授权国务院在中国（广东）自由贸易试验区、中国（天津）自由贸易试验区、中国（福建）自由贸易试验区以及中国（上海）自由贸易试验区扩展区域暂时调整有关法律规定的行政审批的决定；⑥关于授权国务院在北京市大兴区等33个试点县（市、区）行政区域暂时调整实施有关法律规定的决定；⑦关于授权在部分地区开展人民陪审员制度改革试点工作的决定；⑧关于授权最高人民检察院在部分地区开展公益诉讼试点工作的决定；⑨关于授权国务院在部分地方开展药品上市许可持有人制度试点和有关问题的决定；⑩关于授权国务院在实施股票发行注册制改革中调整适用《中华人民共和国证券法》有关规定的决定；⑪关于授权国务院在广东省暂时调整部分法律规定的行政审批试行期届满后有关问题的决定；⑫关于授权国务院在北京市大兴区等232个试点县（市、区）、天津市蓟县等59个试点县（市、区）行政区域分别暂时调整实施有关法律规定的决定；⑬关于授权最高人民法院、最高人民检察院在部分地区开展刑事案件认罪认罚从宽制度试点工作的决定；⑭关于军官制度改革期间暂时调整适用相关法律规定的决定；⑮关于授权国务院在部分地区和部分在京中央机关暂时调整适用《中华人民共和国公务员法》有关规定的决定；⑯关于在北京市、山西省、浙江省开展国家监察体制改革试点工作的决定；⑰关于授权国务院在河北省邯郸市等12个试点城市行政区域暂时调整适用《中华人民共和国社会保险法》有关规定的决定。①

表1　　全国人大常委会地方试点授权决定概览

	决定名称	通过时间	目的
①	关于授权国务院在广东省暂时调整部分法律规定的行政审批的决定	2012. 12. 28	推进行政审批制度改革，促进政府职能转变
②	关于授权国务院在中国（上海）自由贸易试验区暂时调整有关法律规定的行政审批的决定	2013. 8. 30	加快政府职能转变，创新对外开放模式，进一步探索深化改革开放的经验
③	关于授权最高人民法院、最高人民检察院在部分地区开展刑事案件速裁程序试点工作的决定	2014. 6. 27	进一步完善刑事诉讼程序，合理配置司法资源，提高审理刑事案件的质量与效率，维护当事人的合法权益
④	关于在北京、上海、广州设立知识产权法院的决定	2014. 8. 31	为推动实施国家创新驱动发展战略，进一步加强知识产权司法保护，切实依法保护权利人合法权益，维护社会公共利益
⑤	关于授权国务院在中国（广东）自由贸易试验区、中国（天津）自由贸易试验区、中国（福建）自由贸易试验区以及中国（上海）自由贸易试验区扩展区域暂时调整有关法律规定的行政审批的决定	2014. 12. 28	为进一步深化改革、扩大开放，加快政府职能转变
⑥	关于授权国务院在北京市大兴区等33个试点县（市、区）行政区域暂时调整实施有关法律规定的决定	2015. 2. 27	改革完善农村土地制度，为推进中国特色农业现代化和新型城镇化提供实践经验

① 笔者整理自《中华人民共和国全国人民代表大会常务委员会公报》，决定文本亦公布于中国人大网，不逐一指明出处。后文均以带圈数字序号指代各个决定。

续表

	决定名称	通过时间	目的
⑦	关于授权在部分地区开展人民陪审员制度改革试点工作的决定	2015. 4. 24	进一步完善人民陪审员制度，推进司法民主，促进司法公正
⑧	关于授权最高人民检察院在部分地区开展公益诉讼试点工作的决定	2015. 7. 1	加强对国家利益和社会公共利益的保护
⑨	关于授权国务院在部分地方开展药品上市许可持有人制度试点和有关问题的决定	2015. 11. 4	推进药品审评审批制度改革，鼓励药品创新，提升药品质量，为进一步改革完善药品管理制度提供实践经验
⑩	关于授权国务院在实施股票发行注册制改革中调整适用《中华人民共和国证券法》有关规定的决定	2015. 12. 27	实施股票发行注册制改革，进一步发挥资本市场服务实体经济的基础功能
⑪	关于授权国务院在广东省暂时调整部分法律规定的行政审批试行期届满后有关问题的决定	2015. 12. 27	进一步积累经验，深化行政审批制度改革
⑫	关于授权国务院在北京市大兴区等232个试点县（市、区）、天津市蓟县等59个试点县（市、区）行政区域分别暂时调整实施有关法律规定的决定	2015. 12. 27	落实农村土地的用益物权，赋予农民更多财产权利，深化农村金融改革创新，有效盘活农村资源、资金、资产，为稳步推进农村土地制度改革提供经验和模式
⑬	关于授权最高人民法院、最高人民检察院在部分地区开展刑事案件认罪认罚从宽制度试点工作的决定	2016. 9. 3	进一步落实宽严相济刑事政策，完善刑事诉讼程序，合理配置司法资源，提高办理刑事案件的质量与效率，确保无罪的人不受刑事追究，有罪的人受到公正惩罚，维护当事人的合法权益，促进司法公正
⑭	关于军官制度改革期间暂时调整适用相关法律规定的决定	2016. 12. 25	加快建立军官职业化制度，构建科学规范的军官制度体系，适应现代军队建设和作战要求

续表

	决定名称	通过时间	目的
⑮	关于授权国务院在部分地区和部分在京中央机关暂时调整适用《中华人民共和国公务员法》有关规定的决定	2016. 12. 25	进一步完善公务员制度，推行公务员职务与职级并行、职级与待遇挂钩制度，拓展公务员职级晋升通道，进一步调动广大公务员的积极性
⑯	关于在北京市、山西省、浙江省开展国家监察体制改革试点工作的决定	2016. 12. 25	为在全国推进国家监察体制改革探索积累经验
⑰	关于授权国务院在河北省邯郸市等 12 个试点城市行政区域暂时调整适用《中华人民共和国社会保险法》有关规定的决定	2016. 12. 25	进一步增强生育保险保障功能，提高社会保险基金共济能力，推进生育保险和基本医疗保险合并实施改革

资料来源：笔者整理自《全国人大常委会公报》，决定内容亦公布于中国人大网，表格自制，下同。

前述 17 项决定的年度分布情况为：2012 年 1 项，2013 年 1 项，2014 年 3 项，2015 年 7 项，2016 年 5 项。具体而言，第 11 届全国人大常委会第 30 次会议作出 1 项（①）；第 12 届全国人大常委会作出 16 项，涉及第 4 次会议（②）、第 9 次会议（③）、第 10 次会议（④）、第 12 次会议（⑤）、第 13 次会议（⑥）、第 14 次会议（⑦）、第 15 次会议（⑧）、第 17 次会议（⑨）、第 18 次会议（⑩、⑪和⑫）、第 22 次会议（⑬）和第 25 次会议（⑭、⑮、⑯和⑰）。从全国人大常委会会议的召开周期可以发现，全国人大常委会作出授权决定的频率在近几年不断攀升，尤其在 2015 年年底（第 12 届全国人大常委会第 18 次会议）和 2016 年年底（第 12 届全国人大常委会第 25 次会议）达到最高峰值。由此，分析既有授权决定的实践对该制度的未来走向具有重要意义。

（二）目的正确性之下的限制要素

前述 17 项授权决定都限定了相关试点的目的，依次为：①推进行政审批制度改革，促进政府职能转变；②加快政府职能转变，创新对外开放模式，进一步探索深化改革开放的经验；③进一步完善刑事诉讼程序，

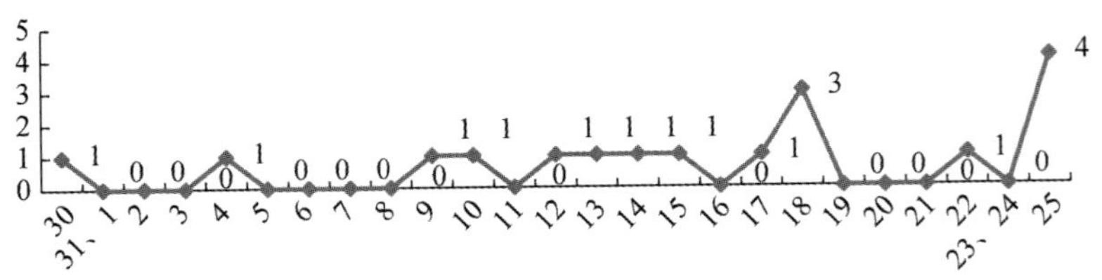

图1　全国人大常委会作出授权决定的时间频率

合理配置司法资源，提高审理刑事案件的质量与效率，维护当事人的合法权益；④为推动实施国家创新驱动发展战略，进一步加强知识产权司法保护，切实依法保护权利人合法权益，维护社会公共利益；⑤为进一步深化改革、扩大开放，加快政府职能转变；⑥改革完善农村土地制度，为推进中国特色农业现代化和新型城镇化提供实践经验；⑦进一步完善人民陪审员制度，推进司法民主，促进司法公正；⑧加强对国家利益和社会公共利益的保护；⑨推进药品审评审批制度改革，鼓励药品创新，提升药品质量，为进一步改革完善药品管理制度提供实践经验；⑩实施股票发行注册制改革，进一步发挥资本市场服务实体经济的基础功能；⑪进一步积累经验，深化行政审批制度改革；⑫落实农村土地的用益物权，赋予农民更多财产权利，深化农村金融改革创新，有效盘活农村资源、资金、资产，为稳步推进农村土地制度改革提供经验和模式；⑬进一步落实宽严相济的刑事政策，完善刑事诉讼程序，合理配置司法资源，提高办理刑事案件的质量与效率，确保无罪的人不受刑事追究，有罪的人受到公正惩罚，维护当事人的合法权益，促进司法公正；⑭加快建立军官职业化制度，构建科学规范的军官制度体系，适应现代军队建设和作战要求；⑮进一步完善公务员制度，推行公务员职务与职级并行、职级与待遇挂钩制度，拓展公务员职级晋升通道，进一步调动广大公务员的积极性；⑯为在全国推进国家监察体制改革探索积累经验；⑰进一步增强生育保险保障功能，提高社会保险基金的共济能力，推进生育保险和基本医疗保险合并实施改革。

这些目的不仅体现了《立法法》第13条“改革发展的需要”，而且可以在宪法上获得正当性。这些目的既是宪法中“改革开放”的基本国策和“不断完善社会主义的各项制度”国家任务的具体展开，也与责任制政府、法治和人权保障等重要价值实质相关，由此可以认定所有授权决定均符合宪法上的目的正确原则。但目的的正确性并不必然证明手段的适当性，从四方面限制来看，授权者要素是羁束性的，而且实践中所有授权决定均由全国人大常委会作出。由此，有必要特别关注其他三项要素，即全国人大常委会“如何作出授权决定”的问题。

二 比例原则作为控制地方改革试点的核心手段

（一）利弊并存的地方改革试点

地方改革试点及其授权决定之所以具有正当性，是因为其对改革的科学性和稳妥性具有促进作用。我国《宪法》序言第七段确立了“改革开放”的基本国策，即通过在中国共产党领导下坚持不断改革，从而“坚持真理，修正错误”，“不断完善社会主义的各项制度……推动物质文明、政治文明和精神文明协调发展，把我国建设成为富强、民主、文明的社会主义国家”。但改革无疑应当科学稳妥地进行，不能不改更不能乱改，必须防止冒进式改革陷整个国家于未知的风险，由此，地方改革试点就成为科学稳妥改革的必由之路。地方试验具有不可取代的功能，“它创造了一种可能性和条件，在较小比例的区域或时间内来衡量试验内容的长处与短处，而这使人们能够在将某一机制推广之前有机会去改善它，或者是在它被证明为没有效率或不妥当时抛弃它，试验同样能够具有一种政治上的功能，它通过证明试验对象的有效性，消除了制度变化给人们带来的恐惧和不安，从而使一项改革更容易被接受”①。因此，地方改革试点通过提供试错机会、积累经验和吸取教训提高了改革的科学性和稳妥性。而且，它激发了地方在试点实施中的主体作用，有助于落实《宪法》第 3 条第 4 款确立的发挥地方主动性和积极性的原则。

---

① André Roux, Réforme de l'Etat et Expérimentation, in Actes du Colloque International de Toulon《La Réforme de l'Etat》, les 1 et 2 octobre 2004, Bruxelles: Bruylant, 2005, p. 99. 该文的中译本，可参见［法］安德烈·鲁《宪法中的国家改革与试验》，王建学译，载《南开法律评论》（第 15 辑），中国检察出版社 2021 年版，第 135—147 页。

不过，地方改革试点中的权力结构却因国家结构形式的不同而存在差别，试点本身的风险性亦因此有差别。在联邦制国家，自下而上的分权结构决定了各地方均可自发和分散地进行试点，布兰代斯大法官在一段经常被引用的话中说："如果某个州的公民愿意，就可以把自己这个州作为一个试验室，进行新的社会和经济的试验，而对这个国家的其他州却毫无危险。这是联邦制令人高兴的事情之一"①。单一制国家却不同，它必须在全国范围内保证法律规则的单一性和同质性②，而且地方权力通常由中央所赋予，因此，地方改革试点通常会突破全国性法律，同时也必须由某个权威机关予以批准，这就必然创设一个有资格决定暂停法律的权力中心。这一权力具有被滥用的可能，由此具有了通过例外来颠覆常规的危险。

现代法治的基础是法的常规性，它意味着法律必须是普遍、统一和稳定的，但这种常规性总是受到例外状态的潜在威胁。例如，德国魏玛宪法第 48 条的紧急命令权最终成为宪法的自我毁灭条款，纳粹正是据此合法地建立了颠覆性的例外状态。在理论上，施米特基于紧急命令权而建立的系统、危险且恶名昭著的例外概念③，至今仍然值得时刻反思。因此，法律的暂停实施作为例外必须受到严格限制，否则，例外状态会轻易打开法治的缺口从而乘虚而入地颠覆整个法秩序。晚近以来部分单一制国家逐渐将暂停法律作为推进改革的常规手段，如法国在 1962 年以来允许以地方试点之名暂停法律。地方试点虽然有助于提升改革的科学性和稳妥性，但无疑也在紧急命令权以外开辟了暂停法律的第二种途径。因此，如何将地方改革试点控制在法治常规性所容许的范围之内，就成

---

① ［美］伯纳德·施瓦茨：《美国法律史》，王军等译，中国政法大学出版社 1990 年版，第 48 页。

② 典型单一制的本质在于，"一个单一政治意志施加于公民全体从而使全体公民在所有领域服从于相同的法律"。V. Bernard Chantebout, Droit Constitutionnel, Paris: Dalloz, 2007, p. 56.

③ 施米特阐述的例外概念，可参见［德］卡尔·施米特《宪法学说》，刘锋译，上海人民出版社 2005 年版，第 31、113、124—125 页。学者评价其为"例外概念的杰出法律理论家"或"研究国家紧急权理论的先驱"。参见 Oren Gross, The Normless and Exceptionless Exception: Carl Schmitt's Theory of Emergency Powers and the "Norm - Exception" Dichotomy, in Cardozo Law Review, Vol. 21, No. 5 - 6, 2000, p. 1866; Clinton Rossiter, Constitutional Dictatorship: Crisis Government in the Modern Democracies, New Brunswick, N. J.: Transaction Publishers, 2002, p. 14。

为至关重要的问题。

（二）合比例性控制的基本框架

理想状态的授权地方改革试点决定应当是：由全国人大或其常委会决定在特定时限内于特定地域试验性地实行某种法律机制或措施，并在充分试错和积累经验之后将检验合格的机制或措施推行全国，从而促进整个国家体制的完善与优化。尽管这种权力可以充当促进改革的有力手段，但因为必须采取暂时调整或停止法律适用的形式，所以不能忽视其对宪法秩序所产生的冲击。我国宪法第 5 条第 1 款确立了“法治国家”原则，其中，“依法治国”必然意味着通过普遍、统一和稳定的法律来对整个国家进行常规性治理，法律的暂时调整或停止适用，只可能存在于宪法第 67 条第 20 项所创设的紧急状态决定权（属于全国人大常委会）中，并且它必然是备而不用的例外手段。《立法法》第 13 条所创设的改革手段扩大了宪法第 67 条的例外范围，可能对法秩序产生冲击甚至颠覆性作用。具体而言，这种作用表现为两个方面：（1）地方改革试点会减损法制统一性。《宪法》第 5 条第 2 款规定：“国家维护社会主义法制的统一和尊严。”如果在某个地方建立一种明显不同于其他大部分区域的法律机制或措施，显然会在法律上形成一定程度的“独立王国”，甚至影响国家的单一制属性。（2）地方改革试点会限制公民的平等权。《宪法》第 33 条第 2 款规定：“中华人民共和国公民在法律面前一律平等。”平等不仅是公民的基本权利，更是我国社会主义宪法的构成性原则。据此，应当严格限制因所处地域的不同而造成的公民在权利上的差别对待。如果试点所能暂停的法律在内容上失去控制，那么，国家的基本制度都可能受到影响。

综上，地方改革试点必须尽可能减少对规范体系的冲击（即降低损失），同时有效发挥试验效用（即增加收益），损益之间如何平衡就成为一个重要的问题。既然涉及成本与收益的衡量，比例原则就应当成为最为核心的控制手段。比例原则在本质上是目的与手段间权衡的限制性工具，也即在目的正确的前提下“要求具体案件中的手段具有适当性、最小损害性与狭义合比例性”，传统的三阶比例原则就是“对手段选择裁量的规范”,[①] 而地方改革试点正处于目的与手段的权衡关系中，由此必须受到合比例性控制。

申言之，国家体制的完善与优化是正确的目的，地方改革试点是必要且重要的手段，但却会对法制统一、平等原则构成限制，因此，在目的、手段和受到减损的法益这三者之间就有必要进行合比例性衡量，特别是通过衡量来控制作为手段的地方改革试点。比如，试点措施本身应当具有合目的性，在可以实现试点目的之前提下应当采取对法制统一、平等原则损害最小的试点方案；试点方案本身的设计应当能够在最大限度上使试点发挥试验作用，且试点措施所带来的积极社会效用的增加不能与法制统一、平等原则所遭受的损害显失均衡。在地方改革试点制度较为发达的法国，正是通过比例原则来对地方试点进行全方位控制的。而这种基于比例原则的控制正是地方改革试点区别于紧急命令权的根本标志，由此，可以在总体上将地方改革试点视为法治系统内的例外。

（三）地方改革试点的两个层次

在运用比例原则控制地方改革试点时，首先应当将试点区分为两个层次。（1）特定领域或类型的试点会使例外状态超出法治常规性所容许的范围，对法制统一、平等原则造成不可挽回的损害，因此应当承认地方改革试点存在禁区。比如，试点不得以酷刑为内容，不得违反宪法的明文规定。[②]（2）特定领域或类型的试点虽然冲击法制统一、平等原则，但不会对其造成不可挽回的损害，因此属于允许试点的范围。举例而言，法国于2003年修宪时在宪法中明确设置了地方试验制度，其第72条第4款规定：“在法律或者法规已有规定的情况下，地方自治团体或其联合体

---

① 刘权：《目的正当性与比例原则的重构》，载《中国法学》2014年第4期。

② 比如，“直接选举乡镇长的做法……不符合宪法和有关法律的规定”，在2006年被全面取消。参见盛华仁：《依法做好县乡两级人大换届选举工作》，载《求是》2006年第16期。然而，我国存在一个特殊问题，即宪法规范密度过高。宪法的特定内容过于具体，使地方改革试点动辄抵触宪法的明文规定，由此引发了“良性违宪”争论。张千帆教授认为，“良性违宪”的出现是因为宪法和法律过多限制了地方自主权，为消除这种现象，就应当转变有关中央与地方关系的思维。宪法的根本目的不是通过制度性规定剥夺地方尝试的自由，更不是限制人民的基本自由，而是为所有人保障一个权利底线。在这个底线之上，地方政府可以自由探索对满足当地需要而言最有效的途径。参见张千帆《宪法变通与地方试验》，载《法学研究》2007年第1期。

视情形可以依照组织法规定的条件，为特定目的并在确定期限内，试验性地减损调整其权限行使的该法律或法规条款，但涉及行使公共自由或者宪法所保障权利的实质条件的除外。”据此，基本人权保障的实质条件属于宪法明令禁止试点的范围，而允许试点的范围仅限于中央与地方权限划分事项。

地方改革试点虽被允许却仍要在决定和实施的整个过程中遵守比例原则的限制，否则仍然可能构成违宪。比如，法国最高行政法院认为：“只有限于特定期间内，或者是一个循序渐进过程的结果，并且旨在实现公共利益时，试验性措施对法律面前人人平等原则及其他原则的减损才具有正当性。”① 法国宪法委员会曾裁定：“地方试验必须具有明确的条件和目的，限于确定的期限之内，进行有效的效果评估等，才符合比例原则。”② 明确的条件和目的是有效防止试点措施的滥用，时限的要求是为了防止试点措施固化为长期的特权，而有效的效果评估是为了充分发挥试点的试错和经验积累功能。在根本上说，所有这些限制都是为了既有效发挥试验效用，又降低其对法制统一、平等原则所造成的损害。

三　试点内容的重要性区分与衡量

（一）试点内容的类别

《立法法》第 13 条将试点内容限于“行政管理等领域的特定事项”。对授权试点的内容进行实质性考察，有助于运用比例原则来衡量各个授权决定的内容的重要性。17 项授权决定的试点内容依次为：①和②属于行政审批；③刑事案件速裁程序；④知识产权法院；⑤行政审批；⑥农村土地征收、集体经营性建设用地入市、宅基地管理制度；⑦人民陪审员制度；⑧公益诉讼；⑨药品上市许可持有人制度、药品注册分类；⑩股票发行核准制度；⑪延长①的继续试点；⑫集体所有的耕地和宅基地使用权抵押；⑬刑事案件认罪认罚从宽制度（吸收并延长③）；⑭军官制

---

① Avis N° 353605 du 24 juin 1993 du Conseil d'Etat.

② Décision n° 2003 – 478 DC du 30 juillet 2003 du Conseil Constitutionnel sur loi organique relative à l'expérimentation par les collectivités territoriales.

度；⑮公务员职务与职级并行制度；⑯国家监察体制；⑰生育保险基金并入职工基本医疗保险基金征缴和管理。

表 2　　试点内容、被授权主体和所涉法律

	试点内容	被授权主体	暂停或调整实施的法律
①	行政审批	国务院	海关法、枪支管理法、政府采购法、招标投标法、城乡规划法、中外合作经营企业法、母婴保健法、职业病防治法、广告法、计量法、安全生产法、建筑法、文物保护法、气象法、矿产资源法、动物防疫法、对外贸易法、税收征收管理法、大气污染防治法
②	行政审批	国务院	外资企业法、中外合资经营企业法和中外合作经营企业法
③	刑事案件速裁程序	最高法、最高检	授权决定本身和被授权主体的试点工作办法均未列明，但实涉及刑事诉讼法
④	设立知识产权法院	最高法	未列明，但实涉及人民法院组织法和民事诉讼法
⑤	行政审批	国务院	外资企业法、中外合资经营企业法、中外合作经营企业法和台湾同胞投资保护法
⑥	农村土地征收、集体经营性建设用地入市、宅基地管理制度	国务院	土地管理法、城市房地产管理法
⑦	人民陪审员制度	最高法	人民法院组织法、全国人民代表大会常务委员会关于完善人民陪审员制度的决定、刑事诉讼法和民事诉讼法
⑧	公益诉讼	最高检	不涉及调整或暂停实施法律（新制度，可在民事诉讼法第 55 条框架内开展）
⑨	药品上市许可持有人制度、药品注册分类	国务院	药品管理法
⑩	股票发行核准制度	国务院	证券法
⑪	①继续试点	国务院	同①

续表

	试点内容	被授权主体	暂停或调整实施的法律
⑫	集体所有的耕地和宅基地使用权抵押	国务院	物权法、担保法
⑬	刑事案件认罪认罚从宽制度（吸收并延长③）	最高法、最高检	同③
⑭	军官制度	中央军委	现役军官法、中国人民解放军军官军衔条例
⑮	公务员职务与职级并行制度	国务院	公务员法
⑯	国家监察体制	无	行政监察法、刑事诉讼法、检察院组织法、检察官法、地方各级人民代表大会和地方各级人民政府组织法
⑰	生育保险基金并入职工基本医疗保险基金征缴和管理	国务院	社会保险法

可见，授权决定中的试点内容涵盖面极广，按照重要性递增的次序可以分为五大类：（1）行政管理体制改革，包括⑭、⑮和⑰，共 3 项。其中，⑭和⑮是对军官、公务员等国家工作人员的管理，涉及国家工作人员的积极性和与职务相关的任职保障；而⑰是对保险基金的管理机制，虽涉及行政相对人，但只是管理体制的变化而对相对人权利无实质影响，因此⑰是重要性程度最轻的。（2）行政审批制度改革，包括①、②、⑤、⑨、⑩和⑪，共 6 项。总体内容是取消或放宽行政审批，将核准制度改为注册登记制，会对行政相对人权利产生积极影响，进而释放市场和社会的活力。（3）农村产权制度改革，包括⑥和⑫共 2 项，旨在不断放宽相关管理性或限制性机制，促进农村产权保护。（4）司法制度改革，包括③、④、⑦、⑧和⑬，共 5 项，涉及人民法院组织和诉讼体制改革等内容。由于司法被认为是人权保障的最后一道防线，因此应当提升此项内容的重要性。（5）国家机构体系改革兼涉及司法制度改革，包括⑯，共 1 项。所试点的监察委员会是宪法没有规定的国家机构但却有“地位

高”和“权力厚重”两大特点。[①] 这不仅会局部改变我国的人民代表大会制政权组织形式，而且其涉及检察院的内容还涵盖司法体制并影响到刑事犯罪嫌疑人的程序性权利，因此应被作为重要性最高的事项。

（二）试点内容与被授权主体的关联

前述试点内容可以与被授权主体结合理解。全部 17 项决定的被授权主体有国务院、最高人民法院、最高人民检察院和中央军事委员会。第一类和第二类事项的被授权主体为国务院和中央军事委员会，试点内容均为行政管理和审批事项，因此其事项内容与被授权主体完全匹配。第三类事项的被授权主体为国务院，农村产权制度主要涉及国务院的行政管理职权，但在特定情况下出现争议也可能进入诉讼，因此其事项内容与被授权主体部分匹配。第四类事项的被授权主体为最高人民法院和最高人民检察院，试点内容为司法体制改革，因此其事项内容与被授权主体完全匹配。第五类则缺乏关于授权主体的内容，因此其事项内容与被授权主体完全不匹配。从监察体制改革的内容来看，试点会直接涉及试点地区的人大及其常委会、地方人民政府及其监察机关和人民检察院，显然不能因为涉及被授权主体过多而在授权决定中放弃列举被授权主体的范围。

除⑧以外的所有授权决定均涉及暂停或调整法律的适用，并且所涉法律的数量各不相同。其中，既有全国人大制定的基本法律，也有全国人大常委会制定的非基本法律。全国人大常委会在绝大多数授权决定中明确且完整地列举了试点所要暂停或调整适用的法律名称及其具体条文，但③、④和⑬均没有列明相关法律。而且这 3 项均涉及司法制度，重要性程度较高。就此而言，这些授权决定在形式上存在不足。

（三）《立法法》第 13 条“等”字的理解

可以明显看到，前述第一和第二类事项处在《立法法》第 13 条限制的事项范围内，但第三、第四和第五类事项已经明显超出限定范围。这就涉及对第 13 条“等”字的理解。是否可以将“等”理解为行政管理领

---

① 童之伟：《对监察委员会自身的监督制约何以强化》，载《法学评论》2017 年第 1 期。

域以外的事项也可以成为试点的内容？笔者认为，从立法宗旨来看，第13条既有对改革和试点本身的重视，即做到"立法主动适应改革和经济社会发展需要"，也有对控制试点的重视，即做到"重大改革于法有据"①，从而实现立法和改革决策的更好衔接。因此，"等"字应当尽可能理解为重要性程度等于或低于行政管理的其他事项。如果可以解释为在重要性程度上超过行政管理，那么第13条本身的限制就会丧失价值。在此意义上，考虑到第三、第四和第五类事项的授权决定多于2015年3月15日之后作出，其妥当性存在疑问。如果采取前述的法国标准，则这些事项显然已经属于宪法明定禁止试点的范围。

比如，在第三类事项中，决定⑥在试点实施过程中，北京市大兴区4200多宗集体土地使用权入市，投融资达150亿元，其中一块土地出让收入就高达8亿元（其中：1亿元为调节金，1亿元支出农民既得收入，3亿元偿还贷款，3亿元用于开发，联营公司的每户农民因这一地块增收5000元以上）②，其对相关主体的权利影响深远。在我国全面深化改革的背景下，虽然可以采取比法国更为宽松的限制标准，但也应注意到，重要性程度较高的事项必须由全国人大作出授权决定；甚至特定重大事项即使全国人大亦不得授权，才符合比例原则。比如，针对决定⑯的个案，有学者认为必须由全国人大而非其常委会作出授权才能扫除"妨碍改革试点的障碍"③。这一主张在本章的合比例性分析中更具充分性，因为它在全部授权决定中的重要性程度最高。

四　试点期限及报告义务的合理分布

《立法法》第13条将试点时间限于"一定期限内"，与此相关的是被授权主体的报告义务，即"被授权机关应当在授权期限届满的六个月以

---

① 李建国：《关于〈中华人民共和国立法法修正案（草案）〉的说明——2015年3月8日在第十二届全国人民代表大会第三次会议上》，载中国人大网 http：//www. npc. gov. cn/npc/xinwen/2015－03/09/content_ 1916887. htm，2017年4月20日最后访问。

② 参见《大兴4200余宗集体用地"入市"严禁商改住》，载《新京报》2016年12月19日第12版。

③ 童之伟：《将监察体制改革全程纳入法治轨道之方略》，载《法学》2016年第12期。

前，向授权机关报告授权决定实施的情况”①。必须将期限和报告义务的要求置于比例原则的框架中理解，即在目的正确的前提下，为试点设定期限从而防止形成长期固化特权，确保法制统一、平等原则只受到暂时的限制；同时要求被授权主体对试点的效果进行科学评估并向授权机关报告，从而有效发挥试点的试错和经验积累作用。

表3　　试点期限及报告义务的分布

	期限	报告义务	报告强度
①	3年	无（对实践证明可行的，应当修改完善有关法律；对实践证明不宜调整的，恢复施行有关法律规定）	★
②	3年	无（对实践证明可行的，应当修改完善有关法律；对实践证明不宜调整的，恢复施行有关法律规定）	★
③	2年	中期报告	★★★
④	3年	报告	★★
⑤	3年	无（对实践证明可行的，应当修改完善有关法律；对实践证明不宜调整的，恢复施行有关法律规定）	★
⑥	2017年12月31日前试行	报告	★★
⑦	2年	中期报告	★★★
⑧	2年	中期报告	★★★
⑨	3年	报告	★★
⑩	2年	中期报告	★★★
⑪	2018年1月1日前	无（2018年1月1日前未提出修改有关法律的议案的，恢复施行有关法律规定）	★

① 该内容规定于《立法法》第10条第3款，字面上仅适用于第9条规定的先行性行政立法授权，即相对法律保留事项尚未制定法律的，全国人大及其常委会有权作出决定，“授权国务院可以根据实际需要，对其中的部分事项先制定行政法规”。不过，全国人大常委会显然将报告义务扩大适用于地方改革试点授权。

续表

	期限	报告义务	报告强度
⑫	2017 年 12 月 31 日前试行	报告	★★
⑬	2 年	中期报告	★★★
⑭	无	无	☆
⑮	2 年	中期报告	★★★
⑯	无	无	☆
⑰	2 年	报告	★★

（一）期限与延期的限制

全部 17 项决定都将试点期限定为 2 年以上，这表明授权机关认为 2 年的时间跨度可以检验出试点措施的有效性。在此基础上，按照限制强度由强到弱，17 项授权决定可分为 3 种类型。第一类是明确指明试点的终止日期，包括⑥、⑪和⑫，共三项，折算后通常为 2 年，最多不超过 3 年。第二类是明确规定试点的时间跨度，通常为 2 年（③、⑦、⑧、⑩、⑬、⑮和⑰，共七项）或 3 年（①、②、④、⑤和⑨，共五项），其强度稍弱于第一类，因为通常存在延期的可能。第三类是未限定期限，包括⑭和⑯两项。显然，第三类存在瑕疵。决定⑭授权中央军事委员会制定具体试点办法，这可能是考虑到军事制度改革具有专业性，因此允许最高军事领导机关自行对试点期限进行斟酌取舍。然而，决定⑯缺乏期限限定是无论如何都无法满足限制标准的，尤其是考虑到其试点内容的重要性，更应当强化对试点的控制。

从理论上讲，存在期限就必定同时存在期限的延长。由于试点措施通常都需要经过一定的时间之后才能体现出效果并显露出问题，对于试点期限届满仍然需要继续试点的，全国人大常委会可以进一步授权决定予以延期，这已经从决定⑪和⑬分别对①和③的延期上得到证明。[①] 但随之而来的问题是，延期是否存在次数限制，以及延期是否应当附条件？

---

① 另外，第 12 届全国人大常委会第 27 次会议于 2017 年 4 月 27 日通过了《关于延长人民陪审员制度改革试点期限的决定》，将决定⑦所涉试点延期 1 年。

决定⑪和⑬仅印证了延期的可行性，但能否允许延期两次及两次以上，现有实践没有呈现。从决定⑪在措辞上与决定①的不同来看，前者不像后者那样规定了“三年内”，而是指明了最终日期，这似乎表明全国人大常委会倾向于将延期限定为一次。但对比决定⑬和③的期限规定，似乎又不能完全得出前述结论。决定⑬规定决定③“按照新的试点办法继续试行”，但没有像决定⑪那样给试点规定一个最终日期，而是规定为“试点期限为二年，自试点办法印发之日起算”，“试点期满后，对实践证明可行的，应当修改完善有关法律；对实践证明不宜调整的，恢复施行有关法律规定”。限制延期是控制地方改革试点的重要方面，就此可以借鉴法国相关制度来填补我国的机制空白，即规定延期以 1 次为限，并且授权决定应规定延期所应附带的条件，以及在延长期如何对试点措施或机制进行修改以便增强试点的有效性。①

（二）报告义务与效果评估义务

在报告义务方面，全国人大常委会的授权决定按照程度由强到弱可以分为 4 种类型。第一类是特别规定了应作中期报告，包括③、⑦、⑧、⑩、⑬和⑮。这表明被授权机关不仅应在试点期满时作最终报告，还应在试点进行一半时作中期报告，这意味着全国人大常委会强化了对试点情况的监督。第二类是规定在试点期限届满前（通常是 6 个月内）向全国人大常委会作最终报告，包括④、⑥、⑨、⑫和⑰。第三类是没有明确规定报告义务，但规定对于实践证明可行的机制或措施应当修改完善有关法律。如果期限届满而没有制定新法律或者被授权机关未提出修改有关法律的议案的，则恢复被暂停或调整适用的法律，包括①、②、⑤和⑪。第四类是没有明确规定报告义务，同时亦缺少第三类那样的时间限制，包括⑭和⑯，因此，是否以及何时要向全国人大常委会报告并不明确。如果结合前文关于内容重要性的分析，可以发现报告义务的分布存在失衡的情况。比如，⑭和⑯既无期限限定又无报告义务，因此存在不合比例的问题。

---

① 参见 Loi organique n° 2003 - 704 du 1er août 2003 relative à l'expérimentation par les collectivités territoriales，http：//www. legifrance. gouv. fr，2017 年 1 月 27 日最后访问。

被授权主体的报告义务应当衍生出其效果评估的义务。试点领域的报告义务源于《宪法》第3条第4款的一般报告义务，《宪法》中的报告工作是含有质量要求的实质性报告，而非形式性报告。具体到地方改革试点领域，效果评估是保证报告质量的必然要求。被授权机关及试点实施主体必须客观、准确且完整地对试点效果进行评估，并将评估结果报告全国人大及其常委会，从而使其准确且全面地知悉试点的实施情况，尤其是试点措施或机制的有效性及各种利弊，以便准确作出推广、抛弃、改进或者继续试行该机制或措施的决定。

不过，就目前的情形而言，尚无法全面评价报告义务的实际执行质量。一方面，就最终报告而言，除①和③以外，其他地方改革试点仍在进行中，而①和③虽已期限届满，但分别经由⑪和⑬两个授权决定得以延期。另一方面，就中期报告而言，并无公开资料显示对于已届试点中期的授权决定，相关被授权机关是否全部向全国人大常委会作了中期报告，亦无从得到这些中期报告的内容及相关审议和通过情况。在目前已经公布的资料中，仅可从⑪和⑬两个延期决定的审议过程中，得知①和③的实施情况报告。在决定⑪作出以前，国务院向全国人大常委会提交了①的实施情况报告。报告对实施情况进行了总体性介绍并对试点取消的行政审批事项提出了进一步的建议，部分事项“拟提请国务院常务会议审议后，按法定程序提请全国人大常委会修改相关法律后取消”，其他事项则提请继续试点。[①] 在决定⑬作出以前，最高人民法院院长向全国人大常委会作了决定草案说明，而不是决定③的“实施情况报告”。草案说明中极为简要地指出刑事速裁程序试点工作的必要性和重要意义，而将主要内容用以说明新试点措施的必要性和主要内容。[②] 从总体上看，相关报告对试点的效果缺乏足够充分和科学的评估，因此，应当在地方改革

---

① 参见《国务院关于〈全国人民代表大会常务委员会关于授权国务院在广东省暂时调整部分法律规定的行政审批的决定〉实施情况的报告》，http：//www. npc. gov. cn/wxzl/gongbao/2016 -02/26/content_ 1987084. htm，2017年4月20日最后访问。

② 参见周强《关于〈关于授权在部分地区开展刑事案件认罪认罚从宽制度试点工作的决定（草案）〉的说明——2016年8月29日在第十二届全国人民代表大会常务委员会第二十二次会议上》，http：//www. npc. gov. cn/npc/xinwen/2016 -10/12/content_ 1998977. htm，2017年4月20日最后访问。

试点中引入科学的效果评估机制。

五 试点地域的范围大小与合理分布

《立法法》第13条将试点限于"部分地方"，但该条本身及草案报告并未说明其含义。基于比例原则，试点地域的确定应有两种基本考虑。一方面要考虑到维护法的稳定性和安全性，尽可能将试点限制在最小的地域范围内。其原因在于，地方改革试点会减损法制统一、平等原则，如果不对其地域范围进行适当控制，必然会在地域上对现行机制或措施造成过大且不必要的冲击，从而使相应范围内的个人受到法律地位不稳定的威胁。另一方面，应当在全国范围内合理地分布试验地点，从而有效检验试点机制或措施的有效性，尤其是社会地理因素对试点机制或措施的影响。社会地理因素包括城市化程度（即城乡差别）、经济发展状况、民族分布状况、地方文化特点等，其与试点机制或措施存在相关性，应视试点机制或措施的内容通过科学分析和评估进行合理取舍，具体表现为试点区域选择的代表性、可行性、对比性和均衡性。① 显然，基于第二方面的考虑会扩大试点的地域范围，从而与第一方面考虑存在一定的内在冲突，这种冲突的缓解取决于在具体授权决定中的微妙衡量。从实际情况看，除决定⑭授权中央军委明确试行范围外，其余16项决定都明确列举了试点地域范围。总体上看，全国人大常委会极为重视对试点地域范围的控制，业已在一定程度上存在前述两方面考虑，但并不全面。

---

① 这些因素在部分授权决定的作出过程中得到一定的考虑。区域代表性，如决定③选定地点的理由是试点"地区案件基数大、类型多，具有典型性、代表性，有利于检验试点效果"。区域可行性，如决定②选定上海与其在全国的经济地位、金融地位、贸易地位息息相关，"上海自身所具有的良好条件，亦有利于开展'创新对外开放模式'的试验措施"。区域平衡性，如决定⑥"统筹东、中、西部和东北地区，兼顾不同发展阶段和模式"。区域对比性，如决定⑤增设广东、天津和福建自贸区是"希望可以与上海自贸区形成互补试验和对比试验"。以上内容可参见国务院相关部委对试点方案的说明，理论分析可参见杜婉珍《地方试验的合宪性控制》，硕士学位论文，厦门大学，2016年，第35—37页。

表 4　　**试点地域：范围大小与分布合理性**

	授权决定所列明的地域	范围与合理性
①	广东省	1 省
②	上海（自贸试验区）	1 直辖市的特定区域
③	北京、天津、上海、重庆、沈阳、大连、南京、杭州、福州、厦门、济南、青岛、郑州、武汉、长沙、广州、深圳、西安	4 直辖市、10 省会城市和 4 较大的市
④	北京、上海、广州	2 直辖市和 1 省会城市
⑤	广东（自贸试验区）、天津（自贸试验区）、福建（自贸试验区）和上海（自贸试验区扩展区域）	2 直辖市和 2 省的特定区域
⑥	北京市大兴区等三十三个县、市、区（具体名单参见授权决定）	33 县市区（分布于 4 直辖市、22 省和 5 自治区）
⑦	北京、河北、黑龙江、江苏、福建、山东、河南、广西、重庆、陕西十个省（区、市）各选择五个法院（含基层法院）	1 直辖市和 9 省的共 50 个法院
⑧	北京、内蒙古、吉林、江苏、安徽、福建、山东、湖北、广东、贵州、云南、陕西、甘肃十三个省、自治区、直辖市①	1 直辖市、11 省和 1 自治区
⑨	北京、天津、河北、上海、江苏、浙江、福建、山东、广东、四川十个省、直辖市	3 直辖市和 7 省
⑩	上海证券交易所、深圳证券交易所	全国
⑪	同①	同①
⑫	农村承包土地的经营权抵押贷款试点的 232 个县、市、区；农民住房财产权抵押贷款试点的 59 个县、市、区（具体名单参见授权决定）	291 县市区（分布于 3 直辖市、22 省和 5 自治区）
⑬	同③	同③
⑭	无（试行范围由中央军事委员会予以明确）	无

① 最高人民检察院于 2015 年 12 月 16 日通过的《人民检察院提起公益诉讼试点工作实施办法》第 57 条重复了全国人大常委会授权决定的地域范围，而未像决定 7 那样规定每个省、自治区、直辖市中实行试点的检察院的数量。

续表

	授权决定所列明的地域	范围与合理性
⑮	天津市市级机关及和平区、西青区各级机关，山东省省级机关及青岛市、潍坊市各级机关，湖北省省级机关及宜昌市、襄阳市各级机关，四川省省级机关及绵阳市、内江市各级机关，以及教育部、国家质量监督检验检疫总局、国务院台湾事务办公室、国家统计局本级机关（不包括直属机构）	1 直辖市市级机关（及所辖 2 区各级机关）、3 省省直机关（及所辖各 2 设区的市各级机关）和 4 国务院机构
⑯	北京市、山西省、浙江省及所辖县、市、市辖区	1 直辖市和 2 省及其所辖各县市区
⑰	河北省邯郸市、山西省晋中市、辽宁省沈阳市、江苏省泰州市、安徽省合肥市、山东省威海市、河南省郑州市、湖南省岳阳市、广东省珠海市、重庆市、四川省内江市、云南省昆明市	1 直辖市、4 省会城市和 7 较大的市

（一）地域范围大小

就试点地域的范围而言，涉及地方试点的 16 项授权决定可以分为 6 种类型。第一种是单独一个省级行政区域及其所辖全部范围，包括①和⑪（二者为同一试点事项），在 31 个省级行政区域（仅限大陆地区，港澳台不计，下同）中占 3.23%。第二种是两个或两个以上省级行政区域及其所辖全部范围，包括⑧、⑨和⑯。通常是直辖市和省（有时亦含自治区）的组合，其所及范围依次为 13 个、10 个和 3 个省级行政区域，在 31 个省级行政区域中分别占 41.94%、32.26% 和 9.68%。在所有决定中，⑧和⑨的所及范围和影响最广。第三种是两个或两个以上省级行政区域的特定层级，包括⑦和⑮，分别涉及 10 个和 4 个省级行政区域，在 31 个省级行政区域中分别占 32.26% 和 12.9%。但由于二者都限定了试点的层级，因此应更细致地分析其所及范围。⑦在 1 个直辖市和 9 个省中各选定 5 个法院进行试点，总计 50 家地方法院，占全国地方各级人民法院总数（3617）的 1.38%。⑮的试点范围是 1 个直辖市和 3 个省的本级国家机关，及其 2 个市辖区（占四大直辖市所辖全部 86 个区县总数的 2.33%）和 6 个设区的市（占全国 284 个设区的市的 2.11%）的各级国家机关。第四种是省级行政区域的特定地域，包括②和⑤，二者所涉省级行政区域的数量与类型分别是 1 个直辖市（占 3.23%）、2 个直辖市和 2 个省（占 12.9%）。其授权决定的内容均为自由贸易试验区的设立，并在附件中明确指明“特定地域的四至范围”。由于二者都将试点限于特定地域，因此应更细致地分析其所及范围。②设立了上海自贸试验区。⑤在广东省设立了广州南沙新区片区、深圳前海蛇口片区和珠海横琴新区片区，共 3 个自贸试验区；在天津市设立了天津港片区、天津机场片区和滨海新区中心商务片区，共 3 个自贸试验区；在福建省设立了平潭片区、厦门片区和福州片区，共 3 个自贸试验区；并在上海市设立了上海自贸区的扩展区域。每个片区的地域范围通常在 20—40 平方公里，最多不超过 60 平方公里，总面积为 474.86 公里，在我国国土面积中微乎其微。第五种是特定城市，包括③、④、⑬和⑰。其中，③和⑬涉及 18 个城市（即 4 个直辖市、10 个省会城市和 4 个其他较大的市），④涉及 3 个城市（即 2 个直辖市和 1 个省会城市），⑰则涉及 12 个城市（即 1 个直辖市、4 个省会城市和 7 个其他较大的市）。它们所试点的直辖市分别占全部省级行政区域总数的 12.9%、6.45% 和 3.23%，所试点的较大的市分别占全部较大的市总数的 4.93%、0.35% 和 3.87%。它们所包含的市的类型均较为多样，通常是直辖市、省会城市和其他较大的市的组合。⑩亦可勉强归入此类，但其试点及于全国，因为国务院只批准了上海和深圳两个证券交易所进行股票发行。第六种是县区市，包括⑥和⑫，分别涉及 33 个和 291 个县区市。因为二者的试点内容都是农村产权制度改革，因此主要是以农村为试点范围。在这两项决定作出的 2015 年，我国共有县级行政区域 2850 个，二者分别占县级行政区域的 1.16% 和 10.21%。如果考虑到决定⑫分别在 232 个和 59 个县区市进行两项不同的试点（农村承包土地的经营权抵押贷款试点和农民住房财产权抵押贷款试点），则其实际比率分化为 8.14% 和 2.07%。但与此同时，⑥和⑫分别将试点地域分布于全国 31 个和 30 个省级行政区域内，且地理分布极为均衡和分散。

综合比较前述 6 种类型，笔者认为，通常情况下应当将试点的实质影响比率控制在10%以内。[①] 事实上，前述16项授权决定多将影响比率控制在了10%以内。在此基础上，最优的影响比率应在5%以内，最高不能超过30%。决定⑧和⑨甚至分别超过40%和30%，这等于将近半个国家置于试点中，不必要地增加了试点风险。当然，也要结合其他因素进行综合考量，决定⑧并没有突破现行法律，因此其地域影响比率可以放宽。

（二）地域差异分布的合理性

就地域差异分布的合理性而言，①在全部17项授权决定中最差，因为将试点措施局限在一省及其所辖各级各类行政区域中，在地理分布上极不均衡。在理论上讲，经广东省检验为有效的机制或措施在推广到中部、西部或北部省份时，并不必然能够发挥作用。国务院在报告中亦承认“由于各地经济社会发展和管理水平存在差异，广东省的试点内容在全国范围统一调整的条件尚不成熟”[②]，却仍然提请在广东省继续试点，而非替换或扩大试点省份。在试点期限届满进行效果评估和报告时，由于广东省政府统一领导和控制省内各地的评估程序和报告内容，可能出现试点差异性遭到忽视的弊端。②则与此类似。在此后的授权决定中，全国人大常委会再没有仅将一省作为试点范围，由此似乎可以认为，地域分布的合理性受到了越来越多的考虑。

地域分布最为合理的则是⑥和⑫，它们几乎在全国范围内均衡地分布试验地点，尤其是⑥，将33个试验地点分散于31个省级行政区域，从而能够最有效地检验地域多样性对试点机制或措施的影响。此外，⑦也极具代表性，在全国范围内分区域选定10个省级行政区域，再在每个省级行政区域内选定5个法院。

其他决定则处在前述两个极端之间，合理性存在强弱之别。较弱的是⑤、⑮和⑯，其他则稍强。⑤是因为仅将自贸试验区设立在沿海地区

---

① 以我国31个省级行政区域作为分母，考虑到地域多样性，在东、西、南、北、中五大区域分别选择一个省级行政区域进行试点，则其比率恰好为9.68%。

② 参见《国务院关于〈全国人民代表大会常务委员会关于授权国务院在广东省暂时调整部分法律规定的行政审批的决定〉实施情况的报告》，http://www.npc.gov.cn/wxzl/gongbao/2016-02/26/content_1987084.htm，2017年4月20日最后访问。

的4个省级行政区域，地域分布极度单一。⑮虽涉及华北、华中、华东和西南四个区域，但试点集中于省级本级和设区的市范围，因此仍然过于单一。⑯则限于华北和华东两个区域，在地域上不具代表性。

（三）空间限制的总体评价

综合考虑实质影响比率和地域分布合理性，最优的授权决定是⑥和⑦，其实质影响比率分别只有1.16%和1.38%，却能够在全国范围内检测试点措施的地域敏感性。最差的授权决定是⑨，它虽涉及10个省级行政区域，却仅涵盖了华北、华东、华南和西南四个区域。相比之下，⑧虽然实质影响比率更高，涉及13个省级行政区域，却在地域分布上较为合理。

可见，在试点地域选择问题上，虽然应当承认授权决定机关具有高度的自由裁量权，比例原则的审查基准应当是最宽松的，但仍能发现既有试点授权决定存在缺陷。

六　结语

以上的分析表明，既有17项地方改革试点授权在内容、时间和空间三方面都存在不合比例的情况，甚至特定授权打破了三个方面的均衡，比如，⑯在17项授权决定所组成的乐谱中极不和谐，有跳出法治常规性的趋势。因此，极有必要对既有授权决定进行合比例性反思。应基于比例原则确立《立法法》第13条的适用标准，即重要性程度高的试点冲击力也大，应由全国人大授权，且应施以更明确的期限限定、更高强度的报告义务、更小的试点地域范围和更合理的试点地域分布。

不过，《立法法》第13条由全国人大及其常委会予以解释，这就要求全国人大及其常委会自身注意合比例性控制问题。从程序上看，全国人大及其常委会只是地方改革试点的审议、批准和监督机关，而非实施者。因此，在审议和批准试点的过程中，全国人大及其常委会需要注意对草案的审核和控制，对于存在问题和瑕疵的草案，可以退回提案机关进行修改，从而保证试点在源头上符合比例原则的要求。此外，全国人大及其常委会应充分审议和有效监督试点报告尤其是最终报告，从而决

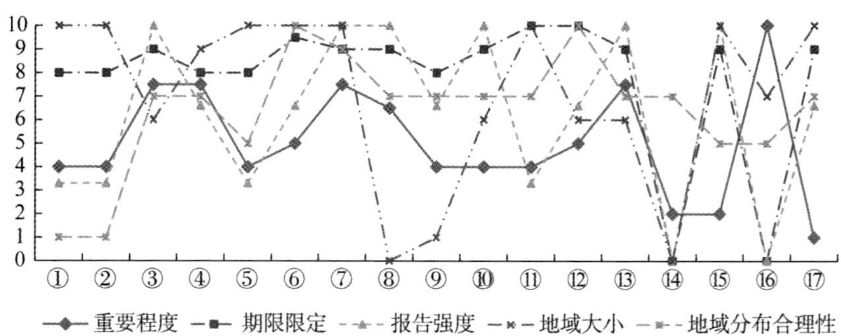

图 2 地方试点授权决定合比例性总体评价

定试点机制或措施的去留。最后有必要指出，但凡试点都需要试错，即使事前的理论论证再充分，都无法保证所试机制或措施必定成功，不能形成“试点没有不成功的”的迷信。唯有如此，才能在机制上保证科学和稳妥地推进改革。

（本章主要内容曾以《授权地方改革试点决定应遵循比例原则》为题发表于《法学》2017 年第 5 期，此处未再增加新的授权决定素材。文中所作思考的基础是笔者于 2016 年中国十大宪法事例发布暨研讨会上的发言，并受到与会师友的启发，特别是与郑磊教授、程雪阳教授的讨论，谨致谢忱，文责自负）

第 三 章

法国地方试验的法律控制及其启示

【本章提要】 法国自20世纪60年代开始推行地方试验，同时由最高行政法院对其进行司法审查，以化解地方试验对国家法制统一的冲击，并保证试验措施充分发挥试验效用，尤其是2003年修宪进一步将地方试验宪法化，其实践折射出须以法律调控对地方试验“去弊扬利”，使地方试验制度具有明确的目标、限定的期限、科学的效果评估以及完善的程序设计。我国以往疏于对地方试验进行法律控制，全国人大常委会自2012年年底开始尝试将地方试验法治化，就此可充分借鉴法国的法律制度。

中法两国均属单一制国家，又都具有悠久的中央集权传统，历来强调中央的统一领导与政令划一，其固有弊端是行政体制僵化、地方自主与国家活力均显不足。相应地，地方试验则成为消除此弊端从而激发发展活力的必要手段。我国自改革开放以来，通过各种形式的“试验”来激发国家发展活力，取得了积极效果，但其问题在于“政治性与行政性色彩浓厚，规范因素薄弱”①，冲击社会主义法律体系。法国自20世纪60年代亦借重地方试验来激发国家发展活力，但与我国不同的是，法国自近代以来形成了相对完善的法制体系，因此自地方试验推行之始即强调以法律手段对其进行控制，尤其是2003年修宪将地方试验宪法化，在充分发挥地方试验各种益处的同时，也有效消除其各种弊端。那么，法国

① 王建学：《论我国地方试验制度的法治化》，载莫纪宏、谢维雁主编《宪法研究》（第十卷），四川大学出版社2009年版，第65页。

地方试验及其法律控制的框架和要求如何？对我国又有什么借鉴意义？

一 试验制度的历史发展与主要类型

所谓“试验”是指，在特定的时间或空间范围内试行某一法律或行政的措施或机制，并通过科学评估来检验其有效性和妥当性，从而将检验合格的措施或机制推行全国。从正面讲，它可以使某一措施或机制“在推行全国之前得到改善”，从反面讲，它可以“消除大众对制度变革的恐惧和不安”①。由于试验的这些优点，法国自现行 1958 年宪法颁行后不久即逐步进行有控制的试验活动，以实现行政和法律体制的持续改良。这些试验活动按进行主体划分大体上包括两大类。最早的一类是由中央政府以全国为范围在特定期间内进行的时间性试验，随后开始的第二类是由地方自治团体（省、市镇以及后来的大区）在中央政府批准、授意或容许下或自主地于其本地方范围内进行的地域性试验。

时间性试验往往由法国议会或政府就某一全国性事项颁布临时性议会法律或政府法令，建立某种试探性措施或机制并推行全国，经若干年时间的检验后，若此项措施或机制具备有效性和妥当性，则由议会以正式的法律确定下来，反之则由议会或政府以法律或法令予以废止。在此类试验中，较有代表性的是 1975 年的自愿终止妊娠法和 1988 年的福利救济法。前者尝试附条件取消对人工堕胎的处罚，规定当符合孕妇自愿、专家批准、存在现行医疗技术无法治愈的严重疾病或缺少其他选择性方案等条件时，孕妇可以合法终止妊娠。这一改革在得到有效性和妥当性的验证后，很快固定为法国现行法的一部分。后者试行福利救济制度，为特定社会层级提供福利保障，经过四年的试验，证明福利救济制度具有积极功能，因此议会在 1992 年正式通过了关于福利救济和消除贫困的第 92－722 号法律，将这一制度固定化。

---

① André Roux, Réforme de l'Etat et Expérimentation, in Actes du Colloque International de Toulon《 La Réforme de l'Etat》, les 1 et 2 octobre 2004, Bruxelles: Bruylant, 2005, p. 99. 该文的中译本，可参见［法］安德烈·鲁《宪法中的国家改革与试验》，王建学译，载《南开法律评论》（第 15 辑），中国检察出版社 2021 年版，第 135—147 页。

此类试验性实践对国家优化行政体制、促进社会发展和改革法律制度发挥了持续而积极的作用，但它亦有弊端，全国一致地试行某一新的制度必然导致法律制度变动频繁、朝令夕改，损害法的稳定性，而且将全国的地域和人口均纳入试验范围，恐怕牵涉范围过于广泛，若试验过程中出现大的弊端，将难有周转与回旋的余地。

相比之下，以局部地域或人口为范围的地域性试验，则避免了前述问题，具有不可替代的优势。因此，地方试验成为日益受重视的试验形式。早期的地方试验往往由法国政府就某一全国性事项颁布临时性法令，在特定的地方范围内建立某种试探性措施或机制，经若干年时间的检验后，若此项措施或机制具备有效性和妥当性，则由政府提请议会以正式法律予以确定并推行全国。在此类试验中，较有代表性的是 1962 年的权力下放和 1988 年的健康和社会计费改革。1962 年法国政府通过法令在四个省的范围内进行国家事权下放试验，经检验有效后在 1964 年推行全国。1988 年法国政府通过第 88 –45 号法令，授权以试验名义在阿基坦和法兰西岛两个大区设立健康和社会计费委员会，进行健康和社会计费改革试验，这一试验经过两年时间被证明为有效，因此，由议会 1990 年第 90 –86 号法律加以确定并普及全国。

随着晚近三十多年以来中央集权的松动，地方自治团体的自主权逐步扩大，体现在地方试验领域，逐渐出现了地方自治团体为改进本地治理而进行的自主性地方试验。较有代表性的如，1988 年伊尔—维兰省创立了旨在促进市镇间财政收入共享的市镇普通基金，而这项内容对议会 1992 年制定的财政均摊法产生了启发作用。虽然伊尔—维兰省是否具有试验权限存有疑问，但既然各地方自治团体在宪法上是平等的，它们在事实上也就都获得了与伊尔—维兰省一样的试验资格，因此，自主性试验的出现极度扩大了地方试验的运用。

综上可将法国的试验拆分为三种类型：全国范围内的时间性试验、国家在特定地方进行的空间性试验以及地方自主试验，其中后两类较为重要，可统称为地方试验。第二类试验是由国家授权或推动而在特定地方进行的试验，往往涉及全国性事项的法律和行政措施与机制，试验成功后会上升为一项国家制度；第三类试验是由地方自治团体就本地方事务的治理而自主进行的试验，对国家或对其他地方自治团体也具有借鉴和启示作用。本章研究第二类和第三类，即地方试验。

二 地方试验的弊端与法律控制的必要性

试验制度虽然具有社会效用，可以促进地方自主和激发国家活力，但如前所述，这一制度亦有无法回避的弊端，正如一切人为设立的制度都是利与弊并存一样。具体而言，时间性的国家试验由于损害法律的稳定性和连续性，因此必然会降低法律质量，但这一问题仅须立法机关斟酌权衡，尚无必要也无法进行法律控制。但不同的是，地方试验等于在单一制体制下创造了区域特权，涉嫌违法甚至违宪，损害国家法律体系的统一性，因此必须受到法律控制。具体而言，地方试验具有的下列三项弊端，导致其法律控制成为必要。

第一，地方试验违反单一制原则。单一制是指“一个单一的政治意志施加于公民全体从而使全体公民在所有领域服从于相同的法律”[①]，其本质属性在于法律规则的单一性和统一性，而地方试验等于在国家的局部地区和人口范围内确立法律意义上的“国中之国”，必然导致不同地区之间的法律规则出现差异，导致法律的区域化，产生地区特权，损害法律的普遍性，由此违反法国宪法第 1 条确立的单一制国家原则。尤其是，如果以试验或改革为借口而长期在某一区域内实行区别于其他地区的体制，则等于永久消灭了国家的单一性。法学视野中的国家常被抽象为“国内法律秩序的人格化”,[②] 而地方试验实际上扰乱了这一“人格”，导致了国家的“人格分裂”。

第二，地方试验违反法律面前人人平等原则。法律面前人人平等原则是法国近代以来确立的最重要宪法原则之一，至今仍是具有最高效力的宪法规范，其依据是 1789 年人权宣言第 1 条，即“在权利方面，人人与生俱来而且始终自由与平等。非基于公共福祉不得建立社会差异”。这意味着公民在法律上处于同等的地位、享有相同的权利并承担相同的义

---

① Bernard Chantebout, Droit Constitutionnel, Paris: Dalloz, 2007, p. 56.

② ［奥］凯尔森：《法与国家的一般理论》，沈宗灵译，中国大百科全书出版社 1996 年版，第 203 页。

务。而地方试验必然导致法律规则的区域化，对试验区域内的所有公民而言不是歧视就是优待，使试验区域之内和之外的公民处于不同的法律规则之下，因此其权利与义务亦有所差异。考虑到大革命以来确立的平等观具有深厚的“反特权”传统，地方试验的这一弊端尤为令人反感。

第三，地方试验违反合法性和合宪性原则。法国的法律体系以宪法和法律为基础，其中宪法具有最高效力，法律居于宪法之下并根据宪法授权确定社会、政治、经济等各个领域的基本原则，任何行政措施和机制均不得与法律发生冲突（合法性或合法律性），更不得与宪法发生冲突（合宪性）。然而，无论是中央政府授权或批准的地方试验，还是地方自治团体的自主试验，都可能积极或消极地突破宪法和法律的界限，从而挑战现代法治的底线。所谓“积极”是指与宪法或法律之规范相违背，所谓“消极”是指缺少宪法和法律之授权，二者虽形式有差异，但违反上位法规范的实质却是相同的。前述关于单一制原则和平等原则的两点，亦可同时视为对宪法的违背，因此发生违宪之竞合。

三　地方试验的法律控制的基本构造

众所周知，法国自近代以来形成了较为扎实和完善的法律体系，历来注重以法律调控社会活动，地方试验活动自然亦不例外。从 20 世纪 60 年代地方试验开始应用，其法律控制就已经开始展开，并逐渐形成清晰的法律构造与轮廓。

早期的法律控制主要发生在行政法领域，是借助最高行政法院的司法审查实现的。最高行政法院早在 20 世纪 60 年代后期就已经对试验的合法性进行审查并形成司法判例，至 90 年代则形成了一套逻辑自洽、行之有效的控制规范。在 1993 年 6 月 24 日第 353605 号咨询意见中，最高行政法院系统阐述了法律控制的原则，即“只有限于特定期间内，或者是一个循序渐进过程的结果，并且旨在实现公共利益时，试验性措施对法律面前人人平等原则及其他原则的减损才具有正当性”①。易言之，地方

① Avis N° 353605 – 24 juin 1993 du Conseil d'Etat. http：//www. conseil – etat. fr，2021 年 8 月 27 日最后访问。

试验显然违背一系列重要的宪法和法律原则，因此试验活动必须极为谨慎，只有当地方试验出于促进国家体制改良等公共利益时，方才具有目的正当性。而且既然是试验，必然就只是临时性的，因此围绕试验目标，某一特定区域实施区别于国家其他区域的措施，必须限于特定时间期限内，或者是国家循序渐进改良机制过程的一个环节，而且，为了保证试验的有效性，必须建立起科学的试验评估程序，以符合试验制度之初衷，如此方才具有手段正当性。在最高行政法院所设定的这些原则的调控下，法国的地方试验稳步进行，在发挥试验性效用的同时，其对法律体系的冲击也基本上被控制在合理限度之内。

伴随着法国国家结构形式的调整、地方自主权的扩大尤其是辅助性原则的落实，同时也为了总结经验，实现地方试验制度的正式化，缓和地方试验与法律体系尤其是与宪法的冲突，法国在 2003 年对现行宪法进行修改，正式将地方试验制度纳入宪法调整的体系中，修订后的下列两项宪法规定与试验制度有关。第 37—1 条规定，“法律和条例得为特定目标并于有限期间内包含试验性规定。”第 72 条第 4 款规定，“在法律或者条例已有规定的情况下，地方自治团体或其联合体视情形可以依照组织法规定的条件，为特定目的并在确定期限内，试验性地减损调整其权限行使的该法律性或者条例性条款，但涉及行使公共自由或者宪法所保障权利的实质条件的除外。”① 可见，第 37—1 条主要调整国家所进行的时间性的全国试验和空间性的地方试验，其基本意蕴有二：一是以宪法正式授权议会（以法律）和政府（以条例）进行空间性的地方试验；二是限定试验必须具有限定的目标并在有限期间内进行，这与最高行政法院的判例是相通的。第 72 条第 4 款则主要调整地方自治团体的自主性试验，其基本意蕴是：一是以宪法正式承认地方自治团体及其联合体的试验权，此乃近年来地方自治化的成果之一；二是允许地方自主试验减损调整其权限的法律和条例，扫除试验的合法性障碍；三是限定试验必须为特定目的并在有限期间内进行，并且不得涉及公民基本权利保障的实质条件。

综上可见，地方试验的法律控制在基本构造上，由早期的单纯行政

---

① Loi constitutionnelle n° 2003 – 276 du 28 mars 2003 relative à l'organisation décentralisée de la République. http：//www. legifrance. gouv. fr，2021 年 8 月 27 日最后访问。

法控制，逐步过渡到宪法与行政法并用的阶段。在两类地方试验中，宪法对地方自主试验进行了更多的明确限制，以防止其滥用损害法治之精神。

四　地方试验法律控制的具体环节

为保证宪法中设置的地方试验制度正常运转，而不偏离其制度初衷，在修宪的随后两年内，议会专门制定了相关组织法和法律。就宪法第 72 条第 4 款规定的试验而言，议会在 2003 年专门制定了一项组织法，完整而详细地规定了地方自主试验进行的主体、条件、期限、监督、评估、中止与终止。[①] 就宪法第 37—1 条规定的试验而言，议会则在 2004 年制定了一项法律，设定了地方经济改革、航空运输、卫生机构之资助、小学之管理等八个领域的地方试验，各项试验均具有明确目标，并依具体情形限定了一年至五年的最长期限。[②] 值得一提的是，2003 年组织法还由宪法法院进行了强制性合宪性审查，在当年 7 月经审查宣布"合宪"[③] 后才颁布施行。根据上述法律、组织法和宪法法院判决，我们可以总结出下列具体环节，地方试验只有符合这些环节的要求，才满足了法律控制的标准。

一方面，就宪法第 72 条第 4 款规定的地方自主试验而言，相关要求是：地方自治团体以及完全由地方自治团体组成的公务法人（如地方自治团体的联合体）都是具有自主试验权的主体，但试验必须符合法律规定的条件、目的和期限（以不超过五年为限）；有意参加试验的地方自治团体应由其地方议会以附理由的决议向当地的国家代表（如省长、大区长）提出试验申请，由后者加注意见转呈政府相关部长，政府认为法定条件均具备时方以法令公布被批准参加试验的地方自治团体名单，若试

---

① Loi organique n° 2003 – 704 du 1er août 2003 relative à l'expérimentation par les collectivités territoriales. http：//www. legifrance. gouv. fr，2021 年 8 月 27 日最后访问。

② Loi n° 2004 – 809 du 13 août 2004 relative aux libertés et responsabilités locales. http：//www. legifrance. gouv. fr，2021 年 8 月 27 日最后访问。

③ Décision n° 2003 – 478 DC du 30 juillet 2003 du Conseil Constitutionnel. http：//www. conseil – constitutionnel. fr，2021 年 8 月 27 日最后访问。

验行为采取的是普遍性规则行为的形式，并且减损法律条款，还必须规定有效期间并转呈国家代表公布于政府官报；在试验进行过程中，国家代表可以中止试验活动，普遍性的试验行为随即中止效力，并提交行政法院进行裁决，若行政法院撤销国家代表的中止决定或在一个月内未作出裁决，则该试验性行为的效力随即恢复，试验继续进行；试验必须伴有逐年评估报告和最终评估报告，其中说明试验措施的效果及其后续影响，尤其是关于公共服务质量、地方自治团体之组织和国家服务之组织以及各自的财政影响，由政府提交议会，以便议会随时获知试验措施的效果；在试验期间届满以前，应由议会根据评估报告以法律决定试验的后果，或者推广试验措施，或者终止试验措施，或者附条件于三年内延长并修改试验。当自主试验涉及减损条例条款时，准用上述关于减损法律条款的程序和条件。

另一方面，就宪法第37—1条规定的空间性地方试验而言，相关要求在试验主体、条件、期限、评估等方面与地方自主试验基本相同，兹不赘述。不同的地方在于，空间性地方试验本身是由国家在特定地方直接进行的，而非地方自治团体自主实施，因此处于国家的直接掌控之下，既然如此，也就没有必要进行地方自主试验那样的强力监督。

综合以上两个方面，地方试验法律控制包括四个极为必要的具体环节：明确的目标、限定的期限、科学的效果评估以及完善的程序设计。明确的目标赋予地方试验针对性，限定的期限防止其沦为固定化的地区特权，科学的效果评估准确检验试验措施的效用，完善的程序设计保证各相关主体的参与。此外，地方自主试验还必须受到国家的有效监督，以防产生乱法之后果。

五 对我国地方试验制度化与法治化的启示

我国地域辽阔、国情复杂，国家改革牵一发而动全身，由此决定了地方试验在改革中的不可替代的作用。邓小平早已从政治上意识到这一点，“有些问题，中央在原则上决定以后，还要经过试点，取得经验，集中集体智慧，成熟一个，解决一个。”① 事实上，在过去三十多年中，国家能够充满活力地持续发展，地方试验在其中厥功至伟。自改革开放之初，地方试验由点到面大量铺开，有效促进了地方自主和激发了国家活力，但从法律角度来看，过去三十多年的地方试验实践却完全游离于法律控制之外，由此导致两个亟须反思的重大问题。第一，地方试验冲击日益完善的社会主义法律体系，导致地区间差异与特权以试验为名固定化，违背宪法的平等原则，使国家法制统一性受到严重威胁。第二，由于地方试验缺少法律控制，制度化程度低，缺少正式的评估机制，其试验效用也未能充分发挥，相关制度并未因此整体性改良，国家和人民并未由此充分获益。

2012 年 12 月 18 日，全国人大常委会通过了“关于授权国务院在广东省暂时调整部分法律规定的行政审批的决定”，尝试着进行行政审批制度改革试验。这一授权决定以“推进行政审批制度改革，促进政府职权转变”为目的，授权国务院在广东省“暂时调整部分法律规定的行政审批”，“在三年内试行”，最具有积极意义的是，其中规定“对实践证明可行的，应当修改完善有关法律；对实践证明不宜调整的，恢复施行有关法律规定”。可见，全国人大常委会已经意识到地方试验法律控制的必要性，限制其目的和期限，同时也强调试验后果，即试验措施于期满之后或推广或废止。这些法律措施对地方试验的未来发展具有重大意义，可能由此改变地方试验的基本指向。但我国实现地方试验法治化显然还有很长的路要走，全国人大常委会的上述授权在本质上只是一个包含了若干试验要素的试验事件，最迫切需要者，乃是全国人大常委会超脱于这一事件以外，进一步为地方试验提供一般的法律指南，实现地方试验的法治化和制度化，择其要者而言之，应着力于如下几项任务：

第一，建立科学的试验评估机制，以试验的科学性取代其政治性，由进行试验活动的人民政府或其职能部门，或由专门设立的试验评估机构，对试验的效果进行评估，形成全面完整的正式评估报告，以保证最准确地评估试验措施是否以及在多大程度上有助于政府职权转变。

第二，建立完善的试验进行程序，保证各相关国家机关能够有效合

① 邓小平：《邓小平文选》（第 2 卷），人民出版社 1994 年版，第 341 页。

理地参与试验过程，尤其是人大或政府法制部门的参与，并实现相互之间及时有效的信息流通，例如，试验过程中的逐年报告与最终报告制度，全国人大常委会作为授权主体对试验进行情况的信息获知制度，试验的中止制度，届期试验的延期、废止或推广制度，等等。

第三，考虑到上述授权只是由国家授权在广东省进行的空间性试验，尚未涉及自主性地方试验之问题，也有必要指出，在过去的三十余年时间内，随着改革开放的深入，缺乏规范依据的地方自主试验，已经在我国形成了“东重西轻”的地方权限分布格局，因此有必要对这些名为试验、实已为地区特权的既存机制进行评估、审查和整理，及时向全国推广有效的试验措施，无效措施则予以取缔，实现和保障国家的法制统一。

（本章内容曾以《法国地方试验的法律控制及其启示》为题发表于《中国行政管理》2013 年第 7 期，系与朱福惠教授合作，谨致谢忱）

第四章

党的十九大以来地方试点机制的完善

一　从党的十九大报告看改革试点

在党的十九大报告中，“改革”是一个重要的关键词，总共出现了70次之多。在全面深化改革已经取得重大突破的条件下，继续全面深化改革将是未来决胜全面建成小康社会、夺取新时代中国特色社会主义伟大胜利的关键。从党的十九大报告来看，全面深化改革涉及整个国家生活的方方面面，报告中明文提到的改革包括：国家监察体制改革、机构和行政体制改革、司法体制改革、国防和军队改革、供给侧结构性改革、科技体制改革、农村土地制度改革和农村集体产权制度改革、经济体制改革、国有企业改革、商事制度改革、要素价格市场化改革、投融资体制改革、税收制度改革、利率和汇率市场化改革、政治体制改革、事业单位改革、文化体制改革、教育改革、医药卫生体制改革、生态文明体制改革、生态环境监管体制改革、武警部队改革、国防科技工业改革、审计管理体制改革。从内容上看，这些改革包括政治、经济、文化、行政和生态等各个方面；从层次上看，这些改革既有宏观改革，也有中观和微观改革；从所涉主体上看，这些改革既涉及国家自身的体制与机制，也涉及公民、企事业单位和社会组织的权利和义务等。

改革必然涉及法治保障问题。在党的十九大报告中，“法治”和“依法治国”的表述出现了53次。可见，继党的十八届四中全会通过《关于全面推进依法治国若干重大问题的决定》以来，依法治国一直是建设新时代中国特色社会主义的重心之一，并且依法治国与新时代中国特色社会主义各项事业的建设具有密切的关联。党的十九大报告不仅继续强调法治的重要性，而且还特别为强化依法治国提出了诸多新举措，比如，“成立中央全面依法治国领导小组，加强对法治中国建设的统一领导”，再比如，“加强宪法实施和监督，推进合宪性审查工作，维护宪法权威”。这些表述都表明，党中央深刻认识到依法治国在建设新时代中国特色社会主义中的重要地位。

一般而言，法治与改革之间既存在保障与被保障的关系，也存在一定的冲突和张力。这是因为，自 2010 年宣告建成中国特色社会主义法律体系以来，我国已经形成以宪法为统帅、由两百多项法律和大量的行政法规、地方性法规等为组成部分的法律体系。而改革必然或多或少地突破现行有效的法律规定，尤其是涉及国家政治体制、行政管理机制等的改革更是如此。为使改革能够科学稳妥地得到推进，又将其对法治体系的影响降到最低，通过由点带面地进行突破性尝试从而不断改进法律所确立的各项制度，就成为最优的选择，也就是先在特定地方进行改革试点，试点成功后再通过正式修改法律规定来推广所试点的改革措施。在党的十九大报告中，3 次提到了“试点”问题，分别是国家政治体制方面的国家监察体制改革试点、生态文明制度体系方面的“国家公园体制试点”、保护耕地方面的“轮作休耕试点”，并且关于国家监察体制改革试点，党的十九大报告还明确提出，既有的国家监察体制改革试点已经取得实效，未来需要深化国家监察体制改革，将试点工作在全国推开，组建国家、省、市、县监察委员会，同党的纪律检查机关合署办公，实现对所有行使公权力的公职人员监察全覆盖。制定国家监察法，依法赋予监察委员会职责权限和调查手段，用留置取代“两规”措施。

党的十九大报告强调各项改革应当“积极稳妥”地予以推进，那么，法律机制上如何保障改革既积极又稳妥呢？

二　地方试点机制的基本情况与主要成就

习近平总书记和党中央文件一再强调重大改革应当于法有据。为使立法主动适应改革和经济社会发展需要，同时做到重大改革于法有据，

2015 年 3 月 15 日全国人大修正《立法法》在第 13 条明确规定："全国人民代表大会及其常务委员会可以根据改革发展的需要，决定就行政管理等领域的特定事项授权在一定期限内在部分地方暂时调整或者暂时停止适用法律的部分规定。"自 2012 年 12 月 28 日至 2021 年 10 月，全国人大常委会共作出地方试点授权决定至少有 28 项：①关于授权国务院在广东省暂时调整部分法律规定的行政审批的决定；②关于授权国务院在中国（上海）自由贸易试验区暂时调整有关法律规定的行政审批的决定；③关于授权最高人民法院、最高人民检察院在部分地区开展刑事案件速裁程序试点工作的决定；④关于在北京、上海、广州设立知识产权法院的决定；⑤关于授权国务院在中国（广东）自由贸易试验区、中国（天津）自由贸易试验区、中国（福建）自由贸易试验区以及中国（上海）自由贸易试验区扩展区域暂时调整有关法律规定的行政审批的决定；⑥关于授权国务院在北京市大兴区等 33 个试点县（市、区）行政区域暂时调整实施有关法律规定的决定；⑦关于授权在部分地区开展人民陪审员制度改革试点工作的决定；⑧关于授权最高人民检察院在部分地区开展公益诉讼试点工作的决定；⑨关于授权国务院在部分地方开展药品上市许可持有人制度试点和有关问题的决定；⑩关于授权国务院在实施股票发行注册制改革中调整适用《中华人民共和国证券法》有关规定的决定；⑪关于授权国务院在广东省暂时调整部分法律规定的行政审批试行期届满后有关问题的决定；⑫关于授权国务院在北京市大兴区等 232 个试点县（市、区）、天津市蓟县等 59 个试点县（市、区）行政区域分别暂时调整实施有关法律规定的决定；⑬关于授权最高人民法院、最高人民检察院在部分地区开展刑事案件认罪认罚从宽制度试点工作的决定；⑭关于军官制度改革期间暂时调整适用相关法律规定的决定；⑮关于授权国务院在部分地区和部分在京中央机关暂时调整适用《中华人民共和国公务员法》有关规定的决定；⑯关于在北京市、山西省、浙江省开展国家监察体制改革试点工作的决定；⑰关于授权国务院在河北省邯郸市等 12 个试点城市行政区域暂时调整适用《中华人民共和国社会保险法》有关规定的决定；⑱关于延长人民陪审员制度改革试点；⑲关于延长授权国务院在北京市大兴区等三十三个试点县（市、区）行政区域暂时调整实施有关法律规定；⑳关于在全国各地推开国家监察体制改革试点工作的决定；

㉑关于中国人民武装警察部队改革期间暂时调整适用相关法律规定的决定；㉒关于延长授权国务院在部分地方开展药品上市许可持有人制度试点期限的决定；㉓关于授权最高人民法院在部分地区开展民事诉讼程序繁简分流改革试点工作的决定；㉔关于授权国务院在中国（海南）自由贸易试验区暂时调整适用有关法律规定的决定；㉕关于授权国务院在粤港澳大湾区内地九市开展香港法律执业者和澳门执业律师取得内地执业资质和从事律师职业试点工作的决定；㉖关于授权最高人民法院组织开展四级法院审级职能定位改革试点工作的决定；㉗关于深化国防动员体制改革期间暂时调整适在部分地区开展房地产税改革试点工作的决定用相关法律规定的决定；㉘关于授权国务院在部分地区开展房地产税改革试点工作的决定。

前述 28 项试点决定其实共涉及 22 类改革试点，因为其中含有 6 项对既有试点的延期性或处置性决定。28 项决定中有 6 项决定作出于 2015 年《立法法》修正案公布施行之前，其余 22 项决定则作出在此之后。实践证明，全国人大常委会的授权决定为地方试点提供了法律依据和保障，极大促进了改革的科学性和稳妥性。可以说，“全国人大常委会的‘试点授权’为改革试点突破现行规定提供了法律依据，成为‘重大改革于法有据’的示范性举措。”[①]

在世界范围内，当前单一制国家普遍面临改革发展与法制稳定的张力，地方试点成为消除二者冲突的有效机制，如法国在 2003 年修宪明确规定了地方试点制度。[②] 我国《立法法》第 13 条的出台为丰富世界范围内的地方试点机制提供了良好素材，为单一制国家的改革实践提供了可资借鉴的制度模式。但也应当警惕地认识到，在现代法治国家，为防止地方试点对法治体系构成颠覆性例外，极有必要对地方试点及其授权本身进行规范控制，而且通过规范控制，不仅可以降低试点的风险，而且通过科学评估等机制，可以使试点的作用得到更好的发挥。各国就此形

① 郑磊、王逸冉：《全国人大常委会“试点授权”要素论——基于〈立法法〉第 13 条的规范性思考》，载《浙江社会科学》2017 年第 8 期，第 4 页。

② 关于法国的地方试点制度，可参见王建学、朱福惠《法国地方试验的法律控制及其启示》，载《中国行政管理》2013 年第 7 期。

成的普遍性控制方法，也非常值得我国借鉴。

三　目前地方试点机制存在的主要问题与完善

尽管《立法法》第13条实施至今取得了良好成效，但相关实践和做法仍然存在一定不足，主要表现为以下七个方面。

第一，全部28项授权决定均未写明授权的规范依据是《立法法》第13条，从而导致试点的实施者（尤其是基层实施者）对试点本身的依据存在误解甚至疑问，在一定程度上动摇了公众对依法治国的信念，损害了依法治国的基本方略。比如，笔者曾经询问检察公益诉讼试点地区的多名基层检察院工作人员，但几乎无人知道该试点所依据的全国人大常委会决定，在规范上来源于《立法法》第13条的授权。

第二，28项授权决定中有16项在内容上已经明显超出《立法法》第13条所规定的“行政管理等领域的特定事项”的范围，除行政管理体制改革与行政审批制度改革以外，甚至还包括了农村产权制度改革、司法体制改革、政治体制改革等极为重要的内容，[①] 这种情形从而导致第13条对试点内容的限制受到严峻挑战。

第三，以往的授权实践在试点内容上虽然呈现多样性，涉及前点所述的各类事项，从比例原则来考虑，越重要的事项，其试点的风险和可能的不利影响就越大，因此，应当根据试点内容的重要性程度来对试点本身施加相应的时间、空间等限制措施，[②] 但事实上，目前不同类型的试点内容缺乏与之相匹配的时间性和空间性限制措施。

第四，22项实质性试点授权中有8项没有明确规定实施机关的报告义务，其中又有5项既未规定实施机关的报告义务也未规定试点期限，比如关于国家监察体制改革的授权在内容上极为重要但却缺乏报告义务

---

① 例如，国家监察体制改革的内容已经严重超出《立法法》第13条的行政管理事项，触及宪法国家机构的稳定结构，在此意义上，称其为“宪制改革试验”或许更为妥当。参见沈岿《论宪制改革试验的授权主体——以监察体制改革试点为分析样本》，载《当代法学》2017年第4期，第3页。

② 关于如何运用比例原则，保证不同类型的试点内容缺乏与之相匹配的时间性和空间性限制措施，可参见王建学《授权地方改革试点决定应遵循比例原则》，载《法学》2017年第5期。

和期限方面的限定。这种情形不利于对试点进行科学的控制。

第五，以往的地方试点在实施过程中缺乏科学的效果评估机制，从而无法科学合理地评价试点措施的优缺点，同时在报告义务分布上也不够合理，对试点措施的延期、变更、推广和终止缺乏明确规定。这种情形会导致试点结束后，在考虑是否修改法律以及如何修改法律时，全国人大常委会可能会作出科学性存在欠缺的决定。

第六，以往的授权实践在地域限制方面不够合理，部分试点在地域范围上过大从而不必要地增加了试点风险，如检察公益诉讼试点和药品上市许可持有人制度试点在地域上分别占全国的40%和30%，而2017年11月4日《关于在全国各地推开国家监察体制改革试点工作的决定》更是覆盖全国各地。此外，21项试点也存在试点地域分布不合理的问题，无法通过试点充分检验试点措施的有效性。

第七，试点的推开缺乏法律基础，严重挑战宪法和社会主义法制的尊严。多数试点措施在期满后通过修改法律得到正式确立，但2017年11月4日《关于在全国各地推开国家监察体制改革试点工作的决定》在全国范围内改变了宪法所规定的地方国家机构体系，其以全国人大常委会决定的形式在全国范围内停止了全国人大制定的法律，其合法性与合宪性存在巨大疑问。从各国情况来看，只有在政变、战争等极端条件下，才以决定形式在全国范围内终止宪法或法律的效力。

从某种意义上说，《立法法》第13条的规定本身也处于试点过程中，应结合实际情况进行评估、反思和完善。为更好发挥地方试点的经验积累和试错效用，同时尽可能减少试点对社会主义法制的冲击，应从以下几个方面改进未来的地方试点授权工作。

第一，所有授权决定均应当明确写明规范依据，即在授权决定中写明“第××届全国人民代表大会（常务委员会）第××次会议根据《立法法》第13条特此决定……”的字样，从而消除社会各界对授权依据存在的误解和疑问。必须一再强调的是，暂时调整或停止法律的适用的决定很容易影响人们对法治的观念，因此，决定本身应当明确宣告其规范依据。

第二，授权决定应当考虑到试点内容的重要性，对于重要性超过“行政管理”的试点事项，应当尽可能由全国人大自身进行授权，从而在全国人大与全国人大常委会之间适当分配授权的决定权限。

第三，在对试点内容进行重要性区分的基础上，内容较为重要的试点，应当在期限、报告义务和地域方面受到更为严格的限制，从而防止对法治的常规性构成颠覆性例外。

第四，所有授权决定均应当明确规定试点的期限限制，并明确规定实施机关的报告义务，实施机关的报告义务可以与试点内容的重要性挂钩，重要性程度较高的试点，实施机关应承担更高强度的报告义务（如最终报告加中期报告）。

第五，应当在地方试点机制中逐步建立健全科学的效果评估机制，从而科学评价试点措施的优缺点，更好地发挥试点的试错效应，从而使全国人大及其常委会更准确地作出试点措施延期、变更、推广或终止的决定，防止试点过程中的急躁和冒进。

第六，在试点地域的控制方面，通常应当将试点的地域影响范围控制在国土面积的 10% 以内，最高不能超过 30%，同时更合理地在全国范围内分布试点地点，从而有效检验试点措施的地域敏感性和有效性。

最后，试点措施的推开或推广应当按照正式的立法程序修改法律，而不能采取全国人大常委会决定的形式，在全国各地推开试点本身是自相矛盾的。

（本章内容曾以笔谈形式发表于《现代法治研究》2017 年第 4 期，相关素材补充更新至 2021 年 10 月）

本篇附录　全国人大常委会地方试点授权决定明细表

	决定名称	通过时间	被授权主体	地域	目的	暂停或调整实施的法律	试点内容	期限	报告义务
①	关于授权国务院在广东省暂时调整部分法律规定的行政审批的决定	2012.12.28	国务院	广东省	推进行政审批制度改革，促进政府职能转变	海关法、枪支管理法、政府采购法、招标投标法、城乡规划法、中外合作经营企业法、母婴保健法、职业病防治法、广告法、计量法、安全生产法、建筑法、文物保护法、气象法、矿产资源法、动物防疫法、对外贸易法、税收征收管理法、大气污染防治法	行政审批	3年	无（对实践证明可行的，应当修改完善有关法律；对实践证明不宜调整的，恢复施行有关法律规定）

续表

	决定名称	通过时间	被授权主体	地域	目的	暂停或调整实施的法律	试点内容	期限	报告义务
②	关于授权国务院在中国（上海）自由贸易试验区暂时调整有关法律规定的行政审批的决定	2013. 8. 30	国务院	上海（自贸试验区）	加快政府职能转变，创新对外开放模式，进一步探索深化改革开放的经验	外资企业法、中外合资经营企业法和中外合作经营企业法	行政审批	3 年（授权决定自 2013 年 10 月 1 日起施行）	无（对实践证明可行的，应当修改完善有关法律；对实践证明不宜调整的，恢复施行有关法律规定）
③	关于授权最高人民法院、最高人民检察院在部分地区开展刑事案件速裁程序试点工作的决定	2014. 6. 27	最高法、最高检	北京、天津、上海、重庆、沈阳、大连、南京、杭州、福州、厦门、济南、青岛、郑州、武汉、长沙、广州、深圳、西安	进一步完善刑事诉讼程序，合理配置司法资源，提高审理刑事案件的质量与效率，维护当事人的合法权益	刑事诉讼法（但授权决定和最高人民法院、最高人民检察院、公安部、司法部关于在部分地区开展刑事案件速裁程序试点工作的办法均未列明）	刑事案件速裁程序	2 年（自试点办法印发之日起算）	中期报告

续表

	决定名称	通过时间	被授权主体	地域	目的	暂停或调整实施的法律	试点内容	期限	报告义务
④	关于在北京、上海、广州设立知识产权法院的决定	2014. 8. 31	最高法	北京、上海、广州	为推动实施国家创新驱动发展战略，进一步加强知识产权司法保护，切实依法保护权利人合法权益，维护社会公共利益	未涉及（实为人民法院组织法和民事诉讼法）	设立知识产权法院	3年（2014年8月31日公布施行）	报告
⑤	关于授权国务院在中国（广东）自由贸易试验区、中国（天津）自由贸易试验区、中国（福建）自由贸易试验区以及中国（上海）自由贸易试验区扩展区域暂时调整有关法律规定的行政审批的决定	2014. 12. 28	国务院	广东（自贸试验区）、天津（自贸试验区）、福建（自贸试验区）和上海（自贸试验区扩展区域）	为进一步深化改革、扩大开放，加快政府职能转变	外资企业法、中外合资经营企业法、中外合作经营企业法和台湾同胞投资保护法	行政审批	3年（授权决定自2015年3月1日起施行）	无（对实践证明可行的，修改完善有关法律；对实践证明不宜调整的，恢复施行有关法律规定）

续表

	决定名称	通过时间	被授权主体	地域	目的	暂停或调整实施的法律	试点内容	期限	报告义务
⑥	关于授权国务院在北京市大兴区等33个试点县（市、区）行政区域暂时调整实施有关法律规定的决定	2015.2.27	国务院	北京市大兴区等33个县、市、区（具体名单参见授权决定）	改革完善农村土地制度，为推进中国特色农业现代化和新型城镇化提供实践经验	土地管理法、城市房地产管理法	农村土地征收、集体经营性建设用地入市、宅基地管理制度	相关调整在2017年12月31日前试行	报告
⑦	关于授权在部分地区开展人民陪审员制度改革试点工作的决定	2015.4.24	最高法	北京、河北、黑龙江、江苏、福建、山东、河南、广西、重庆、陕西10个省（区、市）各选择五个法院	进一步完善人民陪审员制度，推进司法民主，促进司法公正	人民法院组织法、全国人民代表大会常务委员会关于完善人民陪审员制度的决定、刑事诉讼法和民事诉讼法	人民陪审员制度	2年（自试点办法印发之日起算）	中期报告

续表

	决定名称	通过时间	被授权主体	地域	目的	暂停或调整实施的法律	试点内容	期限	报告义务
⑧	关于授权最高人民检察院在部分地区开展公益诉讼试点工作的决定	2015.7.1	最高检	北京、内蒙古、吉林、江苏、安徽、福建、山东、湖北、广东、贵州、云南、陕西、甘肃13个省、自治区、直辖市	加强对国家利益和社会公共利益的保护	不涉及调整或暂停实施法律（新制度，可在民事诉讼法第55条框架内开展）	公益诉讼	2年（自授权决定公布之日起算）	中期报告
⑨	关于授权国务院在部分地方开展药品上市许可持有人制度试点和有关问题的决定	2015.11.4	国务院	北京、天津、河北、上海、江苏、浙江、福建、山东、广东、四川10个省、直辖市	推进药品审评审批制度改革，鼓励药品创新，提升药品质量，为进一步改革完善药品管理制度提供实践经验	药品管理法	药品上市许可持有人制度、药品注册分类	3年（自授权决定施行之日即2015年11月5日起算）	报告

续表

	决定名称	通过时间	被授权主体	地域	目的	暂停或调整实施的法律	试点内容	期限	报告义务
⑩	关于授权国务院在实施股票发行注册制改革中调整适用《中华人民共和国证券法》有关规定的决定	2015. 12. 27	国务院	上海证券交易所、深圳证券交易所	实施股票发行注册制改革，进一步发挥资本市场服务实体经济的基础功能	证券法	股票发行核准制度	2 年（自 2016 年 3 月 1 日起施行）	中期报告
⑪	关于授权国务院在广东省暂时调整部分法律规定的行政审批试行期届满后有关问题的决定	2015. 12. 27	国务院	广东省	进一步积累经验，深化行政审批制度改革	同①	2012 年 12 月 28 日决定继续试点	2018 年 1 月 1 日前	无（2018 年 1 月 1 日前未提出修改有关法律的议案的，恢复施行有关法律规定）
⑫	关于授权国务院在北京市大兴区等 232 个试点县（市、区）、天津市蓟县等 59 个试点县（市、区）行政区域分别暂时调整实施有关法律规定的决定	2015. 12. 27	国务院	农村承包土地的经营权抵押贷款试点的 232 个县、市、区；农民住房财产权抵押贷款试点的 59 个县、市、区（具体名单参见授权决定）	落实农村土地的用益物权，赋予农民更多财产权利，深化农村金融改革创新，有效盘活农村资源、资金、资产，为稳步推进农村土地制度改革提供经验和模式	物权法、担保法	集体所有的耕地和宅基地使用权抵押	相关调整在 2017 年 12 月 31 日前试行	报告

续表

	决定名称	通过时间	被授权主体	地域	目的	暂停或调整实施的法律	试点内容	期限	报告义务
⑬	关于授权最高人民法院、最高人民检察院在部分地区开展刑事案件认罪认罚从宽制度试点工作的决定	2016. 9. 3	最高法院、最高检察院	北京、天津、上海、重庆、沈阳、大连、南京、杭州、福州、厦门、济南、青岛、郑州、武汉、长沙、广州、深圳、西安	进一步落实宽严相济刑事政策，完善刑事诉讼程序，合理配置司法资源，提高办理刑事案件的质量与效率，确保无罪的人不受刑事追究，有罪的人受到公正惩罚，维护当事人的合法权益，促进司法公正	同③，无（但实涉及刑事诉讼法）	刑事案件认罪认罚从宽制度（吸收并延长2014年6月27日决定）	2年（自试点办法印发之日起算）	中期报告
⑭	关于军官制度改革期间暂时调整适用相关法律规定的决定	2016. 12. 25	中央军事委员会	无（具体办法和试行范围由中央军事委员会组织制定和予以明确）	加快建立军官职业化制度，构建科学规范的军官制度体系，适应现代军队建设和作战要求	现役军官法、中国人民解放军军官军衔条例	军官制度	无	无

续表

	决定名称	通过时间	被授权主体	地域	目的	暂停或调整实施的法律	试点内容	期限	报告义务
⑮	关于授权国务院在部分地区和部分在京中央机关暂时调整适用《中华人民共和国公务员法》有关规定的决定	2016.12.25	国务院	天津市市级机关及和平区、西青区各级机关，山东省省级机关及青岛市、潍坊市各级机关，湖北省省级机关及宜昌市、襄阳市各级机关，四川省省级机关及绵阳市、内江市各级机关，以及教育部、国家质量监督检验检疫总局、国务院台湾事务办公室、国家统计局本级机关（不包括直属机构）	进一步完善公务员制度，推行公务员职务与职级并行、职级与待遇挂钩制度，拓展公务员职级晋升通道，进一步调动广大公务员的积极性	公务员法	公务员职务与职级并行制度	2年（自试点办法印发之日起算）	中期报告

续表

	决定名称	通过时间	被授权主体	地域	目的	暂停或调整实施的法律	试点内容	期限	报告义务
⑯	关于在北京市、山西省、浙江省开展国家监察体制改革试点工作的决定	2016.12.25	无	北京市、山西省、浙江省及所辖县、市、市辖区	为在全国推进国家监察体制改革探索积累经验	行政监察法、刑事诉讼法、检察院组织法、检察官法、地方各级人民代表大会和地方各级人民政府组织法	国家监察体制	无	无
⑰	关于授权国务院在河北省邯郸市等12个试点城市行政区域暂时调整适用《中华人民共和国社会保险法》有关规定的决定	2016.12.25	国务院	河北省邯郸市、山西省晋中市、辽宁省沈阳市、江苏省泰州市、安徽省合肥市、山东省威海市、河南省郑州市、湖南省岳阳市、广东省珠海市、重庆市、四川省内江市、云南省昆明市	进一步增强生育保险保障功能，提高社会保险基金共济能力，推进生育保险和基本医疗保险合并实施改革	社会保险法	生育保险基金并入职工基本医疗保险基金征缴和管理	2年（自2017年1月1日起施行）	报告

续表

	决定名称	通过时间	被授权主体	地域	目的	暂停或调整实施的法律	试点内容	期限	报告义务
⑱	关于延长人民陪审员制度改革试点期限的决定	2017.4.27	最高法院	同原来	为进一步研究人民陪审员制度改革试点中的有关问题	同原来	人民陪审员制度	试点期限延长一年	延长期满，最高人民法院应当就试点情况向全国人民代表大会常务委员会作出报告。对实践证明可行的，最高人民法院应当会同有关方面提出修改相关法律的意见；对实践证明不宜调整的，恢复施行有关法律规定
⑲	关于中国人民武装警察部队改革期间暂时调整适用相关法律规定的决定	2017.11.4	无（实为国务院、中央军委）	无	为了贯彻落实党的十九大精神，按照党中央批准的深化国防和军队改革总体方案以及关于人民武装警察部队改革的	《中华人民共和国国防法》《中华人民共和国人民武装警察法》中有关人民武装警察部队领导指挥体制、职能任务、警衔制度、保障体制、部队部署和兵力调动使用的规定	人民武装警察部队领导指挥体制、职能任务、警衔制度、保障体制、部队部署和兵力调动使用等	无（自2017年11月5日起施行）	改革措施成熟后，及时修改完善有关法律

续表

决定名称	通过时间	被授权主体	地域	目的	暂停或调整实施的法律	试点内容	期限	报告义务
				决策部署，加强党中央和中央军事委员会对人民武装警察部队的集中统一领导，调整领导指挥体制、优化力量结构编成、完善相关政策制度，建设一支听党指挥、能打胜仗、作风优良的现代化人民武装警察部队				

续表

	决定名称	通过时间	被授权主体	地域	目的	暂停或调整实施的法律	试点内容	期限	报告义务
⑳	关于在全国各地推开国家监察体制改革试点工作的决定	2017.11.4		全国各地	为了贯彻落实党的十九大精神	《中华人民共和国行政监察法》，《中华人民共和国刑事诉讼法》第三条、第十八条、第一百四十八条以及第二编第二章第十一节关于检察机关对直接受理的案件进行侦查的有关规定，《中华人民共和国人民检察院组织法》第五条第二项，《中华人民共和国检察官法》第六条第三项，《中华人民共和国地方各级人民代表大会和地方各级人民政府组织法》第五十九条第五项关于县级以上的地方各级人民政府管理本行政区域内的监察工作的规定	国家监察体制改革	无（自2017年11月5日起施行）	

续表

	决定名称	通过时间	被授权主体	地域	目的	暂停或调整实施的法律	试点内容	期限	报告义务
㉑	关于延长授权国务院在北京市大兴区等33个试点县（市、区）行政区域暂时调整实施有关法律规定期限的决定	2017.11.4	国务院	同⑥	为了进一步深入推进农村土地征收、集体经营性建设用地入市、宅基地管理制度改革试点，更好地总结试点经验，为完善土地管理法律制度打好基础	同原来	同原来	试点期限延长一年至2018年12月31日	延长期满，国务院应当就暂时调整实施有关法律规定的情况向全国人民代表大会常务委员会作出报告。对实践证明可行的，国务院应当提出修改相关法律的意见；对实践证明不宜调整的，恢复施行有关法律规定
㉒	关于延长授权国务院在部分地方开展药品上市许可持有人制度试点期限的决定	2018.10.26	国务院	同⑨	为了更好总结药品上市许可持有人制度试点经验，为改革完善药品管理制度打好基础，并做好药品上市许可持有人	同原来	同原来	延长一年	

续表

	决定名称	通过时间	被授权主体	地域	目的	暂停或调整实施的法律	试点内容	期限	报告义务
					制度试点工作和《中华人民共和国药品管理法》修改工作的衔接				
㉓	关于授权最高人民法院在部分地区开展民事诉讼程序繁简分流改革试点工作的决定	2019. 12. 28	最高法院	北京、上海市辖区内中级人民法院、基层人民法院，南京、苏州、杭州、宁波、合肥、福州、厦门、济南、郑州、洛阳、武汉、广州、深圳、成都、贵阳、昆明、西安、银川市中级人民法院及其辖区内基层人民法院，北京、上海、	为进一步优化司法资源配置，推进案件繁简分流、轻重分离、快慢分道，深化民事诉讼制度改革，提升司法效能，促进司法公正	《中华人民共和国民事诉讼法》第三十九条第一款、第二款，第四十条第一款，第八十七条第一款，第一百六十二条，第一百六十九条第一款，第一百九十四条	民事诉讼程序繁简分流机制	2 年（自试点办法印发之日起算）	中期报告。试点期满后，对实践证明可行的，应当修改完善有关法律；对实践证明不宜调整的，恢复施行有关法律规定

续表

	决定名称	通过时间	被授权主体	地域	目的	暂停或调整实施的法律	试点内容	期限	报告义务
				广州知识产权法院，上海金融法院，北京、杭州、广州互联网法院					
㉔	关于授权国务院在中国（海南）自由贸易试验区暂时调整适用有关法律规定的决定	2020.4.29	国务院	中国（海南）自由贸易试验区	为支持海南全面深化改革开放，推动中国（海南）自由贸易试验区试点政策落地	《土地管理法》第三十五条第一款、第四十六条第一款，《种子法》第三十一条第一款，《海商法》第四条第二款	土地征收和农田保护的审批权下放、种子进出口业务的审批权下放	调整适用的期限至2024年12月31日	中期报告。对实践证明可行的，修改完善有关法律；对实践证明不宜调整的，恢复施行有关法律规定
㉕	关于授权国务院在粤港澳大湾区内地九市开展香港法律执业者和澳门执业律师取得内地执业资质和从事律师职业试点工作的决定	2020.8.11	国务院	广东省广州市、深圳市、珠海市、佛山市、惠州市、东莞市、中山市、江门市、肇庆市	为促进粤港澳大湾区建设，发挥香港法律执业者和澳门执业律师的专业作用	无	法律执业	3年（自试点办法印发之日起算）	试点期间，国务院要依法加强对试点工作的组织指导和监督检查，就试点情况向全国人大常委会作出报告。试点期满后，对实践证明可行的，修改完善有关法律

续表

	决定名称	通过时间	被授权主体	地域	目的	暂停或调整实施的法律	试点内容	期限	报告义务
㉖	关于授权最高人民法院组织开展四级法院审级职能定位改革试点工作的决定	2021.8.20	最高法院	最高人民法院在本院和北京、天津、辽宁、上海、江苏、浙江、山东、河南、广东、四川、重庆、陕西12个省、直辖市的人民法院	为推动完善我国诉讼制度，明确四级法院审级职能定位，加强审级制约监督体系建设，优化司法资源配置，保障法律正确统一适用	《民事诉讼法》第一百九十九条，《行政诉讼法》第十五条、第九十条	审级制度	2年（自试点办法印发之日起）	中期报告。试点期满后，对实践证明可行的，应当修改完善有关法律；对实践证明不宜调整的，恢复施行有关法律规定
㉗	关于深化国防动员体制改革期间暂时调整适用相关法律规定的决定	2021.10.23	无（实为国务院和中央军委）	无	深入贯彻党中央关于深化国防动员体制改革的决策部署	《中华人民共和国国防动员法》《中华人民共和国人民防空法》《中华人民共和国国防交通法》《中华人民共和国国防教育法》中有关国防动员以及人民武装动员、经济动员、人民防空、交通战备、国防教育的领导管理体制、军地职能配置、工作机构设置和国防动员资源指挥运用的规定	国防动员体制	无（2021年10月24日起施行）	无（改革措施成熟后，及时修改完善有关法律）

续表

	决定名称	通过时间	被授权主体	地域	目的	暂停或调整实施的法律	试点内容	期限	报告义务
㉘	关于授权国务院在部分地区开展房地产税改革试点工作的决定	2021. 10. 23	国务院	部分地区（未列明）	为积极稳妥推进房地产税立法与改革，引导住房合理消费和土地资源节约集约利用，促进房地产市场平稳健康发展	无	房地产税征收	5 年（自国务院试点办法印发之日起算）	试点过程中，国务院应当及时总结试点经验，在授权期限届满的六个月以前，向全国人民代表大会常务委员会报告试点情况，需要继续授权的，可以提出相关意见，由全国人民代表大会常务委员会决定。条件成熟时，及时制定法律

资料来源：整理自《全国人大常委会公报》，决定内容亦公布于中国人大网，表格自制，截止日期为 2021 年 10 月 23 日。

法条聚焦：《立法法》第72条

第三篇

地方立法权配置

第五章

地方性法规制定权的平等配置

【本章提要】 宪法的平等权条款能够衍生出国家平等对待各地方的义务，国家在分配地方立法权时须适当考虑地方间的平等。作为比较法中的两种极端，美法两国的地方立法权配置虽然出发点不同，但都存在地方间平等的考量。我国宪法中的地方性法规制定权分配也应结合平等权条款予以适当解释，不过它是国家平等赋权模式的渐进版，即不断对地方立法权进行扩容从而更平等地满足各地方的立法需求，目前既有及未来潜在的扩容促进了地方层级和种类平等因此具有正当性。平等化的整体性扩容将使法体系的融贯性受到挑战，出于维护社会主义法制统一的目的，应当一方面在事权划分的基础上区分立法调整对象，另一方面强化法规审查机制的作用。

一 国家平等对待各地方的宪法义务

在传统的宪法理论中，仅自然人和私法人具有基本权利能力，受平等权条款的保护，而地方单位是特定的统治主体，是“基本权利防御对象而不是保护对象”①，但这种理论忽视了地方自治所具有的基本权利面相，也忽视了基本权利功能体系的多样性，因此需要适当反思，从而更为妥帖和深入地认识平等权对地方的适用性。

---

① 秦奥蕾：《〈德国基本法〉上的公法人基本权利主体地位》，载《郑州大学学报》（哲学社会科学版）2012 年第 6 期，第 47 页。

（一）宪法平等权条款对地方的适用性

在宪法的文字表述中，平等权的主体形式是（个）人、人人、公民或国民，但人们很少注意其数态差别。比如，1789 年法国人权宣言的平等权条款（第 1 条）采用复数的人，即“在权利方面，人人（les hommes）与生俱来而且始终自由与平等。”而美国联邦宪法第 14 条修正案的法律平等保护条款则采用单数的人，即“在州管辖范围内，也不得拒绝给予任何人（any person）以法律的平等保护”。我国宪法第 33 条第 2 款的“公民在法律面前一律平等”表述，并无公民为单数或复数的明显倾向，但宪法的常见英译本多采用复数表述“all citizens”。[①] 从语义上看，单数形态更强调单个个体的平等权，而复数形态则别具个人集合体之平等权的意味。考虑到平等对于现代立宪体制的重要性，无论宪法文字表述的数态为何，都可以解释为单数的个人与复数的个人均应受到平等权的保障。

显而易见，在当前通行的宪法理论中，人们对平等权的分析往往是按照单数的思路展开的，即强调单个个人的平等权，而复数个人组成的整体却受到了不应有的忽视。就本章主题而言，如果说宪法的平等权条款保障单个个人享受国家的平等保护，那么它一定也意味着居住在特定地方范围内的个人的集合体享受国家的平等保护，原因非常简单，当国家缺乏合理事由而优待或苛待某个地方单位时，实则是该地方的全部居民受到了优待或苛待，而其他所有地方（及其全部居民）则反过来受到了苛待或优待，因此个人的平等权必受到了国家的牵连侵害。地方单位是地方人民所形成的集合体，在逻辑上讲，国家平等对待单个个人的义务必然衍生出国家平等对待各地方单位的义务。

国家平等对待各地方的义务既可以存在于权利领域，也可以适当延伸至权力领域。前者如，地方单位对其名称的权利应当得到国家的平等

---

① 例如，英文版的中国人大网官方网站提供《中华人民共和国宪法》英译本，其中的第 33 条第 2 款的公民即采用英文复数形态。Constitution of the People's Republic of China，http://www.npc.gov.cn/englishnpc/Constitution/2007-11/15/content_1372964.htm，2016 年 10 月 1 日最后访问。

对待，后者如央地关系中，国家应当公平而不歧视地在各地方之间分配财政收入、事权范围或自治权限。因此，地方单位的基本权利能力在平等权领域具有较为广泛的存在空间。一般而言，“国家对不同地方公共团体的差别对待应当能够通过特定的平等保障审查标准。”[①] 比如，“所有的地方自治团体应公平地分享国家的财政收入。基于此，地方自治团体可以通过宪法诉讼程序，主张对其不利的法律规定违宪，亦可指摘优待其他团体的规定违宪。”[②] 不过具体而言，地方的平等权以何种形式受到保障，既受制于实际的宪法审查机制，也要考虑到基本权利的功能体系。对当今世界各国现行宪法的统计表明，在实行专门机构审查模式的 94 个国家中，有 21 个国家在宪法中明确赋予特定地方议会对侵害其自治权的法律规定提请宪法审查的资格[③]，在此种条件下，地方单位可以援引宪法的平等权条款，就立法资格的不平等分配对抗国家，此时其平等权具有主观权利功能尤其是防御权功能，即使这种资格缺失（我国显属此种类型），地方单位的平等权仍具有客观价值秩序的功能，国家应当提供组织与程序保障，在向各地方自治团体分配立法资格时有义务适当考虑地方间的平等。

（二）地方的层级平等与种类平等

国家尤其是大国为在其内部进行有效治理，通常需要将内部政制设置为不同层级与种类的地方单位，如我国宪法第 30 条就将地方分为省级（省、自治区、直辖市）、地级（较大的市、自治州）、县级（县、自治县、县级市、市辖区等）和乡镇共四级，每个层级又分为不同的种类。宪法中的平等权并非不允许合理差别，所谓“同则同之，异则异之”，只有相同的情形作相同处理，不同的情形作差别对待，才是真正的平等，因此，在讨论地方立法权平等分配时，就必须妥当对待地方因层级和种类不同而形成的差别。

---

① 王建学：《作为基本权利的地方自治》，厦门大学出版社 2010 年版，第 120 页。

② 田芳：《地方自治法律制度研究》，法律出版社 2008 年版，第 47 页。

③ 统计自孙谦、韩大元主编《世界各国宪法》（全四卷），中国检察出版社 2012 年版，具体分析可参见王建学《省级人大常委会法规审查要求权的规范建构》，载《法学评论》2017 年第 2 期。

对于同一层级且同一种类的地方，国家必须一视同仁地赋予或不赋予立法权，这一点是没有任何疑义的。以我国为例，福建省和浙江省为同级同类行政区域，因此其人大及其常委会均依据宪法第100条享有地方性法规制定权，而北京市的海淀区和朝阳区作为同级同类行政区域，其人大及其常委会在宪法及宪法性法律中均不享有地方性法规制定权。但对于同级而不同类或者同类而不同级的地方，其立法权分配是否应予以相同对待，则存在一定疑难。

对于同级而不同类的地方而言，国家可以基于合理事由而适当差别对待。比如，法国1958年现行宪法仅赋予海外地方自治团体立法资格，我国宪法第116条授权民族自治地方的人大“依照当地民族的政治、经济和文化的特点，制定自治条例和单行条例”，这一权力是普通地方所不具备的，此种基于国家统合和民族实质平等考虑而对特殊自治地方的特别赋权，并不违反平等原则。反过来讲，我国《宪法》第100条赋予地方性法规制定权时仅明确提及“省、直辖市”的人大及其常委会，而未提及“自治区”，作为省和直辖市的同级却不同类的行政区域，自治区人大及其常委会是否被剥夺了平等的地方立法权？答案是否定的，《宪法》第100条的解释必须结合第67条第8项①和第115条②的规定，平等且合理地推导出自治区人大及其常委会的地方性法规制定权。

对于同类而不同级的地方而言，国家也可以基于合理事由而适当差别对待。比如，在我国各级普通行政区域中，《宪法》第100条仅赋予省级行政区域地方性法规制定权，③ 而未赋予设区的市、区县市、乡镇这三级行政区域立法权，这种基于层级的差别对待并不能说完全不具有合理

---

① 根据《宪法》第67条第8项的规定，全国人大常委会有权“撤销省、自治区、直辖市国家权力机关制定的同宪法、法律和行政法规相抵触的地方性法规和决议”。

② 根据《宪法》第115条的规定，民族自治地方的自治机关“行使宪法第三章第五节规定的地方国家机关的职权”，同时行使自治权。

③ 我国的地方立法体制经历了探索起步、逐步完善和不断发展提高的过程，省级地方性法规制定权最初由1979年《地方组织法》所赋予，后来得到1982年宪法的肯定。彭真在1979年7月1日“关于七个法律草案的说明”中指出，这是“根据中共中央和毛泽东同志多次强调要扩大地方权力，发挥中央和地方两个积极性的思想，按照我国的实际情况和长期以来进行政治、经济、文化改革和建设的经验”提出的。参见《中华人民共和国法律及有关法规汇编（1979—1984）》，法律出版社1986年版，第807—808页。

事由，因为层级较高的行政区域往往在辖区面积、人口数量和经济规模等方面具有复杂性，这种复杂性是下级行政区域所不能比拟的，而且国家在建设社会主义法治的过程中适当控制立法主体的范围，有助于促进《宪法》第5条“社会主义法制的统一”这一重要价值，因此不能说有违平等原则。但反过来讲，如法国在2003年修宪中一概赋予全部各级地方自治团体立法资格的做法，显然是更符合平等原则的，因为它体现了这一理念：居民所组成的集合体，无论其规模与范围存在何种差别，在道义上都应当具备自我制定规则的资格。

二　比较法中的地方立法权平等分配

在比较宪法中，美法两国关于地方立法权的立场可谓是世界各国的两种极端，美国基于地方自治传统将立法权视为人民的固有权力，而法国则基于中央集权传统曾长期否定地方立法权。由此，这两种模式就构成最具代表性的研究样本。

（一）美国的地方立法权固有自生模式

在美国的联邦制和地方自治传统中，立法权历来高度分散，其制定法的渊源除联邦宪法和各州宪法外还包括国会的法律等联邦成文法，各州议会的法律、州行政机构的行政法规，以及各级地方性法规。广义上的地方立法包括州议会的法律，其内容涵盖民事、行政和刑事等各个领域，而即使在狭义上将地方限定为市、县、区等地方单位，地方立法的范围亦不容小觑，不仅涉及民事和行政领域，而且可能涉足刑事领域。如在著名的芝加哥市诉莫埃尔案中，芝加哥市理事会制定了关于游荡罪的刑事法律，[①] 而联邦最高法院默认了市理事会的刑事立法权，仅基于明确性原则审查立法内容，判定立法过于模糊因此违反正当法律程序。[②] 这种由地方议会制定刑事法律的做法，在法德以及我国《立法法》第8条的法律保留原则中，是根本无法理解的。

---

① See the Gang Congregation Ordinance，Chicago Municipal Code 8 - 4 - 015，1992.

② See City of Chicago v. Morales，527 U. S. 41 (1999).

美国地方议会的立法权到底从何而来，其法理依据又是什么？从规范形式上看，地方议会立法权既可能来源于州宪法的明文认可，也可能来源于司法判例的确认。就前者而言，部分州遵循殖民地时期以来的地方自治传统（尤其是新英格兰地区），在宪法中明确认可地方自治原则，并承认地方自我制定规则的资格，如 1970 年伊利诺斯州宪法在第 7 条第 6 款规定了自治单位的权力，其中具有自治地位的县、市都有制定法规的权力，效力等级从高到低依次为州宪法、州法律、市法规（municipal ordinance）和县法规（county ordinance）等。[①] 就后者而言，围绕地方自治存在两个截然相反的原则，首先是由爱荷华最高法院狄龙法官在判决中确立的狄龙原则（Dillon's Rule），“地方政府在法律上由州议会所创造，因此其生命（life）由州议会所赋予，其组织和结构亦受州议会控制，并不具有相对于州议会的独立地位。”[②] 两年后，密歇根最高法院库利法官确立了库利原则（Cooley's Rule）暨地方自治原则，“地方自治的权力应当是保留给人民的，或者说，地方自治是人民应保留的天然之权力，据此，人民有权独立制定宪法和自治宪章，划定地方政府单位的结构和权力，而不是由州政府通过州宪法或州立法法案来决定地方政府的设置、权力和权利。”[③] 由此，地方具有自我立法和规制的当然资格。目前部分州采纳狄龙原则，另一部分州则采纳库利原则。

地方立法权在根本上要归源于美国立国以来的宪法传统。早在第一批移民抵达北美时，美国的宪法传统中就确立了通过自我立法来确立共同生活规则的观念，1620 年《“五月花号”公约》当然可以视为北美成文宪法的最早萌芽，但也完全可以视为地方人民通过契约自我赋予立法权的历史起点，因为除五月花号上的一百多名殖民者外，任何其他殖民者团体，都可以通过相互同意的契约而自我赋予立法权。正如自治主义

---

① See Constitution of the State of Illinois（adopted at special election on December 15，1970），http：//www. ilga. gov/commission/lrb/conent. htm，2016 年 10 月 2 日最后访问。

② See Clinton v. Cedar Rapids and the Missouri River Railroad，24 Iowa 455（1868）. 关于该原则的中文讨论，可参见董礼洁《美国城市的法律地位——狄龙规则的过去与现在》，载《行政法学研究》2008 年第 1 期；陈科霖：《狄龙规则与地方自治：美国的实践经验及对中国的借鉴启示》，载《甘肃行政学院学报》2015 年第 2 期。

③ See People v. Hurlbut，24 Mich. 44，108（1871）.

的代表者杰斐逊所言，“世界上每一个人和人们所组成的每一个团体，都有自治权。他们生来就由自然赋予这种权利。这种权利个人凭他们单独的意志来行使；集体凭他们多数人的意志来行使；因为多数人的法则是每一个人类社会的自然法则。”① 这种观念在联邦宪法第 10 条修正案中得到了肯定，即“本宪法未授予联邦也未禁止各州行使的权力，由各州各自保留，或由人民保留”。人民所保留的权力，自然是由所有地方的人民所平等地固有的。

（二）法国的地方立法权国家平等赋予模式

众所周知，法国自大革命以来形成了牢固的中央集权传统。在法国式的经典定义中，单一制是“一个单一政治意志施加于公民全体从而使全体公民在所有领域服从于相同的法律的国家”②。基于这种对单一制的极端且顽固的理解，地方立法权丝毫没有存在空间。1958 年现行宪法遵循了法国历来的单一制传统，仅新喀里多尼亚等特殊的海外自治团体被赋予特定的立法权，而普通地方自治团体全无立法之资格。不过，自 1982 年开始，议会通过制定《市镇、省和大区的权利和自由法》等法律陆续推行地方自治改革，地方自主事权随着改革的推进不断扩大，地方自治团体实现其自治的形式也不断拓展。

在 2003 年修宪时，以二十多年地方自治改革的成果为基础，地方自治团体的权限终于实现了重大突破，修改后的宪法不仅确立了地方分权的基本原则，而且在第 72 条第 3 款明确规定，“地方自治团体由民选议会依据法律规定实施自治，并为履行其职责享有条例权（pouvoir réglementaire）。”更值得注意的是，该条第 4 款还赋予地方立法变通权，即“在法律或者行政法规已有规定的情况下，地方自治团体或其联合体视情形可以依照组织法规定的条件，为特定目的并在确定期限内，试验性地减损调整其权限行使的该法律性或者法规性条款，但涉及行使公共自由或者宪法所保障权利的实质条件的除外”。由此，地方自治团体可以通过试验性条例来变通国家法律和行政法规的内容。

---

① ［美］托马斯·杰斐逊：《杰斐逊文选》，王华译，商务印书馆 1963 年版，第 58 页。

② Bernard Chantebout, *Droit Constitutionnel*, Paris: Dalloz, 2007, p. 56.

2003年修宪赋予地方自治团体条例权，这在法国的中央集权传统中是不可想象的。更超出想象的是，通过此次修宪，包括大区、省和市镇在内的所有各级各类地方自治团体全部获得了同样的条例制定权，修宪者并没有基于地方自治团体的层级或种类而作出差别对待。其实，如果考虑到法国自1982年以来的地方自治改革，宪法采取这种一揽子赋权方案并不奇怪，因为自1982年以来各种修改宪法和法律的努力都在塑造各级地方自治团体之间的平等关系，其后果诚如威尔波教授所言，“关于各级地方自治团体的许多规则，尤其是关于其公共职责的规则，逐渐统一……1996年《地方自治团体一般法典》在第一篇设置适用于各级地方自治团体的‘总则’亦是实现层级平等的表现。”[①] 关于法国对地方立法权的前后两种截然不同的态度，学者评价道，“对于1789年的革命者而言，共和国的单一性曾经必须建立在适用于整个国家的法律的单一性之上”，而在今天，“我们可以讨论‘多法律的国家’（État pluri législatif）”[②]，法律的地方化成为一个普通性概念。总之，就立法权的分配而言，法国已经在单一制原则和地方自治之间找到令人满意的宪法平衡。

综上所述，尽管法美两国的地方立法权配置在出发点上略有不同，美国更倾向于将地方立法权视为人民对自身事务进行自治的固有资格，这种资格由于其天赋性而由各地方无差别地享有，而法国在由否定到肯定地方立法权的转变中，则更多考虑到国家对各级各类地方自治团体的平等对待，要么全然否定要么全然肯定地方立法权，不过，两种模式的发展可谓殊途而同归，都基于地方间平等的考量而最终承认地方立法权。

三 地方立法权扩容的合宪性：基于平等的论证

我国地方立法权的分配显然接近法国的国家平等赋权模式，但它表现出强烈的“渐进性”特征。《宪法》第100条仅创设了省级人大及其常

① Michel Verpeaux, *Droit des Collectivités Territoriales*, Paris: PUF, 2005, p. XXV.

② ［法］安德烈·鲁：《法律的合宪性审查与共和国单一性的维持》，王建学译，载周赟主编《厦门大学法律评论》2015年第25辑，厦门大学出版社2015年版，第252—253页。

委会的地方性法规制定权，设区的市及其他地方的法规制定权则通过立法形成来“有控制地”不断予以承认。

（一）2000 年和 2015 年实现的种类平等

第六届全国人大常委会 1986 年修改《地方组织法》时正式将地方性法规制定权赋予省会市（共 27 个）和经国务院批准的较大的市（共 18 个①，分四次批准）。2000 年《立法法》（第 63 条第 4 款）在前述省会市和经国务院批准的较大的市以外，进一步涵盖经济特区所在地的市（共 4 个）②，由此形成享有地方立法权的三类“较大的市”。③ 在 2015 年《立法法》修正后，地方性法规制定权则扩容至包括所有设区的市和自治州。

《宪法》第 30 条第 2 款规定“直辖市和较大的市分为区、县”，因此，较大的市与设区的市原本应当是等同的，1986 年《地方组织法》和 2000 年《立法法》之所以对其强作分别，实则旨在将地方立法权作为稀缺资源加以控制，学者们普遍认识到，“设区县普遍化与立法权稀缺化的对立，带来了地级市之间在地方立法权配置上的不平等”，而 2015 年地方立法权扩容便“消解了‘设区的市’之间地方立法权的不平等配置”④。但其之所以“不平等”的规范理据却鲜有分析。

在平等视角下，原享有地方立法权的三类较大的市，其立法资格实

---

① 重庆市亦属此列，但因 1997 年升格为直辖市，故不计入。

② 经济特区所在地的市享有的较大的市的立法权来源于 2000 年《立法法》，但其作为经济特区而制定法规的权力则来源于全国人大及其常委会在 20 世纪 80 年代和 90 年代的个别授权，具体包括：1981 年 11 月 26 日《全国人民代表大会常务委员会关于授权广东省、福建省人民代表大会及其常务委员会制定所属经济特区的各项单行经济法规的决议》、1988 年 4 月 13 日《全国人民代表大会关于建立海南经济特区的决议》、1992 年 7 月 1 日《全国人民代表大会常务委员会关于授权深圳市人民代表大会及其常务委员会和深圳市人民政府分别制定法规和规章在深圳经济特区实施的决定》、1994 年 3 月 22 日《全国人民代表大会关于授权厦门市人民代表大会及其常务委员会和厦门市人民政府分别制定法规和规章在厦门经济特区实施的决定》和 1996 年 3 月 17 日《全国人民代表大会关于授权汕头市和珠海市人民代表大会及其常务委员会、人民政府分别制定法规和规章在各自的经济特区实施的决定》。

③ 相关法律的历次修改过程及背景，可参见乔晓阳、张春生主编《〈中华人民共和国地方各级人民代表大会和地方各级人民政府组织法〉释义及问题解答》，中国民主法制出版社 2006 年版，第 12—13 页。

④ 郑磊、贾圣真：《从“较大的市”到“设区的市”：地方立法主体的扩容与宪法发展》，载《华东政法大学学报》2016 年第 4 期，第 93 页。

则是一种固化垄断特权。省会市是一种固化的地方身份，法律上的省会原本只是出于便利而设置的省域行政中心，并不必然意味着其经济规模大、人口数量多或战略地位高[①]，也不意味着其立法需求高于其他设区的市，因此，将地方立法权与省会市身份绑定的做法缺乏正当性。《地方组织法》显然也是为了以开放方式略为纠正这种身份的固定化，才将经国务院批准的较大的市列为地方立法权主体，但立法资格批准程序的瑕疵却造成事实上的特权。平等原则要求批准程序具有运作的常规性、入口的开放性、过程的透明性、标准的合理性和决定的可救济性，但国务院的批准实践却呈现五大特点："以计划经济体制为背景"；"批准标准较为简单，并且缺乏科学论证"；"在地域分布上基本以长江及其以北的中东部城市，尤其是东北城市居多"；"时间上看，都在1994年以前"；"审批办法至今没有出台"[②]。即使采取最宽松的审查基准，批准程序的任何环节都无法通过平等权的门槛。无须赘述，经济特区地位的取得程序显然也存在前述问题。因此，随着2015年地方立法权扩容至涵盖所有设区的市和自治州，地方立法的特权与垄断机制终归消灭，地方立法权分配终于在所有地级单位之间实现了种类平等。

（二）实现中的层级平等：1986年和未来某年

1986年至2015年对地级立法权的扩容，在整体上可以理解为国家将地方立法权配置予以层级（由省级到地级）的平等化。继而是否可以期待县和乡镇两级地方亦可被平等赋予立法权？换言之，未来潜在的地方立法权层级扩容是否存在规范空间？学者提出仅对设区的市立法权扩容"显然未能满足不设区的市的立法需求以及扩权强县、省直管县的地方制度改革趋势，也不能完全适应加强地方法制建设的现实需要。"[③] 其实这

---

① 比如，法国历史上确定省会及省域范围的标准是，保证省内任何地方都能用一天时间骑马到达省会（参见王名扬《法国行政法》，中国政法大学出版社1988年版，第72页），而美国各州的首府多在本州两个最大城市之间选择一个小城，以便在政治和地域意义上实现平衡。

② 李兵：《国务院批准具有立法权的"较大的市"行为研究》，载《行政法学研究》2006年第2期，第53页。

③ 苗连营：《立法法重心的位移：从权限划分到立法监督》，载《学术交流》2015年第4期，第78页。

一问题在根本上取决于如何解释《宪法》第100条的赋权条款。郑毅将扩容理解为对《宪法》第100条的“（良性的）法律续造”即“以立法的方式发展宪法”①，李少文则认为，“在规范意义上，扩张地方立法权是民主的要求，是自治的表现；在功能意义上，扩张地方立法权是治理之需求，它契合了八二宪法一贯的实验精神”②。前述论证均着眼于2015年扩容的合宪性，这在逻辑上是非常奇怪的，因为2015年合宪性取决于1986年的起点，若1986年合宪，则2015年更合宪（如前部分所述，2015年扩容促进了种类平等），恰恰是2015年扩容最不需要合宪性论证。所以，需要合宪性论证的是1986年开始的地级立法整体扩容，以及未来县和乡镇两级立法的可能扩容，由省级到地级、再到县乡两级的扩容，都涉及层级平等和种类平等的问题。只有从平等条款出发，并且在肯定我国宪法承认地方自治的前提下，合宪性论证在整体论的意义上才是充分的。

学界通常认为我国宪法中并不存在普遍意义上的地方自治，这是对我国宪法的误解。就普通央地关系而言，“尽管宪法规范在概念和用语上不甚明确，但就其具体制度构造、基本原则和立宪背景及主旨来看，我国现行宪法在文本上确认一定程度的地方自治权乃不争之事实。”③ 诚如有学者所说，我国各级普通地方“依法行使宪法和法律赋予的职权就是地方自治”④，这根源于《宪法》第3条第4款对“地方的主动性、积极性”的原则性保障。《宪法》第100条之所以创设地方立法权，也旨在使“各地因时因地制宜，发挥主动性、积极性”⑤。地方立法权的存在本身不就可以证明地方自治的存在吗？由此，就必须在地方自治的主旨下将宪

---

① 郑毅：《对我国〈立法法〉修改后若干疑难问题的诠释和回应》，载《政治与法律》2016年第1期，第52页。

② 李少文：《地方立法权扩张的合宪性与宪法发展》，载《华东政法大学学报》2016年第2期，第69页。

③ 王建学：《我国的地方自治：宪法文本的解读与现实状况的考察》，载廖益新主编《厦门大学法律评论》2006年第12辑，厦门大学出版社2006年版，第53页。

④ 王圣诵：《中国自治法研究》，中国法制出版社2003年版，第208页。

⑤ 彭真：《关于中华人民共和国宪法修改草案的说明——1982年4月22日在第五届全国人民代表大会常务委员会第二十三次会议上》，载中共中央文献研究室编《三中全会以来重要文献选编》（下），人民出版社1982年版，第551页。

法第100条理解为一个开放赋权条款，而不能在中央集权的主旨下将其理解为一个封闭或排他性赋权条款。

如前所述，我国《宪法》第33条第2款的“公民在法律面前一律平等”不仅意味着单数公民的平等，也意味着国家有义务平等对待复数公民所构成的地方团体。地方各级人大是各地方人民行使本地方国家权力的机关（《宪法》第2条第2款），是人民对本地方事务进行管理的根本途径，而立法又是自我管理的最重要形态，因此，国家对地方立法权的分配应当考虑地方层级平等。不应忽视的是，地方的主动性和积极性在《宪法》第30条的框架中展现为省级、地级、县级和乡镇四个层级，并且在地方层级平等的意义上并列存在着。从《宪法》第99条①和第104条②的规定来看，地方各级人大和县级以上地方各级人大常委会的职权并无纵向层级差别，可见，在决定各级国家权力机关及其常设机关的职权分配时，层级并不是对地方予以差别对待的“相关因素”。③ 因此，地方立法权在宪法中不能作为一种稀缺资源而由特定层级的人大及其常委会排他性享有。

在此意义上，《宪法》第100条的明文规定与其说是“原则性授权条款”④，不如说是试验性授权条款，也就是在改革开放基本国策（宪法序言第7段）的指引下，考虑到力求稳妥的原因而使地方主动性和积极性的发挥处于渐进过程中，试验性地先行授予省级地方立法权，更低层级

---

① 《宪法》第99条第1款规定：“地方各级人民代表大会在本行政区域内，保证宪法、法律、行政法规的遵守和执行；依照法律规定的权限，通过和发布决议，审查和决定地方的经济建设、文化建设和公共事业建设的计划。”

② 《宪法》第104条规定：“县级以上的地方各级人民代表大会常务委员会讨论、决定本行政区域内各方面工作的重大事项；监督本级人民政府、人民法院和人民检察院的工作；撤销本级人民政府的不适当的决定和命令；撤销下一级人民代表大会的不适当的决议；依照法律规定的权限决定国家机关工作人员的任免；在本级人民代表大会闭会期间，罢免和补选上一级人民代表大会的个别代表。”

③ 平等权要求国家的分类措施必须与该措施所追求的目的存在特定的相关性，如合理审查基准要求国家的分类措施必须与合法利益（legitimate interest）合理地相关（rationally related），中度审查和严格审查的基准则相应更高，举例而言，在评价个人是否符合资格时，种族等是个不相关的因素，而个人的能力与成就才是相关因素，参见饶志静《平等权分析架构中的嫌疑分类》，载《理论界》2008年第12期，第78页。

④ 郑磊：《设区的市开始立法的确定与筹备——以〈立法法〉第72条第4款为中心的分析》，载《学习与探索》2016年第7期，第75页。

地方的立法权并未受到宪法的歧视和剥夺，而是可以本着层级平等的原则，由全国人大及其常委会①作进一步的立法形成。正因如此，《地方组织法》和《立法法》可以将立法主体进一步扩大为省会市、经国务院批准的较大的市、经济特区所在地的市和全部设区的市，也正因如此，区县市和乡镇两级人大也是未来潜在的立法主体。在平等权的考量中，地方立法权的更普遍分配具有合宪性基础。如此解释第 100 条亦不违背“法无授权即禁止”的权力防范原理，因为地方自治如前文所述具有基本权利的面向。

而且，从地方平等的角度来解读地方立法权的扩容，可以得到 2018 年修宪实践的支持。2018 年 3 月 11 日第十三届全国人大第一次会议通过了《宪法修正案》，其第 47 条修正案在宪法第 100 条中增加一款，作为第二款：“设区的市的人民代表大会和它们的常务委员会，在不同宪法、法律、行政法规和本省、自治区的地方性法规相抵触的前提下，可以依照法律规定制定地方性法规，报本省、自治区人民代表大会常务委员会批准后施行。”由此，实现了宪法层面的地方立法扩容。王晨同志在草案说明中指出，“增加这一规定，有利于设区的市在宪法法律的范围内，制定体现本行政区域实际的地方性法规，更为有效地加强社会治理、促进经济社会发展，也有利于规范设区的市制定地方性法规的活动。”② 值得注意的是，宪法中的规定与《立法法》有所区别，《立法法》就立法事项所作出的限制在宪法条文中是空白的。从长远上讲，限制性内容在宪法中的空白，为未来进一步通过修改法律增加设区的市的立法权限提供了基础和空间。

---

① 全国人大与其常委会之间存在立法事项的分工，从理论上讲，影响范围较广的地方立法赋权应当由全国人大而非其常委会作立法形成。

② 王晨：《关于〈中华人民共和国宪法修正案（草案）〉的说明——2018 年 3 月 5 日在第十三届全国人民代表大会第一次会议上》，载中国人大网 http：//www. npc. gov. cn/zgrdw/npc/xinwen/2018 - 03/20/content_ 2052202. htm，2021 年 9 月 1 日最后访问。

四 平等、整体性立法扩容与法制统一

（一）立法权平等化与整体性立法扩容

我国作为大国的疆域政制构成具有极度多样性，地方立法权的平等分配必须面对地方多样性导致的各种技术问题。尽管一般认为我国存在四级地方，但地方的层级和种类却存在多种组合关系，既有两级结构（如直辖市—市辖区），也有三级结构（如直辖市—县—乡镇、省—县—乡镇、省—设区的市—市辖区或省—自治州—县级市），亦存在完整的四级结构（如省—设区的市—县—乡镇或省—自治州—县—乡镇）。[①] 而且同一地方单位亦可能存在层级定位上的差别，如县可以分为省辖县和州（市）辖县。在基于层级和种类平等的考虑对地方立法进行扩容时，这种扩容必然导致地方立法权的整体性膨胀，即最终结果是所有地方都必须享有立法资格。例如，如果承认县具有立法资格，那么与县同级的市辖区也应当平等地具有立法资格。若从更为微观的事实角度出发，地方间的平等则会变得更为复杂，比如北京市海淀区是第二级却是最基层行政区域，面积 430. 8 平方公里，2015 年常住人口 369. 4 万，国民生产总值为 4613. 5 亿元[②]，其人口和经济规模相当于甚至超过部分设区的市，如福建省厦门市是第二级行政区域，但之下还有区级，[③] 其总面积 1699. 4 平方公里，2015 年常住人口 386 万，国民生产总值为 3466 亿元，[④] 地方立法资格在海淀区的无和厦门市的有之间，其差别对待的理据为何?[⑤] 如

---

① 这只是基于《宪法》第 30 条所作的规范梳理，实际情形可能更加复杂，比如实践中存在较大的市下设县级市、市辖区下设乡镇，这可能存在违宪的嫌疑。

② 参见《2016 北京海淀统计年鉴》，http：//hdtjj. bjhd. gov. cn/tjsj/ndsj/201611/P020161124611767225698. pdf，2016 年 12 月 28 日最后访问。

③ 事实上，厦门市在厦门岛外的区（海沧、同安、翔安）还设有若干镇，乃县改区时所遗留，严格意义上并不符合宪法。

④ 参见《厦门市 2015 年国民经济和社会发展统计公报》，http：//www. stats – xm. gov. cn/tjzl/tjgb/ndgb/201603/t20160322_ 28169. htm，2016 年 12 月 28 日最后访问。

⑤ 基于这种对比是否可以推测，相关立法的立意可能是仅将地方立法资格下放到人大代表间接选举的行政区域，从而排除了人大代表直接选举的县乡两级？笔者认为，人大代表的选举方式（是直接还是间接）似与立法资格分配缺乏实质性关联。

果承认这种差别不合理，那么各级地方均平等享有立法资格才是正当的。

由于平等化地整体性扩容必然导致立法主体大量增加，从而带来地方保护主义的上升、立法质量的下降和法规范间冲突的加剧，因此就必须考虑宪法第5条规定的“社会主义法制的统一”。但首先必须肯定，这些弊端与问题并不能成为否定地方立法权平等分配的理由，正如不能因为担心权利被滥用，而歧视性地否定特定人群的基本权利能力，或者否定个人的特定基本权利。我们需要站在客观和普适性的立场上认识到，地方之间平等分享立法权无论是在道义上还是在规范上都具有正当性，至于地方立法权的可能滥用，那只是一个可能结果并且可以通过建立相应机制予以纠正，若据此结果而否定道义和规范，则无异于因噎废食。而且，只要允许地方立法权存在，无论其范围大小都有被滥用的可能，《宪法》第100条本身赋予的省级立法权甚至亦不例外，因此扩容只是加剧前述弊端而非其根源，不应基于未知之疑惧而过度放大扩容所可能导致的负面效应。那么，在地方立法权不断扩容的背景下，如何更好地预防和纠正地方立法权及其扩容所衍生的弊端呢？笔者认为，可以从立法前与立法后两个方面进行控制。

（二）事前控制：立法调整对象的区分

对立法进行事前控制可以有多种手段，如“确立立法规划、立法决策、立法公开及立法听证等制度”，“实现地方立法的民主化与科学化，进而提高地方立法质量”①。就本章主题而言，由于在不同层级地方之间平等地分配立法权，必须对不同层级的立法进行有效区分。众所周知，我国各级地方立法与法律和行政法规存在“暧昧”关系，即省级或地级立法经常重复法律和行政法规的内容，这在实施性立法中尤其突出。如某省截至2010年10月，“现行有效的省本级立法共198件，其中实施性立法118件，占到了总数的60%；同时，几乎所有的实施性立法均存在

① 赵静波：《地方立法准备的改革与完善——立法规划的突出地位》，载《当代法学》2003年第8期，第77页。

不同程度的重复上位法的情形”①。尽管理论和实务界普遍认为应当采取有效措施避免重复立法现象，从而减少立法成本和节约立法资源，但相关措施却极度乏力。实际上，重复立法与立法冲突是同一枚硬币的两面，其产生的原因在于，“《立法法》关于地方立法与中央立法权限的划分上仍然很不明确，地方立法权限的规定也存在不足”②。而纵向立法权限模糊的根本原因又在于中央与各级地方的事权划分不明确，由此各级事权的重叠导致了机构与职能的重叠，也导致各级立法在内容上的重复和不必要冲突。

《立法法》经2015年修正后将设区的市立法权限定在“城乡建设与管理、环境保护、历史文化保护等方面的事项”（第72条第2款），这是区分调整对象的初步尝试，可以在一定程度上将设区的市的立法对象与省级立法和中央立法相区别。如果未来对地方立法进行更普遍的层级扩容，各级事权的明确划分及立法调整对象的有效区分就极为必要了。当前，新一轮各级事权划分改革已经拉开序幕③，随着中央与各级地方事权划分的明确化，可以考虑在《立法法》中区分各级各类地方立法所调整的“地方性事务”的范围，从而在根本上有效防止重复立法和立法冲突。至于地方性事务的范围，可以采行事务“影响范围”和“重要程度”相结合的标准加以确定，然后“以‘地方性事务’作为起点，在规定地方享有专属立法权的同时，具体列举‘地方性事务’的范围”④。

（三）事后控制：法规审查机制的强化

对立法进行事后控制的最有效途径是法规审查机制，这是确保法制统一的根本保证。在美国，普通法院的常规司法审查充当了这一机制，在法国则由宪法委员会的合宪性审查和各级行政法院的合法律性审查发

---

① 林琳：《对实施性地方立法重复上位法现状的原因分析和改善设想》，载《人大研究》2011年第1期，第35页。

② 任尔昕、宋鹏：《关于地方重复立法问题的思考》，载《法学杂志》2010年第9期，第93页。

③ 国务院2016年8月16日专门出台《关于推进中央与地方财政事权和支出责任划分改革的指导意见》（国发〔2016〕49号），该事件入选2016年度中国十大宪法事例，其重要意义可见一斑，http：//www. calaw. cn/article/default. asp? id = 11906，2017年1月1日最后访问。

④ 孙波：《论地方专属立法权》，载《当代法学》2008年第2期，第125页。

挥作用。在地方立法权扩容问题的延长线上，我国的体制短板恰恰在于法规审查机制尚未被充分激活。有学者预测，“设区的市立法主体激增带来的这一级地方性法规制定井喷并导致地方立法质量的下降，使得全国人大常委会乃至省、自治区人大常委会对设区的市地方性法规的备案审查工作的必要性得到凸显。法规审查工作在设区的市地方性法规审查层面被激活的可能性并非没有，如果由此激活常态性的法规审查工作，设区的市扩容立法反而将长远地促进提高立法质量，倒逼法制统一，从而发挥‘以时间换空间’的又一重大战略意义。”[①] 然而，作为老生常谈的问题，如何确立有效的法规审查机制？

《立法法》建立的以人大常委会为中心的审查机制存在诸多问题，长期未能发挥实效。其实对比前述美法两国的机制可以发现，具有司法性质的机构才最适合常规性地承担法规审查职能，不过我国的人民法院似乎缺少足够的审查权威。因此，学者认为尽管“立法冲突在性质上属于法律争议，因此必须建立司法性质的机构才能有效解决”，但“考虑到我国法院缺乏审查法律规范的传统及独立性较差的现状”，只能在全国人大常委会之下设立“中央与地方法律审查委员会”，专门解决“法律以下的所有法律规范的冲突问题”[②]。这在本质上是将审查权集中化的思路，在地方立法不断扩容的背景下，必然使审查机关难担重荷，因此只有审查权的分散配置才值得考虑。在 2015 年《立法法》修正过程中，审查权分散配置的趋势业已明朗，即全国人大常委会审查省级立法，而省级人大常委会则审查地级立法。

笔者并不反对激活现行的以人大常委会为核心的法规审查机制，但必须注意到，在立法权扩容→审查压力加大→审查权分散化的背景下，该机制存在根本缺陷。一方面，审查权由多级多个人大常委会平行地行使，这非常接近分散化的司法审查模式，但它缺少司法审查模式的最高法院终审控制，无法确保法律规则融贯性和审查基准同一性；另一方面，

---

① 郑磊：《设区的市开始立法的确定与筹备——以〈立法法〉第 72 条第 4 款为中心的分析》，载《学习与探索》2016 年第 7 期，第 80 页。

② 吴东镐：《我国中央与地方关系的法治化议题》，载《当代法学》2015 年第 4 期，第 19 页。

同一人大常委会既行使本级立法权又对下级立法行使审查权的做法缺乏足够的正当性，因为基于事权划分的各级立法有各自的调整范围，当上级立法侵害下级自主事权时，上级人大常委会的审查就有充当自己案件法官的嫌疑。在此条件下，现行审查机制若充分发挥作用，可能对法制统一产生更为严重的破坏。

因此，笔者更赞成开辟人民法院的司法审查空间，这不仅可以减轻人大常委会的审查负荷，而且考虑到“审判权的本质职能是围绕《宪法》第126条塑造融贯的法体系”①，人民法院的审查更能够在实质上维护法律体系的融贯性，这可能成为中国法治发展的新的增长点。在规范层面上，只要在修正相关诉讼法的过程中，对《宪法》第126条（2018年修宪后变为第131条）“人民法院依照法律规定独立行使审判权”的“法律”进行限缩解释，将其限定为全国人大及其常委会的法律，提高法院在法律适用中的地位，就可以使法院取得对地方立法的审查资格。基于实践策略的考虑，可以先将下级地方立法纳入司法审查的范围。正如各级地方应当平等地具有立法资格一样，各级地方的立法行为也要平等地服从于司法权，这是央地关系法治化的题中应有之义。

（本章内容曾以《论地方性法规制定权的平等分配》为题发表于《当代法学》2017年第2期，杨晓楠教授曾对本文提出中肯建议并指出若干常识性笔误，谨致谢忱）

---

① 王建学：《地方各级人民法院宪法地位的规范分析》，载《法学研究》2015年第4期，第67页。2018年修宪后，原第126条的序号变为第131条，条文内容不变。

法条聚焦:《立法法》第99条、第100条、第101条

第四篇

法规备案审查制度

第六章

法规审查要求权的规范阐释及其历史契机

【本章提要】 法规审查要求是《立法法》赋予特定国家机关的公权力，具有直接启动审查机制的效力。其规范属性必须结合宪法进行理解。全国人大及其常委会兼具主权代表机关、立法机关和审查机关三重身份，因此其法规审查在传统上均为主动审查。设立被动的要求机制意味着全国人大及其常委会的自我限制。通过将审查要求权下放给五类主体，全国人大常委会得以使整个审查制度更加多元和高效。审查要求权的分享意味着要求主体之间的相互监督，因此要求对象不能局限于法条明文列举，还应当进行目的性扩张解释。国家监督体系的完善与否在根本上决定着审查要求机制能否发挥作用。为消除要求主体"一团和气的共谋"，全国人大常委会可以督促各要求主体制定要求权行使细则。

一 问题的提出

2000 年《立法法》创立了法规审查要求机制，国务院、中央军事委员会、最高人民法院、最高人民检察院和省级人大常委会等五类主体若认为行政法规、地方性法规、自治条例和单行条例等三类法规[①]与宪法或

---

① 严格来说，不能将不同审查对象等同视之，因为经济特区法规、自治条例和单行条例享有立法变通权，其审查内容和基准自然存在特殊性，但这一问题与本章论题无涉，本章探讨的审查要求属于程序性设置。

者法律相抵触，则可向全国人大常委会书面提出进行审查的要求。尽管审查要求机制创立后一度被法学界寄予厚望①，但在实践中五类主体从未提出过审查要求，导致该程序闲置至今长达将近二十年之久。《立法法》虽然在2015年经过了较大规模修正，但其中涉及审查要求机制的条文并未发生任何变化（除条文序号由90变为99外）②，这似乎表明立法者放任此种闲置状态，对审查要求机制既不加以改进亦不予以废止。

自2017年起，全国人大常委会法工委“进一步加大主动审查力度”③。2018年修宪后，全国人大法律委员会变为宪法和法律委员会，其主动审查必然进一步强化。那么，与主动审查并列的被动审查机制会否受到挤压？随着宪法审查制度的未来日趋明朗，审查要求机制反而前景暗淡？审查要求机制本身会不会由闲置走向死亡？本章尝试着在宪法规范脉络中阐释《立法法》第99条第1款所规定的法规审查要求，并在新的时代背景下发掘审查要求机制对未来完善宪法审查的价值，从而努力唤醒一项原本有意义的制度并防止其走向消亡。

二 审查要求的性质与效力

法学界虽然对审查要求机制寄予厚望，但吊诡的是，在过去将近二十年的时间里却从来没有为其实际运用提供过应有的学术支持即阐明相关法条之含义。④ 此种学术盲点中甚之又甚者在于，审查要求到底具有何种性质至今没有得到充分阐释。因此，笔者首先通过多维度的比较来探

---

① 例如胡锦光教授提出其“对我国宪法所确立和规定的违宪审查制度，有一定的完善和发展作用”。参见胡锦光《立法法对我国违宪审查制度的发展及不足》，载《河南省政法管理干部学院学报》2000年第5期，第7页。徐向华、林彦更提出，“它对维护宪法权威，推进我国政治体制改革、发展社会主义民主、实现法治立国具有里程碑性的历史意义。”参见徐向华、林彦《我国〈立法法〉的成功和不足》，载《法学》2000年第6期，第9页。

② 在2015年修正中，该条新增第3款以确认备案过程中的主动审查，第2款的审查建议也新增了反馈机制（规定于第101条），但这些修正与审查要求机制无关。

③ 沈春耀：《全国人民代表大会常务委员会法制工作委员会关于十二届全国人大以来暨2017年备案审查工作情况的报告——2017年12月24日在第十二届全国人民代表大会常务委员会第三十一次会议上》，载《全国人民代表大会常务委员会公报》2018年第1期，第127页。

④ 郑磊从审查启动要件的角度细致分析了要求和建议机制，但未涉及审查要求的性质等问题。参见郑磊《宪法审查的启动要件》，法律出版社2009年版，第228—229页。

究审查要求的基本属性。

（一）与审查建议的对比

2000年《立法法》第90条在创设法规审查机制时共分为两款，第一款规定了审查要求，第二款规定了审查建议。二者虽然都是审查启动机制，但却具有截然不同的效果。根据《立法法》的明文规定，审查要求在提出后“由常务委员会工作机构分送有关的专门委员会进行审查”，而建议在提出后则“由常务委员会工作机构进行研究，必要时，送有关的专门委员会进行审查”。因此，“提出审查要求是一种正式的审查启动程序，一旦有权机关提出了审查要求，就要进入正式审查程序。而提出审查建议，能否进行正式审查程序，还要经常委会工作机构进行研究，看是否必要。”① 由此可见，在审查要求机制中，启动审查的决定权在于要求者，而不在于作为被要求者的全国人大常委会，常委会工作机构必须“分送”而不能处置审查要求；而在建议审查机制中，启动审查的决定权不在于建议者，而在于作为被建议者的全国人大常委会，常委会工作机构可以研究审查建议，并在认为不必要时终止程序。

之所以有此差别是因为规范属性的不同，“审查要求在性质上是特定国家机关的公权力，因此具有正式性、公定力和强制性，也必然产生审查程序启动的后果。”② 而建议并不是权力行使行为，甚至由于缺乏可诉性和法律救济等要素而谈不上严格意义上的法律权利③，因为所谓“建议”在字面上只是向被建议者提出并供其参照和考虑的主张和意见，是否基于建议启动审查程序完全取决于全国人大常委会的自我裁量。因此，尽管《立法法》在同条的两款分置了审查要求和审查建议，但两种启动机制的法律性质不可同日而语，更不应予以混淆。然而令人颇为遗憾的

---

① 乔晓阳主编：《立法法讲话》，中国民主法制出版社2000年版，第305页。

② 王建学：《省级人大常委会法规审查要求权的规范建构》，载《法学评论》2017年第2期，第93页。

③ 也有学者将我国的法规审查建议定性为一种法律权利，并认为“它不仅是对公民基本权利的具体化和现实化，更重要的是它第一次使我国公民具有了一定的启动法规违宪审查程序的权利”。参见胡建淼、金承东《论法规违宪审查建议权》，载《法学家》2005年第2期，第135页。

是，对于审查要求的权力属性及其与建议的差别，学界至今未能形成应有的准确认识，甚至有学者仍然将其误称为一种“权利”。①

审查要求权不仅在效力上强于审查建议，而且在一般意义上也是审查启动机制中效力最强的装置。在宪法审查启动机制中，较为常见的启动装置比如法国式的违宪抗辩权、德国式的宪法诉愿权、美国式的附带审查请求权等都不必然导致审查程序的启动，违宪抗辩需要经过主审法院和最高法院的批准，宪法诉愿需要经过宪法法院预审小组（Kammer）的受理（Annahme）才能进入裁判②，附带审查请求需要获得主审法院或上诉法院的接受。因此，审查要求权无疑是一种效力最强的审查启动装置。

（二）与其他国家同类设置的对比

在各国的宪法审查制度中，是否存在一种类似于审查要求权的机制，它属于审查机关以外的某个主体但却可以对审查机关形成强制力，只要行使就必然导致审查程序的启动？

通过比较法的考察可以发现，只有在法国式审查制度中才能找到基本匹配的设置。法国的宪法审查主要存在事前的强制审查、事前的依提请审查和事后的移送审查三种类型。事前的强制审查针对组织法和议会两院内部规程，由于审查是强制性的，因此无所谓提请的问题。后两者则可以与法规审查要求机制相类比。事前的依提请审查规定于1958年《宪法》第60条第2款，据此，总统、总理、国民议会议长、参议院议长和1974年修宪后的60名国民议员或60名参议员有权将法律在其颁布前提请宪法委员会审查。事后的移送审查为2008年修宪所增设，也称为合宪性先决程序（la question prioritaire de constitutionnalité，QPC）。据此，普通民事、刑事或行政诉讼的当事人若认为案件所适用的法律侵害其基

① 林彦：《法规审查制度运行的双重悖论》，载《中外法学》2018年第4期，第951页。

② “预审小组”是陈爱娥教授的译法，但田伟博士指出，该小组其实主要并不承担预审功能，根据《联邦宪法法院法》第93a条第1款，宪法诉愿需经“受理”（Annahme）才能进入裁判，在宪法法院的所有程序类型中，宪法诉愿是唯一一个需要先经过受理的，在符合《联邦宪法法院法》第93c条的情况下，该小组可以直接受理诉愿并作出裁判，因此应当将其译为“三人小组”。

本权利，则有权对涉嫌违宪的法律提出先决性问题抗辩，待宪法委员会对法律合宪性作出裁决后，再继续普通案件的审理。违宪抗辩须经最高行政法院或最高司法法院批准后向宪法委员会移送，它可能会被主审法院或最高法院否定，但两个最高法院的移送决定则具有法定性，宪法委员会不得拒绝。① 可见，特定国家机关的提请权和最高法院的移送权都具有强行效力，只要得到行使就必然导致宪法审查程序的启动。

在德国的宪法审查制度中，也存在类似的设置。在抽象的规范审查、具体的规范审查和权限争议等类型的审查中，通常特定国家机关的提请也必然导致审查程序的启动。但是其启动往往还附加了特定的具体条件。比如具体的规范审查，若由邦宪法法院或联邦最高等级之法院提请，则直接导致审查启动，但若由其他法院提请，则必须经过联邦宪法法院预审小组的认可后才能导致审查启动②，“以此来减轻审判庭的负担”③。

（三）体系背景差异与规范疑问

对法律机制的比较不能仅仅局限于这一机制内部，更要注意到该机制据以存在和运行的体系背景，以及它在整个制度中所发挥的作用。正如同一块踏板既可能是动力系统也可能是制动系统的组成部分，忽视了体系背景就会导致观察结论谬以千里。法国的宪法审查制度之所以广泛设置审查要求权，是为了确保审查机关在程序上的被动性，从而实现整

---

① 有学者统计，宪法委员会截至2012年1月底共收到1022个移送案件，“其中798个未被宪法委员会受理，占78%，受理224件，占22%。”参见吴天昊《从事先审查到事后审查：法国违宪审查的改革与实践》，载《比较法研究》2013年第2期，第30页。这种统计本身是错误和引人误解的，因为如笔者所说，宪法委员会不能拒绝受理移送的案件。但宪法委员会受理后发现不适合审查的，会以“没有裁决必要”（non lieu à statuer）的形式作出裁决。

② 感谢田伟博士指出本章中的一处错误。根据《联邦宪法法院法》第81a条，三人小组可以通过一致的裁定，判定普通法院的审查申请“不适法”（Unzulässigkeit）。但如果审查申请是由州宪法法院或者某一联邦最高法院提出的，则必须由庭作出裁判。此处的“不适法”，不是受理，而已经是实体判决。也就是说，在具体规范审查中，只要普通法院提请（无论哪个级别的法院），就一定会导致审查启动。三人小组可以审理部分具体规范审查程序，是1993年修改宪法法院法增加的。增加之后，除个别年份外，两庭和三人小组审结的案件数量大致相当。截至2018年年底，宪法法院共作出了1351份具体规范审查裁判，其中，1092份是由两庭作出的，259份是由三人小组作出的。

③ ［德］克劳斯·施莱希、斯特凡·科里奥特：《德国联邦宪法法院：地位、程序与裁判》，刘飞译，法律出版社2007年版，第179页。

个审查机制的谦抑性。[①] 因此，与审查要求权广泛存在相对应的，是处于绝对被动地位的宪法委员会，它总是只能消极接受来自其他主体的提请或移送，既不能在缺少提请或移送的情况下主动开始审查，亦不能在提请或移送已经出现的情况下拒绝启动审查。

其实，绝大多数国家都为了保证审查机制的谦抑性而使审查机关处于被动地位，主动审查的形态极为少见（强制性审查除外）。只是这种被动地位会因要求权的范围大小而存在程度差别。毫无疑问，在法国的宪法审查制度中，由于审查的启动完全以提请或移送为前提，因此审查机关的被动地位是绝对的。[②] 在德国与美国的审查制度中，审查机关基本上也处于被动地位，但联邦宪法法院可以通过预审小组决定是否受理案件，联邦最高法院也可以通过调卷提审或驳回上诉来决定是否受理案件，因此二者的被动地位都是相对的。总体而言，要求权的存在越广泛，则审查机关在程序中的地位越被动。

但我国宪法则极为例外，全国人大及其常委会在传统上均为主动审查[③]，直到2000年《立法法》制定后才“转而采取被动审查与主动审查相结合的做法”[④]。一旦注意到我国与其他国家（尤其是法国）在体系背

---

① 法国历史上的制宪者始终担心重蹈法官政府或法官统治的覆辙，因此对于任何形式的宪法审查都疑虑重重，限制甚至否定审查是自然的。参见金邦贵主编《法国司法制度》，法律出版社2008年版，第47页；王建学：《法国式合宪性审查的历史变迁》，法律出版社2018年版，第29页。

② 在2008年修宪增设移送审查程序的改革中，蒙特布尔曾在国民议会提案规定宪法委员会通过其内设的申诉委员会来主动接受审查申请，但该提案最终遭到毫无悬念的否决。参见王建学《从“宪法委员会”到“宪法法院”——法国合宪性先决程序改革述评》，载《浙江社会科学》2010年第8期，第113页。

③ 1982年宪法规定了全国人大常委会的三种审查职能。一是撤销权（第67条），即全国人大常委会有权撤销国务院制定的同宪法、法律相抵触的行政法规、决定和命令，撤销省级人大制定的同宪法、法律和行政法规相抵触的地方性法规和决议。二是备案审查（第100条），即省级人大及其常委会的地方性法规应报全国人大常委会备案，后者在备案过程中可以主动进行审查，这一职能在2004年以来落实在法工委法规备案审查室身上，并且进一步涵盖了行政法规、司法解释等。三是批准审查（第116条），即自治区的自治条例和单行条例，报全国人大常委会批准后生效，后者在决定是否批准的过程中可以进行审查。除批准审查是强制性审查以外，另外两类都由审查机关主动审查。

④ 陈道英：《全国人大常委会法规备案审查制度研究》，载《政治与法律》2012年第7期，第108页。

景上的差别，一项规范意义上的疑问就会出现，即：既然全国人大及其常委会的审查主要是主动审查，为何《立法法》却设置一种使审查机关处于被动地位的审查要求机制？仅在这一机制中处于被动地位的审查机关与传统上的主动审查又有何种关系？二者是否相互矛盾？

三　审查要求的基础与功能

回答前述疑问时应当首先意识到，全国人大及其常委会是作为主权代表者来行使宪法监督权的。由此，审查要求权的功能绝非如法国那样旨在限制审查机关，而在于通过将启动审查的权力下放给五类主体，使其筛选瑕疵法规从而促进审查工作的有效开展。

（一）主权代表机关的审查

通常情况下，宪法审查意味着对民主政治过程的外在限制[①]，因此，审查机关必然独立存在于主权或民意代表机关之外，也因此，宪法审查常需回应其民主悖论，如美国式司法审查中所谓的“反多数难题”（counter - majoritarian difficulty）。[②] 一种较为可行的解答是，宪法审查通过适当的外在限制使得民主政治过程更为审慎，确保当下、具体和可能犯错的人民服从永恒、抽象和绝对正确的人民，因此它反而增强了民主的正当性。[③] 由此，审查机关与被审查的民意机关之间形成了若即若离的二元结构。然而我国宪法却将这种结构化二为一，由此导致了宪法审查在诸多机制上颇为特殊。

在我国独特的政权组织形式中，全国人大及其常委会是最高国家权力机关及其常设机关，尤其是全国人大作为全国人民的代表者具有至高

---

① 其中既包括宪法审查限制了民主，也包括宪法审查修正了民主。See Michel Troper, The Logic of Justification of Judicial Review, in International Journal of Constitutional Law, 2003, Vol. 1 No. 1, pp. 115 - 117.

② 比克尔教授最早构筑了这一概念用以质疑司法审查的民主正当性，相关论述可参见［美］亚历山大·M. 比克尔《最小危险部门——政治法庭上的最高法院》，姚中秋译，北京大学出版社 2007 年版，第 17 页。

③ 参见王建学《政治性宪法审查批判——以巴黎高等法院的注册和谏诤为中心》，载《中外法学》2017 年第 2 期，第 366—367 页。

无上的宪法地位。人大根据《宪法》第2条第2款是“人民行使国家权力的机关”，全国人大则是全国人民行使最高国家权力的机关，即使将全国人大视为主权代表机关甚至主权机关本身亦不为过。全国人大及其常委会基于主权代表者身份进行宪法审查，[①] 任何其他国家的宪法审查机关都不能与之相提并论，所谓反多数难题对我国而言完全是个伪问题。而之所以采取这种独特的审查模式是因为，“最高国家权力机关和它的常设机关既是最有权威的机关，又可以经常性地监督宪法的实施，这样做比较适合我国的实际情况，也体现了全国人大统一行使最高国家权力的政治制度。”[②]

由这种至高地位所决定，全国人大及其常委会在进行宪法监督的过程中，其审查职能亦不受诸如此类的限制。它可以主动进行任何宪法审查，而不必遵守比较法中的谦抑原则。既然如此，《立法法》为何要创立一种使全国人大常委会处于被动地位的审查要求机制呢？考虑到全国人大及其常委会正是《立法法》的制定者和修正者，问题毋宁是：全国人大常委会为何要自我限制，即通过允许其他机关向自己提出要求而将自身置于被动地位？

（二）审查制度的多元性和高效性

顾昂然在立法法草案说明中指出，之所以创立审查要求机制是“为了维护法制的统一”并“解决实践中存在的法规、规章与法律相抵触”等问题。[③] 这是一个非常务实的考虑。自从1999年法治入宪，我国在不断推进社会主义法治建设的过程中，首先需要在社会生活各方面实现“有法可依”的基本要求。具有立法权的各类主体大多都开足马力不断立

---

① 也有学者认为民主集中制的主权结构根本就不可能存在宪法审查，因为“违宪审查制度的理论前提认为人民的立法主权不是绝对的，而应该受约于作为根本法的宪法。但我国当前实践的民主集中制不接受这一理论，因此既不容忍也不需要对法律作合宪性审查”。参见洪世宏《无所谓合不合宪法——论民主集中制与违宪审查制的矛盾及解决》，载《中外法学》2000年第5期，第602—603页。

② 肖蔚云：《我国现行宪法的诞生》，北京大学出版社1986年版，第65页。

③ 顾昂然：《关于〈中华人民共和国立法法（草案）〉的说明——2000年3月9日在第九届全国人民代表大会第三次会议上》，载《全国人民代表大会常务委员会公报》2000年第2期，第133页。

法，由此，数量日益庞大的成文法体系逐渐形成。截至2010年年底，我国已制定现行有效法律236件、行政法规690多件、地方性法规8600多件。[①] 成文法体系在实现数量激增的同时，必然会衍生出质量问题，日益严重的法规范冲突逐渐浮出水面。

面对数量庞大的行政法规和地方性法规，作为宪法创立的唯一有权“监督宪法实施”的机关，全国人大及其常委会的法规审查必然挂一漏万。再加上传统上的备案审查、批准审查和撤销权等大都是脱离具体案件的抽象审查，根本难以从数量庞大的法规体系中筛选出具有审查价值的对象，相关审查活动极易沦为一种非精细化的“文面审查”。[②] 这种审查由于脱离法律的具体实施过程，“是不可能全面和准确的”[③]。因此，《立法法》就有必要设立审查要求机制，使五类主体承担起筛选瑕疵法规并向全国人大常委会移送的责任，从而弥补传统主动审查的不足。按理说，全国人大常委会完全可以只赋予五类主体柔性的审查建议资格，而将启动审查的决定权保留在自己手中，但它却选择毫无保留地下放决定权。

创立审查要求机制虽然对全国人大常委会而言构成了自我限制，但却省去了常委会从茫茫法规中挑选瑕疵法规的烦恼，既大幅减少了审查数量又有效提高了审查质量。而且审查要求机制对传统的主动审查并无不利影响，实践证明二者可以“互为补充，并行不悖”[④]，无论主动审查的运行状态是否理想，审查要求机制都可以独立发挥作用。审查要求机制与传统的主动审查相结合又“可以避免单一审查方式的局限性”[⑤]，由

---

① 吴邦国：《中国特色社会主义法律体系已经形成》，载《吴邦国论人大工作》，人民出版社2017年版，第548页。根据全国人大常委会法工委副主任许安标在2019年1月5日“纪念许崇德先生九十诞辰学术研讨会”上公布的最新数据，现行法律271件，行政法规759件，地方性法规12000余件。

② 林来梵：《中国式的“违宪审查”制度：中国式的“鸡肋”》，载［法］费迪南德·梅兰-苏克拉马尼昂、韩大元主编《中国与法国的合宪性审查》，知识产权出版社2018年版，第82页。

③ 宋锐：《关于全国人大常委会法规备案审查工作的几个问题》，载《中国人大》2004年第3期，第31页。

④ 全国人大常委会法制工作委员会国家法室编著：《中华人民共和国立法法释义》，法律出版社2015年版，第316页。

⑤ 苗连营：《合宪性审查的制度雏形及其展开》，载《法学评论》2018年第6期，第4页。

此，整个审查制度变得更加多元和高效。

（三）以实体权力为基础的审查要求：在具体与抽象之间

全国人大常委会将审查要求权下放给五类主体意味着对五类主体的信任。这种信任绝非凭空而来，而是基于五类主体具有发现、总结、提炼和过滤法规瑕疵的能力。2000 年《立法法》在列举要求主体时具有深刻寓意，这种寓意只有结合宪法所规定的政权组织形式和国家机构体系才能得到理解。

在我国的政权组织形式中，国家权力机关之下的其他机关包括国家元首、行政机关、军事机关、审判机关、法律监督机关及 2018 年修宪新增的监察机关。显然，全国人大在下放要求权时排除了国家主席，由此可以发现五类主体具有的第一个共同点，即它们都在宪法上具有重要的实体性权力。之所以未赋予国家主席要求权是因为我国实行虚位元首制，国家主席不享有实体性权力，不参与执法过程，因此不具有发现法规瑕疵的能力，这与法国总统具有提请资格而德国总统没有提请资格的道理是相通的。于此应当补充，监察权也是一种重要的实体性权力，随着 2018 年监察委入宪，有必要修改《立法法》或以其他恰当方式将要求权赋予国家监察委员会，从而形成六类主体并存的局面。

在我国的国家机构体系中，全国人大及其常委会居于核心地位，各级各类其他国家机构都与其存在直接或间接联系。《立法法》所列举的五类主体与全国人大及其常委会的距离最近，是全国人大及其常委会统领整个国家机构体系的重要节点，这是五类主体的第二个共同点。国务院、中央军委、最高法和最高检都由全国人大直接产生，分别是行政、军事、审判和法律监督等各机构系统的顶点，而省级人大常委会则是全国人大与地方人大的联络纽带。它们除执行宪法、法律和全国人大及其常委会的各项决定外，还要在其各自权限范围内制定法规或解释法律，从而直接参与社会主义法律秩序的形成。因此，唯独五类主体具有要求权，而其他主体只具有建议资格。五类主体既能在行使职权时主动发现法规瑕疵，亦能从其辖下机关或个人的请求中提炼。“如果是在法律执行过程中，其他机关、组织和公民个人发现法规、规章同法律相抵触时，应当逐级向有权提出审查要求的机关提出，由这些机关依法向全国人大常委会提出。”[①] 其他机关或个人当然亦可直接向全国人大常委会提出审查建议，但若向五类主体提请并得到其认同，无疑会产生背书或加权效果，直接导致审查程序的启动。

尽管从《立法法》的相关表述出发，审查要求是一种单纯的抽象主观请求，即要求主体只要在主观上认为法规存在合法性或合宪性瑕疵就可以启动审查程序，但实际上，审查要求是存在具体案件基础的，它背后是五类主体的最高执法权、其辖下的所有机关和个人及具体的执法过程。一言以蔽之，五类主体的要求承担着发现、总结、提炼和过滤法规瑕疵的功能。

四　审查要求主体的相互监督

在明确审查要求机制的功能之后，还有必要进一步分析此功能据以实现的内在结构。因为很明显，要求主体和要求对象都是复数存在，在各大主体与三类法规之间必然存在功能分配关系。这种关系应当如何理解？

（一）复数要求对象及其特殊性

三类法规并列作为审查对象，这在比较法中颇为特殊。如前文所述，宪法审查通常旨在限制民意代表机关，它在法国甚至被喻为“一门对准议会的大炮”。[②] 议会是“世界各国违宪审查实践中所确认的最主要的违宪主体”。[③] 基于这种定位，审查机制自然应当瞄准议会所制定的法律。[④] 因此，作为审查对象的法律具有单一性，其背后是单一的立法主体即议会。

我国三类法规并列作为审查对象的背后则是复数立法主体。为何通

① 张春生主编：《中华人民共和国立法法释义》，法律出版社 2000 年版，第 257 页。

② 朱国斌：《法国的宪法监督与宪法诉讼制度——法国宪法第七章解析》，载《比较法研究》1996 年第 3 期，第 233 页。

③ 莫纪宏：《违宪主体论》，载《法学杂志》2006 年第 1 期，第 9 页。

④ 审查对象在特定情况下也会例外地包括其他规范，如法国自 1998 年开始将新喀里多尼亚的地方性法规作为特殊的审查对象。

常审查者与审查对象"一对一"的结构在我国变为"一对众"？其原因在于，全国人大及其常委会作为主权代表者既是审查机关，又行使《宪法》第58条的"国家立法权"。全国人大及其常委会对法律的自我审查是既不可能也无意义的[①]，由此，审查依据由通常单数的宪法变为复数的"宪法+法律"，而审查对象就降格为宪法和法律之下的复数法规。通常所谓的法律合宪性审查，在我国则被剔除，取而代之的是法规的合法性审查与合宪性审查。究其实质，这种审查背后的权力关系是国家权力机关及其常设机关去监督由其产生的其他一切国家机关，绝非国家权力机关及其常设机关的自我监督。[②] 因此，其他一切国家机关所制定的任何规范如行政法规、地方性法规等，都可以由全国人大常委会进行审查。

（二）要求对象的扩大解释

基于前述权力机关监督其他机关的"一对众"权力关系，实践中存在的与三类法规具有类似地位的其他规范，尽管未被《立法法》明确列举，仍应属于要求审查的对象，它们至少包括以下三类。一是最高人民法院和最高人民检察院的司法解释。尽管2000年《立法法》原本没有涉及司法解释及其审查问题，但司法解释的备案审查、要求审查和建议审查已经补充规定在2006年《各级人民代表大会常务委员会监督法》第31条、第32条中，并形成了相关审查实践；司法解释的备案2015年也写入了《立法法》附则第104条第2款中。因此，将司法解释纳入《立法法》的要求审查机制并无不可。[③] 二是中央军事委员会的军事法规。尽管军事立法在特定情况下具有保密要求，但加强其审查却是"构建完备的军事

---

① "按常理推论，行使宪法解释权的常委会不太可能认定自己在行使立法权时违反了宪法"。参见马岭：《我国宪法解释的范围——兼与〈宪法解释程序法（专家建议稿）〉第6条商榷》，载《法学评论》2016年第3期，第13页。

② 但全国人大与其常委会之间存在监督与被监督的关系，《宪法》第62条也规定全国人大有权改革或撤销常委会"不适当的决定"，但这种监督目前很难找到有效的落实机制，可以作为佐证的是晚近两项存在高度争议的常委会决定：2016年12月25日《关于在北京市、山西省、浙江省开展国家监察体制改革试点工作的决定》和2017年11月4日《关于在全国各地推开国家监察体制改革试点工作的决定》。

③ 有学者片面地认为将司法解释纳入备案审查"并不符合《立法法》"。参见林彦《法规审查制度运行的双重悖论》，载《中外法学》2018年第4期，第939页。

法规制度体系的必要环节，是国防和军队建设法治化的必然要求”。[①] 因此，在推进合宪性审查、加强宪法实施的时代背景下，军事法规不能成为游离于社会主义法律体系之外的独立王国，理应成为审查对象。三是随着监察体制改革的推进，若相关立法授权国家监察委员会解释监察法或者制定监察法规[②]，则监察解释或者监察法规也应当成为要求审查对象。

由此，未来会形成六类审查对象并存的局面，后文为行文便利继续统称为法规。然而，此处尚有一疑问，对要求审查对象的扩大解释是否能够成立？《立法法》明确规定了五类要求主体和三类审查对象，为何部分主体（国务院和地方人大）所制定的法规被明确列举为要求审查对象，而另一部分主体（中央军委、最高法和最高检）所制定的规范却没有？笔者认为，未明确列举的原因是立法者考虑到司法解释和军事法规的特殊性，为二者的审查留下余地，而不是排除或否定其审查。否则就意味着全国人大常委会放弃了“维护社会主义法制的统一和尊严”的责任（《宪法》第5条第1款），而这在建设法治国家的背景下是不可接受的。因此，对《立法法》规定的要求审查对象必须进行目的性扩张。

制定司法解释在严格意义上并不是立法，因此司法解释原本不属于《立法法》的调整范围，审查要求条款也就未明确将其列为审查对象，但将其扩大解释为要求审查对象已经得到2006年《监督法》和2015年立法法修正案的支持。军事法规通常仅在武装力量内部施行，其对人效力限于武装力量内部的职员，其空间效力限于军事管理场所[③]，考虑到其特殊性，《立法法》亦对其审查留有余地，随着军事立法在数量上不断增加，也有必要借助审查程序将其纳入法律体系之内进行控制。总而言之，扩大解释的基础仍然来自前述的审查背后的权力关系，即国家权力机关对其他一切国家机关的监督。

---

① 丛文胜：《军事立法的合宪性审查》，载《地方立法研究》2018年第5期，第2页。

② 2018年8月24日中纪委和国监委共同制定了首个监察法规，即《国家监察委员会特约监察员工作办法》。

③ 军事立法实践中存在中央军委和国务院共同制定并发布法规的情况，此种法规虽然属于《立法法》第70条第2款规定的特殊行政法规，却具有军事法规与行政法规混合的性质，也应当属于审查对象。

（三）要求主体的相互分工与监督

任一要求主体的要求权均以其他要求主体的法规作为对象——要求常委会审查自己制定的规范毫无意义，由此，各大要求主体之间就存在着相互分工，而这种相互分工也必然同时意味着相互监督。民主集中制原则较多强调国家权力机关对其他国家机关的监督，因此其他国家机关间的相互监督在1982年《宪法》中并不完整。一是检察机关地位的规定，“为确保行政机关、审判机关和军事机关忠实地履行宪法和法律赋予的职权”，宪法设立与它们“并列的法律监督机关”①，二是法院、检察院和公安机关在办理刑事案件过程中的“相互制约”。② 对这两个条文必须进行举一反三式的理解，以开放立场肯定其他国家机关间的相互监督，以便于促进国家机构体系的功能分化。如学者所言，“人大之下的其他机关实际上也应该有协调合作与分工制约并存的关系”，“相互制约是行政机关、审判机关和检察机关相互关系的核心。”③ 而且，这种关系随着2018年监察委入宪得到了一定的补充和强化。④

就法律监督而言，每一要求主体所制定的规范都可能对其他要求主体的职权活动产生影响，譬如行政法规和军事法规是法院的审判依据，最高院的司法解释会影响行政机关的行为，当这种影响切实存在并且背离了宪法和法律时，就会破坏社会主义法制的统一和尊严。由此可见，通过审查要求权分享来实现权力机关以下其他机关间的相互监督，是建设社会主义法治国家的必然要求。既然监督是相互的，就必须对要求对象进行扩大解释，中央军委和国务院在宪法上处于并列地位，没有理由前者可以监督而后者却不能监督前者。值得一提的是这种监督的全覆盖、无死角，因为每一要求主体都处在多重监督之下。更何况省级人大常委

① 许安标、刘松山：《中华人民共和国宪法通释》，中国法制出版社2003年版，第339、341页。

② 其完整宪法表述是“分工负责，互相配合，互相制约”，其中“相互制约”是三机关关系的核心价值要求。参见韩大元、于文豪《法院、检察院和公安机关的宪法关系》，载《法学研究》2011年第3期，第15页。

③ 韩大元主编：《公法的制度变迁》，北京大学出版社2009年版，第249—250页。

④ 宪法修正案不仅明确了监察委员会的“监察机关”定位，而且规定其与审判机关、检察机关、执法部门在办理职务违法和职务犯罪案件过程中的“相互制约”关系。

会的要求资格具有立体性，32 个省级人大常委会的复数存在会大幅提高监督的覆盖率。①

由于不同要求主体的职权有别，相互监督在具体化为某个主体的审查要求时就会产生不同的形式和特点。同为审查要求，若由最高院基于司法个案提出则为具体的规范审查，若由最高检出于法律监督提出则为具体或抽象的规范审查，若由中央军委提出则为抽象的规范审查甚至政治性极强的权限争议。这种差别并不难理解，比如在法国的审查制度中，特定国家机关的提请多为政治性强的抽象审查，而最高法院的移送则为法律性强的具体审查，同样在德国，“抽象规范审查程序在实践中往往具有较强的政治性。”② 由于我国的要求主体涵盖了行政、军事、审判等所有种类的国家机关，因此审查要求的类型也最为多样。

当然，要求主体之间的相互监督只是启动审查程序，监督的最终实现仍需全国人大常委会的介入，因此，相互监督的展开仍然以国家权力机关为中心，并不违背民主集中制的基本原则。全国人大常委会在审查要求机制中的地位，是要求主体相互监督所触发的终极监督，与其说它信任五类主体，不如说它抱着怀疑个体的态度相信五类主体在整体上会相互监督。

五　审查要求机制的历史契机

（一）审查要求机制的实践落差

前文结合宪法对《立法法》所作的法条释义说明，审查要求机制本身在规范上具有独特价值。然而，价值的自足性并不意味着功能的自我实现。审查要求机制能否发挥预期功能完全取决于各大要求主体是否实

---

① 一方面，省级人大常委会对行政法规、军事法规、司法解释和监察解释的监督力度会放大 32 倍，另一方面，某省地方性法规除受国务院、中央军委、两高和国监委的监督，还要受到其他 31 个省级人大常委会的监督。部分学者忽视了省级人大常委会的复数存在，因此错误地认为省级人大常委会没有必要对地方性法规提出审查要求。参见林彦《法规审查制度运行的双重悖论》，载《中外法学》2018 年第 4 期，第 944 页；叶海波：《最高人民法院“启动”违宪审查的宪法空间》，载《江苏行政学院学报》2015 年第 2 期，第 133 页。

② 田伟：《宪法和法律委员会规范合宪性审查的程序类型》，载《华东政法大学学报》2018 年第 4 期，第 34 页。

际行使要求权。至今为止，各大要求主体一直未能承担起全国人大及其常委会的信任与社会公众的期待，审查要求机制的实践与其规范预设之间形成了巨大落差。举凡法律制度惨遭闲置，无外乎是内外两方面因素起作用的结果。

就内因而言，《立法法》第 99 条仅完成了审查要求权的创设，但其具体行使机制则语焉不详。在权力行使无章可循的前提下，要求主体自然更倾向消极怠工这一最安全的保守立场。然而，《立法法》的沉默并不应归咎于全国人大常委会——立法的承载量总是有限的，更重要的是解释，甚至 2015 年立法法修正案所采取的放任立场亦属情有可原。一方面，要求机制根本不能废止，因为它本身具有重要价值；另一方面，也不需要通过修改《立法法》来改进它，因为全国人大常委会已经将要求责任下放，理应由各大要求主体设计其具体行使机制。

就外部环境而言，宪制实践和政治环境不仅没有产生促使要求主体必须提出审查要求的因素，反而对要求权的行使产生了一定的阻碍效果。对此，林彦教授进行了透彻的分析："在强调执政党统一领导、分工不分家等政治现实的前提下，对其他系统国家机关开展监督的动力不可避免地受到约束。不揭人短、慎用监督成为于人于己都有好处的双赢选择。"① 于是，每个要求主体都选择了过于谦抑的立场，本来预期要求主体相互监督的全国人大常委会，看到的却是"一团和气的共谋"。

（二）宪法和法律委员会设立背景下的审查负荷与分流

岂止审查要求机制惨遭闲置，整个审查制度又何尝不是如此？备案和批准审查长期备而不查、准而不审，撤销权更被束之高阁。与要求机制并列的建议机制倒是激发了建议热情，但也从未导致过审查程序的正式启动。2003 年孙志刚案、2009 年唐福珍案等个别案件虽然导致行政法规的废止因此"不妨被归入成功个案的范畴"，② 但行政法规并未因建议

---

① 参见林彦《法规审查制度运行的双重悖论》，载《中外法学》2018 年第 4 期，第 944 页。

② 参见林彦《法规审查制度运行的双重悖论》，载《中外法学》2018 年第 4 期，第 947 页。

而受到审查，而是在舆论压力下由国务院自行废止。在吴邦国委员长就相关问题转送国务院总理的批示中，受到强调的是相关事件“在法学界、新闻界部分人中引起强烈反映”，审查建议函更多被作为信访意义上的“群众联名信”。[①] 可见，审查问题历来备受关注但从未真正解决。

直到2017年，宪法审查制度才开始真正出现起色。2017年10月18日，“合宪性审查”首次写入党的十九大报告，随后法工委首次就审查工作情况向常委会作专题报告。2018年修宪设立宪法和法律委员会后，全国人大常委会为其新增了“推动宪法实施、开展宪法解释、推进合宪性审查、加强宪法监督”等工作职责。[②] 随着宪法审查不断升温，除主动审查逐渐开展外，建议机制承担着主要的审查流量，这与2015年立法法修正案新增建议反馈机制有关。[③] 2018年以来全国人大常委会收到的审查建议已呈井喷之势，仅1月、2月就达到4000多件，面对如此巨大的工作量，“必须设立一个专门委员会，才能够真正有效地处理，实效性地进行审查”。[④] 但宪法和法律委员会的设立并不必然意味着审查负荷的化解，它必须配合相关制度建设并得到谨慎的技术处理。

至目前为止，包括建议在内的各类审查都堆积在法工委，这与宪法和《立法法》是存在冲突的。基于宪法和全国人大组织法，法工委作为常委会工作机构并不能行使包括法规审查在内的实质性人大职权。根据《立法法》的规定，法工委只扮演“启动要件审查主体”和“实质性审查的会同主体”两种角色[⑤]，而实质性审查则应当以宪法和法律委员会为中心。因此，宪法和法律委员会设立后，必然也必须取代法工委成为审

---

① 吴邦国：《切实纠正城市收容遣送工作中的问题》《完善法规，进一步规范拆迁行为》，载《吴邦国论人大工作》，人民出版社2017年版，第72、528页。

② 参见《全国人民代表大会常务委员会关于全国人民代表大会宪法和法律委员会职责问题的决定》（2018年6月22日第十三届全国人民代表大会常务委员会第三次会议通过）第二条。

③ 法工委报告公布了6起建议反馈案例，均以法工委与制定机关沟通修改或废止法规的方式结案，这意味着审查程序均在法工委处走到终点，因此，《立法法》规定的后续实质审查程序并未启动。此外，实践中是否所有建议均得到反馈亦存在疑问，比如笔者于2018年1月24日寄达法工委的建议（邮政特快专递单号：1040857729924）就一直未得到复函。

④ 胡锦光：《论设立“宪法和法律委员会”的意义》，载《政法论丛》2018年第3期，第6页。

⑤ 参见郑磊：《十二届全国人大常委会审查建议反馈实践：轨迹勾勒与宏观评述》，载《中国法律评论》2018年第1期，第106页。

查机制的中心。但宪法和法律委员会的审查能力有限，而且还需要承担审议法律草案等职能。在此背景下，极为迫切地需要一种多元高效的审查分工体系，审查要求权的激活迎来了重要的历史契机。审查要求权本身就是一种筛选和过滤机制，可以绕过法工委的“研究”直接将瑕疵法规分送宪法和法律委员会进行审查，这一方面减轻了法工委的启动要件审查负担，另一方面提高了宪法和法律委员会的实质审查质量，并将宪法和法律委员会真正拉回审查机制的中心。因此，尽快激活要求机制是未来强化宪法审查制度的不二选择。为消除要求主体之间“一团和气的共谋”，促进它们开展相互监督，全国人大常委会可以督促各大要求主体制定行使其要求权的细则。①

（三）激活审查要求机制的突破点

把握历史契机需要寻找合适的突破点，并处理好要求机制之所以闲置的内因与外因两方面关系。考虑到外在政治环境短期内难有根本改变，只能从完善审查要求权的具体行使机制入手寻求破局。笔者认为，在各大要求主体中，最高法和最高检尤其是前者最适宜作为激活审查要求机制的突破点。早有学者建议以审查要求机制为基础“疏通法院与全国人大常委会之间的制度通道，逐步形成一种可称为‘合宪性审查优先移送’的机制”②。这种思路在学术界得到反复提及和强调③，但其客观原因和具体设计则需要全面深入的思考。

---

① 2018 年 9 月 17 日，在具有官方色彩的全国地方立法工作座谈会上，法工委沈春耀主任已经以非正式的方式发出督促：“其他国家机关，包括各省、自治区、直辖市人大及其常委会，如果发现规范性文件可能存在合宪性问题时，要及时报告全国人大常委会或者依法提请全国人大常委会审查。”参见沈春耀《在第二十四次全国地方立法工作座谈会上的小结讲话》，载中国人大网 http：//www. npc. gov. cn/npc/lfzt/rlyw/2018 – 09/20/content_ 2061462. htm，2019 年 1 月 24 日最后访问。

② 林来梵：《转型期宪法的实施形态》，载《比较法研究》2014 年第 4 期，第 38 页。

③ 王蔚：《客观法秩序与主观利益之协调——我国合宪性审查机制之完善》，载《中国法律评论》2018 年第 1 期，第 139 页；林来梵：《合宪性审查的宪法政策论思考》，载《法律科学》2018 年第 2 期，第 44 页；孙煜华、童之伟：《让中国合宪性审查制形成特色并行之有效》，载《法律科学》2018 年第 2 期，第 58 页；田伟：《宪法和法律委员会规范合宪性审查的程序类型》，载《华东政法大学学报》2018 年第 4 期，第 35 页。

首先，在各大要求主体中，司法机关提出的审查要求受到外在政治环境的束缚最小。如前文所述，审查要求在与不同职权的要求主体结合时，可能会形成形式和特点各异的审查提请。其中，司法机关尤其是法院与司法个案相结合的具体规范审查要求具有最弱的政治性，对抗色彩最淡，因此现阶段在不冲击政治环境的前提下是激活要求机制的理想选择。

其次，在频繁的法律适用活动中恰当处理法规范冲突本就是司法机关不可推卸的责任。检察机关作为法律监督机关无论如何“都是当仁不让的违宪审查程序启动主体”①。就连法官和检察官对宪法和法律所承担的义务也要强于普通公务员。② 在激活要求机制的问题上，最高法院和最高检察院无疑具有最高的期待可能性。通过行使审查要求权在根本上剔除违法法规，最高司法机关也能够避免下级司法机关在个案中反复受到违法法规的困扰。

最后，最高法院和最高检察院行使要求权的具体机制，应当审慎地考虑到要求机制的规范定位及其与现有司法机制的衔接。与既有主张不同，笔者认为司法移送机制宜保守地以法规审查为对象而不涵盖法律，这是其规范定位所决定的。并且，我国亦不需要借鉴法德两国的经验在移送期间中止案件审理，因为它过于烦琐而无法与现有司法体制相衔接。相比于中止审理，法院会选择更便利的办法——在判决中选择不予适用违法法规。③ 其实，《立法法》实施以来各级法院更经

---

① 魏晓娜：《依法治国语境下检察机关的性质与职权》，载《中国法学》2018 年第 1 期，第 297 页。

② 普通公务员的任职条件是“拥护宪法”，义务是“模范遵守宪法和法律”，而法官和检察官则“必须忠实执行宪法和法律”，并履行“严格遵守宪法和法律”的义务。参见《法官法》第 3、7 条和《检察官法》第 3、8 条。

③ 是否需要中止案件的审理，取决于法院有无裁判依据可以适用。在我国法规审查的语境下，违法法规被排除适用后，人民法院可以依照法律进行判决，因此根本无须中止审理，但对法国的普通法院而言，若不予适用法律则会缺乏裁判依据，因此它们只能中止案件的审理，等待宪法委员会的合宪性裁决。

常地对违法法规采取判决不予适用的办法。① 只是这种消极的司法审查“只具有个案效力”②，无法对整个法律规范体系形成去病效果。为了从个案意义上升到普遍意义，可以要求法院尤其是最高院将其判决不予适用的法规提请全国人大常委会审查。

结 语

从总体上看，我国的宪法审查制度在实际运作中受政治文化传统的影响而主要表现出“和”的特点。③ 甚至宪法中设置的监督制度包括国家权力机关对其他机关的监督，也因为这种影响而经常表现得极为乏力。和谐与团结往往取代分工与监督，这对整个国家机构体系的良性运转造成了负面影响，表现在宪法监督方面，当前的宪法审查制度在总体上柔性有余而刚性不足。即使全国人大常委会自身也坦承目前的审查制度存在“刚性不足、缺乏约束力”的问题。④ 为了使宪法审查制度有效运转，必须妥善处理好和谐与分工、团结与监督的关系，未来的主要努力方向应当是通过强化制度刚性来使审查机制发挥实效，审查要求机制的激活正是这种努力的表现。

但也必须谨慎地认识到，即使要求权行使的细则出台，审查要求机

① “《立法法》第 79 条确立的‘法律优于行政法规’之适用规则通过法院的个案处理间接地影响了对《行政诉讼法》第 52 条第 1 句立法原意的理解，或者说，《行政诉讼法》第 52 条第 1 句应当被置于《立法法》的适用规则体系中予以重新解释。这种需求在实务中已经获得了部分地方法院的回应。”参见章剑生《依法审判中的“行政法规”——以〈行政诉讼法〉第 52 条第 1 句为分析对象》，载《华东政法大学学报》2012 年第 2 期，第 129 页。

② 马得华：《论“不予适用”：一种消极的司法审查——以〈行政诉讼法〉第 63 条和 64 条为中心的考察》，载《环球法律评论》2016 年第 4 期，第 61 页。

③ “受这种‘和’文化观念的影响，全国人大常委会担心因宣布法律法规违宪无效而破坏与其他国家机关之间的和谐，不愿通过硬性和严格的程序规则去解释宪法，而是以具有协商程序的立法替代宪法解释。”参见刘国《释宪机制的影响因子及其中国构造》，载《中国法学》2016 年第 1 期，第 300 页。

④ 参见沈春耀《全国人民代表大会常务委员会法制工作委员会关于十二届全国人大以来暨 2017 年备案审查工作情况的报告——2017 年 12 月 24 日在第十二届全国人民代表大会常务委员会第三十一次会议上》，载《全国人民代表大会常务委员会公报》2018 年第 1 期，第 129 页；信春鹰：《加强备案审查制度和能力建设完善宪法法律监督机制》，中国人大网 http://www.npc.gov.cn/npc/bmzz/llyjh/2016－06/06/content_1991128.htm，2019 年 1 月 24 日最后访问。

制的大部分仍然会面对外在政治环境的束缚。因此，短时间之内对审查要求机制的期待不能过高，只能根据未来实践的发展再作新的观察。当然，微小的偶然事件或机制创新在特定的机缘巧合之下都可能对政治环境发挥移风易俗的作用。审查要求机制能否如此，有待实践检验。归根结底，审查要求机制的彻底激活取决于国家权力机关之下的其他国家能否进行相互监督。这种相互监督无论在民主集中制还是在党的领导之下，都不存在根本障碍。因此，基于民主集中制原则，在宪法规范与实践中丰富和发展国家监督体系，具有更为重要的基础作用。而这一问题的展开，则是一个说来话长的主题了。

（本章内容曾以《法规审查要求权的规范阐释及其历史契机》为题发表于《法学家》2019 年第 3 期）

第七章

省级人大常委会法规审查要求权的规范建构

【本章提要】《立法法》第99条第1款过于宏观和概括，需要基于宪法文本并使用比较解释方法进行价值溯源和内涵填充，以便阐明其含义从而有效运用要求审查程序。我国省级人大常委会具有外国地方议会所不具备的独特宪法地位和宪法监督职责，因此其法规审查要求权可承载调整央地关系、维护法制统一、保护地方少数利益、解决地方间利益冲突和监督地方行政等全部功能，并且能够推动基本权利保障。它作为拘束力最强的提请形式能够直接导致审查程序的启动，作为容量最高的管道可以涵盖其他四类要求主体甚至建议审查程序。省级人大常委会可参照其在法律询问答复程序中的实际作用，设置行使审查要求权的具体方案。县级以上地方各级人大常委会在过去40年中对中国法治建设发挥了重要的促进作用，但局限于本地方范围内，省级人大常委会法规审查要求权则为其向国家层面拓展提供了契机。

一　问题的提出

在现代宪法秩序中，地方议会或代表机关往往具有宪法审查提请主体资格。我国《立法法》第99条（原第90条）第1款规定，省级（即省、自治区和直辖市）人大常委会如果认为法规（即行政法规、地方性法规、自治条例和单行条例）与宪法和法律相抵触，可以向全国人大常委会提出审查的要求。此种提请主体资格是宪法审查启动机制的重要组成部分，对推动我国法律法规的合宪性审查实践具有重要意义，但并没有受到学术界的重视，究其原因是它处在宪法审查理论与地方制度法学的交叉边缘地带。一方面，宪法审查理论通常以审查机关为中心，缺乏对审查提请主体应有的关注，即使延伸至提请主体也多集中于作为基本权利主体的自然人和私法人，极少涉及地方单位；[①] 另一方面，地方制度法学视地方议会或代表机关为一般审议机关，侧重研究其代表地方选民、审议和决定地方公共事务以及监督地方行政等职能，从未涉及其在宪法审查启动机制中的作用。本章试图打通宪法审查理论与地方制度法学的隔阂，充分阐释《立法法》第 99 条的含义，从而对省级人大常委会的审查要求权进行规范建构。此种规范建构具有重要意义，《立法法》虽然赋予国务院等五类主体对三类法规的审查要求资格，但这些资格的法律性质、功能定位和在不同主体间的分工等却语焉不详，由此给审查要求的实际提出造成了不便和困扰，导致要求审查程序长期搁置。学术界普遍期待五类国家机关提出审查要求，但从未试图阐明《立法法》第 99 条的含义。实际上，只有完成《立法法》第 99 条的规范释义，要求审查程序的有效运用才是可能的。

二 比较法中的地方议会宪法审查提请主体资格

立法法第 99 条第 1 款的含义必须借助比较解释方法予以阐明，只有在比较和归纳外国地方议会宪法审查提请主体资格的基础上，才能理解省级人大常委会法规审查要求权的性质和功能。

（一）外国地方议会的宪法审查提请主体资格

联合国 193 个成员国有 21 个（占 10.9%）在宪法中明文赋予地方[②]

① 在已有相关成果中，仅郑磊博士对德国和奥地利的邦政府提请资格进行过简略的研究。参见郑磊《宪法审查的启动要件》，法律出版社 2009 年版，第 226 页。

② 本章所谓“地方”是以中国宪法为基准的，即凡与中央相对的都属于地方范畴，虽然特定国家的“邦”“大区”在其本国宪法中并非狭义地方，但与我国的省等地方在层级上却具有可比性。

议会宪法审查提请主体资格（如表1所示）①，这些国家均由专门机构进行集中式审查，其中法国为宪法委员会，其他国家为宪法法院或最高宪法法院。

表1　　外国地方议会审查提请资格设置明细表

国别	提请主体形式	提请审查对象（宪法条文出处附后）
安道尔	市镇议会	宪法机关（含市镇议会）之间的权限冲突（98）；法律和法规的违宪申诉（三个市镇议会可提出，99）
保加利亚	市镇议会	地方自治机构和中央行政部门之间的权限争议（149、150）
波兰	地方自治团体的代议机关	法律和国际协定的合宪性；法律是否符合要求事先经法律授权同意批准的国际协定；中央国家机关颁布的法律条款是否符合宪法、已批准的国际协定和法律；政党目的或活动的合宪性；个人基本权利受侵害的宪法诉愿（188、191）②
德国	邦政府或邦议会	联邦立法的必要性（72、93.1.2a）
	乡镇及乡镇联合体	自治权受侵害的宪法诉愿（28、93.1.4b）
俄罗斯	州、联邦直辖市、自治州和自治区立法机关与行政机关	联邦法律以及联邦总统、联邦委员会、国家杜马和联邦政府的规范性法律文件的合宪性；联邦国家机关与联邦主体国家机关之间协议，各联邦主体之间协议的合宪性；尚未生效的国际条约的合宪性（125）
法国	海外地方团体的各机关	自治权遭法律侵犯（74）

① 统计自孙谦、韩大元主编《世界各国宪法》（全四卷），中国检察出版社2012年版。为保证准确性，统计时进一步查阅了相关文本的英文和法文原文。前述统计在结果上是最谨慎的。一方面，部分国家（如危地马拉）将提请资格普遍赋予一切国家机构，据此地方议会当然具有提请资格，但因其非特别明示，故未统计在内；另一方面，多数实行集中审查模式的国家都授权法律细化和补充享有提请资格的主体，地方议会的提请资格即使未明确规定于宪法中，亦可能隐藏在相关法律中。

② 该宪法本身未就不同事项在不同提请主体之间进行分工，但波兰宪法法院在实践中进行了适当分工和限制，地方自治团体的代议机关只能就与地方自治活动相关的事项进行提请。See Posterior review of norms, http://trybunal.gov.pl/en/about-the-tribunal/constitutional-tribunal/posterior-review-of-norms，2015年8月15日最后访问。

续表

国别	提请主体形式	提请审查对象（宪法条文出处附后）
捷克	地方自治团体的代表机关	国家机关不法侵害自治权的诉愿（87）
葡萄牙	自治区立法会或立法会议长、大区政府主席或立法会10%议员	侵犯自治区权利、基于违反自治区法律而违法（281）；立法不作为违宪侵害自治区权利（限自治区立法会议长提请，283）
塞尔维亚	自治省或地方自治团体的各机关	法律及其他普遍性规定是否合宪；已获批准的国际条约是否合宪；自治省及地方自治团体的法令及普遍性规定是否符合宪法及法律；国家、省和地方自治团体之间的权限冲突（167、168）
斯洛伐克	地方自治机关	对侵害地方自治权的违宪违法的决定或干涉的诉愿（127a）
西班牙	自治区执行机构和自治区议会	指控法律和具有法律效力的法规违宪的申诉（162）
意大利	大区议会	国家或其他大区的法律或具有法律效力的措施侵害其本身权限时，提请审查法律或措施的合宪性（127）
刚果（金）	省议会议长	要求解释宪法，国家与省权限冲突（161）
马达加斯加	地方分权团体的各机关	（在其权限范围内要求审查）法律与条例的合宪性（118）
南非	省立法机构20%成员	省法案的合宪性（122）
圣多美和普林西比	地方立法议会	任何规范的合宪性（147）；侵害自治权之立法不作为（148）
苏丹	州议会	要求解释宪法条款（122）
缅甸	省、邦议会主席	法律是否合宪；联邦、省、邦和自治地方的行政当局行为是否违宪；联邦、省、邦和自治地方相互之间在宪法方面的争议（322）
塞浦路斯	地方政府机关、各族族社议会	对众议院同各族社议会或其中一族社议会之间、共和国国家机关之间或地方政府机关之间有关权力或权限的争议（139）
亚美尼亚	地方自治机关	国家机关的规范性法律文件侵犯其宪法权利（101）

续表

国别	提请主体形式	提请审查对象（宪法条文出处附后）
秘鲁	大区长经大区议会允许，或省长经省议会允许	在其权限范围内提出违宪之诉（203）

前述统计结果并不意味着只有专门机构审查模式才赋予地方议会提请资格。众所周知，在分散式和附带式的司法审查模式中，审查提请主体资格依附于普通诉讼主体资格，地方议会只要具备诉的资格即可向法院提请附带审查，如在实行司法审查模式的日本，地方公共团体即具有此种资格，根据日本《地方自治法》第 96 条的规定，地方公共团体的议会如果认为其自治权受到国家侵害，有权提起对国家之诉，在法理上讲，“地方公共团体也和私人一样，既应服从司法权，同时也可以请求法院救济。这不限于被认为是纯粹的民事诉讼的情况，国家对作为事业主体的地方公共团体行使违法监督权的情况下，地方公共团体也可以提起抗告诉讼。关于这一点，是没有异议的。”① 因此司法审查模式只是不需要专门规定审查提请主体资格，而非否定地方议会的提请主体资格。考虑到司法调节央地关系具有特定优点②而得到越多国家的采纳，地方单位通常具有诉的资格当无疑义。③ 但因司法审查模式与我国的全国人大常委会集中审查模式不具可比性，且现有资料无法支持对 79 个实行司法审查模式的国家是否赋予地方单位诉讼主体资格进行统计，故本章不作研究。与此同时，对前述 21 个国家的统计，其所占比例也应以实行专门机构审查模式的国家数（94）为分母，据此，宪法明确规定地方议会提请审查主体资格的比例上升至 22.3% 。在 21 个国家的宪法中，地方议会的宪法审查提请主体资格具有极为丰富的设置，这体现在提请主体形式、提请审

---

① ［日］盐野宏：《行政法》，杨建顺译，法律出版社 1999 年版，第 680 页。

② 刘海波：《中央与地方政府间关系的司法调节》，载《法学研究》2004 年第 5 期。

③ 《欧洲地方自治宪章》第 11 条规定：“为保证地方自治权的自由行使以及宪法和国内立法所铭记的地方自治诸原则得到遵守，地方自治团体应有权诉诸司法救济。”该《宪章》的缔约国已达 47 个，这可以在一定程度上佐证地方单位普遍具有诉的资格。《宪章》的条文内容和缔约国情况可参见欧洲委员会网站 http：//www. coe. int/en/web/conventions/full - list/ - /conventions/treaty/122/declarations? p_ auth = 1U15bFmm，2016 年 1 月 1 日最后访问；中文研究可参见王建学《作为基本权利的地方自治》，厦门大学出版社 2010 年版，第 163 页以下。

查对象和地域分布三个方面。

（二）地方议会提请主体形式的比较

地方议会的提请主体形式具有多样性，并且体现于不同的维度中。

第一，在地方组织维度下，提请主体资格在地方议会与地方行政机关之间存在多种分配关系。11 个国家的地方议会与地方行政机关共享或分别享有独立的提请主体资格，有 10 个国家则明确将提请主体资格排他性赋予地方议会。在 11 个共享式国家中有 6.5 个①实行法人化的地方自治结构，其地方议会是地方单位的决定机关，而地方行政机关只负责执行，因此，地方议会实质地决定着本地方单位是否提出审查申请（恰如日本地方公共团体起诉国家的决定是由其议会作出的），其中秘鲁宪法明确规定了地方议会的决定性地位。可见，11 个共享式国家中只有 4.5 个是实质性共享，因此 21 个国家中有 16.5 个都使地方议会居于提请的排他性或主导性地位。在前述 21 个国家以外，另有国家（如喀麦隆、科摩罗等）只将提请主体资格赋予地方行政首长，唯因与主题不符未列入表 1。决定此种分配关系的原因为何？细致分析地方制度可以发现，地方议会独享或主导提请主体资格的国家均采取地方议会主导的地方组织，地方行政首长独享提请主体资格的国家则实行行政主导的地方组织，在二者实质性共享提请主体资格的国家中，地方议会与地方行政机关往往存在较为均衡的分权关系。可见，提请主体资格的分配取决于地方组织结构，地方议会具有提请主体资格是其在地方组织中宪法地位较高的体现。

第二，在地方议会层级维度下，有 10 个国家将提请主体资格普遍赋予各级地方议会，其所能提请审查的对象也相同（安道尔在形式上亦属此类型，但因其地方单位仅有市镇一级故排除不计），有 9 个国家将提请主体资格限定在较高层级的地方议会（如大区、省或邦），有 1 个国家区分不同层级地方议会的提请审查对象，高层级地方议会的提请审查对象是国家机关权限争议，而低层级地方议会的提请审查对象是地方自治权保障。不对提请资格作层级区分的考量因素，主要是平等对待各级地方，

---

① 德国的乡镇和乡镇联合体为乡镇议会主导下的自治法人，而邦层面则由政府和议会实质性分享提请资格，故各计 0.5。

如法国自 1982 年以来通过修改宪法和法律努力塑造各级地方自治团体之间的平等关系，其后果诚如有学者所言，“关于各级地方自治团体的许多规则，尤其是关于其公共职责的规则，逐渐统一……1996 年《地方自治团体一般法典》在第一篇设置适用于各级地方自治团体的‘总则’亦是实现层级平等的表现。”① 但区分各级地方议会提请资格和对象，则主要考虑到不同层级地方单位在数量、规模和宪法地位等方面的差别，因此需要据此适当限定或区分其提请主体资格。

第三，在地方议会内部结构维度下，提请主体资格的分配存在整体式和具体式两种情形。17 个国家将提请主体资格笼统地赋予地方议会整体，4 个国家则将其具体地赋予地方议会的特定机构，如议会主席或议长、特定比例的议员。两种方式各有道理，前者的主要考虑是保持宪法本身的原则性，后者则照顾宪法制度的具体可行性。考虑到地方议会作为由议员组成的合议机关，其权力需受特定条件的激发才能行使，地方议会整体的提请主体资格必须经法律或议事规则细化后才具有现实性，故采用整体式的 17 个国家多存在实施性立法，如法国在组织法中规定海外地方自治团体议会的具体提请方式。②

（三）地方议会提请审查对象的比较

地方议会提请审查的对象存在多种不同组合，由此使审查本身发挥不同的功能。地方议会提请审查的对象总体上分为三大类。

第一大类是解决机关权限争议（一甲）和救济受侵害的自治权（一乙）。前者常常表现为地方与中央国家机关之间的权限争议，③ 属于宪法权力划分的范畴，后者则属于地方自治团体的自治权保障，源于地方议

---

① Michel Verpeaux, Droit des Collectivités Territoriales, Paris: PUF, 2005, p. XXV.

② 如法属波利尼西亚根据相关组织法第 12 条第 2 款可由其议会主席令议会审议后向宪法委员会提请。V. article 12 de la loi organique n° 2004 – 192 du 27 février 2004 portant statut d'autonomie de la Polynésie française, http://www.legifrance.gouv.fr/affichTexte.do? cidTexte = JORFTEXT000000435515，2015 年 9 月 12 日最后访问。

③ 这排除了与地方无关的中央国家机关间权限争议，比如，德国宪法中的机关权限争议分为机构争议（即联邦各机构间的冲突）和联邦与州争议两类，邦政府或议会可以提请的是联邦与州争议。具体参见［德］克劳斯·施莱希、斯特凡·科里奥特《德国联邦宪法法院：地位、程序与裁判》，刘飞译，法律出版社 2007 年版，第 86、110 页。

会作为地方利益代表者的地位，极少数国家甚至将自治权保障扩展到立法不作为。解决机关权限争议和保障自治权在功能上均属于调整中央与地方关系的范畴，因此可以归为一类，但机关权限争议多适用于抽象规范审查程序，而自治权的保障则多适用于基本权利救济程序尤其是宪法诉愿程序，盖因地方自治团体“在一般情况下都具有基本权利能力”。[①]

第二大类是地方议会在其权限范围内提请审查法律、法规和条约等的合宪性。众所周知，法律法规的调整范围极为广泛，几乎涉及所有领域，故为防止地方议会滥用此种提请，多数国家明确将其限定于地方议会的权限范围内，安道尔则在数量上进行限定，三个及以上的市镇议会才可提出法律法规违宪申诉。法律法规合宪性审查提请与救济自治权提请存在竞合关系，因为侵害地方自治权的法律亦可能属于违宪范畴，但从功能上讲，提请审查法律法规合宪性的目的在于维护以宪法为基准的法制统一，其中个别国家将地方行政当局的行为也纳入合宪性审查的提请对象，由此可以在第二大类中衍生出一项附属功能，即监督地方行政的合宪性（二子）。

第三大类是地方议会的法案，但其设计旨趣不尽一致，具体而言：三甲、南非地方议会特定比例的议员可以提请审查本地方议会法案的合宪性，这可以视为对地方议会内部少数派议员的程序保障，此种保障在国家议会层面早已存在，如法国在1974年将提请资格扩大到60名国民议员或60名参议员，“防止议会多数派滥用政治权力，同时也赋予少数的反对派申辩的机会”，[②] 这种保障延伸至地方议会体现了地方民主的理性化；三乙、意大利允许大区议会对其他大区侵害自身权限的法律或措施提请审查，这种设置具有在宪法上解决地方单位之间利益冲突的功能；三丙、塞尔维亚共和国则在《宪法法院组织法》中将提请审查地方法案的主体限于中央政府，[③] 故可视为中央政府对地方自治的监督，与本章主题无关。

---

① 王建学：《论地方团体法人的基本权利能力》，载《政法论坛》2011年第5期。

② 李晓兵：《法国第五共和宪法与宪法委员会》，知识产权出版社2008年版，第55页。

③ 参见《塞尔维亚宪法法院组织法》第67条，http：//www. ustavni. sud. rs/page/view/en－GB/237－100030/law－on－the－constitutional－court#Procedures，2015年8月15日最后访问。

21 个国家在提请对象上共有四种组合情形：① 9 个国家仅选择第一类（3 甲，5 乙，1 甲 + 乙）；② 6 个国家仅选择第二类，其中 1 个国家附加二子；③ 5 个国家兼选第一（4 甲，1 乙）、第二两类，其中 1 个附加第三乙类；④ 1 个国家仅选择第三甲类。可见，地方议会提请的主要功能是调整央地关系（尤其是保障地方自治权）和维护法制统一，次要功能是对地方议会少数派进行程序保护、解决不同地方之间的利益冲突和监督地方行政。这五项功能的揭示足以细化甚至刷新关于宪法审查制度之功能和价值目标的传统认识（即“人权保障和法制统合”）。[①]

（四）地方议会提请资格的地域分布

从地域分布来看，赋予地方议会审查提请资格的国家分散于欧洲、非洲、亚洲和美洲。其中欧洲最为集中，不仅数量最多，在实行专门机构审查模式国家中的比例也最高，40 个欧洲国家中有 31 个实行专门机构审查模式，这 31 个国家中有 12 个通过宪法赋予地方议会提请主体资格。最低的是美洲，33 个美洲国家共有 9 个实行专门机构审查模式，但只有 1 个国家的宪法赋予地方议会提请主体资格。

欧洲国家的宪法较多赋予地方议会审查提请资格，其主要原因是实施地方自治最为普遍和彻底，自 20 世纪 40 年代以来地方自治的普遍化与全球化过程中，欧洲引领地方自治的时代潮流。[②] 宪法赋予地方议会提请主体资格可以使地方自治权得到更有效的保护，在赋予地方议会审查提请主体资格的 12 个欧洲国家中，有 9 个国家的宪法规定提请审查的对象为解决机关权限争议和救济受侵害的自治权。可见，保护地方自治是地方议会提请审查的主要功能。而且这种趋势在不断扩大，如意大利宪法第 127 条原本只允许中央政府向宪法法院要求审查大区法律的合宪性，在 2007 年修宪后则允许大区议会提请审查国家法律的合宪性；法国宪法原本将自治权受侵害的提请限于海外地方团体，在 2008 年新设的违宪抗辩程序中，普通地方自治团体可提出自治权受侵害的违宪抗辩。此外，亚美尼亚、刚果（金）、圣多美和普林西比等亚非国家选择保护地方自治权

---

① 林来梵主编：《宪法审查的原理与技术》，法律出版社 2009 年版，第 14—23 页。

② 参见王建学：《作为基本权利的地方自治》，厦门大学出版社 2010 年版，第 163 页。

作为提请审查对象，也有欧洲影响的明显痕迹。

三　省级人大常委会审查要求资格的宪法基础和功能定位

我国省级人大常委会根据《立法法》所具有的审查要求主体资格可以类比于外国地方议会提请主体资格，但它在下列四个方面颇具特点：第一，法律不是审查对象，而是审查依据，因此我国的审查排除了法律的合宪性审查而增加了法规的合法律性审查，在此意义上，"法规审查要求"的措辞较为准确；第二，在各层级和各种类的地方机构中，省级人大常委会独具审查要求主体资格；第三，省级人大常委会的审查要求资格属于整体式，具体由主任、副主任、主任会议、专门委员会还是特定比例的委员提出，抑或基于其他地方机关（如省长）的提议，并不明确；第四，省级人大常委会可要求全国人大常委会审查各类法规的合宪性和合法律性，与其他四类要求主体不存在审查对象上的明确分工。由于《立法法》第 99 条的规定本身过于宏观和概括，理解前述特点就必须基于我国宪法文本并充分运用比较解释方法，尤其是在我国独特的人民代表大会制政权组织形式下，根据省级人大常委会的特殊宪法地位和宪法监督职责，对《立法法》第 99 条进行价值溯源和内涵填充。①

（一）省级人大常委会的宪法监督职责

我国省级人大及其常委会具有外国地方议会不享有的特殊职责，即保证宪法的遵守和执行。《宪法》第 99 条赋予地方各级人大"在本行政区域内，保证宪法、法律、行政法规的遵守和执行"的职责，地方组织法第 44 条将此职责进一步授予人大常委会。学者通常将地方人大及其常委会的宪法监督权范围限定在"主要指向由它们产生的地方国家机关及其组成人员，即限于地方国家机关直接执行宪法的违宪行为尤其是地方

① 价值溯源法和内涵填充法是宪法解释的两种特殊方法。参见白斌《宪法教义学》，北京大学出版社 2014 年版，第 117 页。

有关国家机关及其领导人的违法违宪行为。”① 全面理解省级人大及其常委会的该项职权还应当注意到，地方各级人大及其常委会具有不同层级，尽管在规范意义上地方各级人大及其常委会具有相同的性质和地位，但不同层级的地方人大及其常委会在职权范围及其影响力上却存在较大差别。一方面，省级人大及其常委会代表着数量可观的地方选民和居民，少则上百万多则上亿②，此种代表人口的规模达到甚至超过了中等国家的总人口；另一方面，省级人大及其常委会是地方各级人大中数量最为适中的（31 个），不会因数量过多③而大幅增加与全国人大常委会的沟通联络成本。前述状况决定了地方各级人大及其常委会虽均具宪法监督职责，但唯独省级人大常委会被赋予审查要求主体资格，而省以下人大常委会只能提出审查建议。事实上，《立法法》在衡量地方人大及其常委会的提请主体资格时也充分考虑了这一点，“省、自治区、直辖市人大常委会是地方一级权力机关，是保证宪法、法律和行政法规在本行政区域内贯彻实施的重要环节。”④ 可见，省级人大常委会在比较法中独特的宪法监督职责及其在中国地方各级人大中的重要宪法地位，是确立省级人大常委会审查要求资格的重要考量因素，当然，这同时也意味着省级人大常委会的审查要求资格必将承载较重的责任。

除宪法监督职责外，地方各级人大及其常委会还应保证法律和行政法规的遵守和执行，可见地域意义上的法制统一是宪法第 99 条的价值内涵。但立法法规定法律是审查依据，而行政法规则成为审查对象，原因

① 刘松山：《健全宪法监督制度之若干设想》，载《法学》2015 年第 4 期。

② 根据国家统计局公布的 2010 年第六次人口普查结果，西藏自治区人口最少为 300 万，广东省人口最多为 10432 万。该统计基于现住地，与户籍人口数存在出入。参见中国第六次人口普查资料，http：//www. stats. gov. cn/tjsj/pcsj/rkpc/6rp/indexch. htm，2016 年 12 月 21 日最后访问。

③ 次一级（地级）人大常委会则数量过于庞大，我国地级行政区域截至 2014 年年底共 333 个，其中地级市 288 个、地区 12 个、自治州 30 个、盟 3 个。参见《民政部发布 2014 年社会服务发展统计公报》，http：//news. xinhuanet. com/politics/2015 – 06/10/c_ 127901431. htm，2015 年 6 月 15 日最后访问。

④ 张春生主编：《中华人民共和国立法法释义》，法律出版社 2000 年版，第 257 页。确切地讲，常委会是国家权力机关的常设机关，不能与人大本身混同，由此需要指出《立法法》之所以将要求资格明文赋予省级人大常委会而非省级人大自身，显然是因为考虑到常委会作为常设机关的便利性。

在于我国实行人民代表大会制。全国人大及其常委会是最高国家权力机关及其常设机关，因此法律只能是审查依据，若法律确有违宪之嫌，省级人大常委会只能依据《立法法》第46条向全国人大常委会提出法律解释要求，而不能动用第99条的审查要求。至于行政法规成为要求审查的对象，则是因为省级人大常委会与国务院分属人大系统和行政系统，考虑到人大系统在人民代表大会制中的核心地位，省级人大常委会当然可以向全国人大常委会提出审查行政法规的要求，这可以更充分地实现宪法第5条规定的法制统一原则。

（二）省级人大常委会在人大纵向结构中的纽带作用

省级人大及其常委会是联系省以下地方各级人大与全国人大的纽带。根据我国宪法设置的民主选举机制，县以上各级（不含县级）人大代表通过自下而上间接选举产生，省级人大主要由辖区内下级人大选举产生的代表构成，是本省级行政区域内的最高代表机关，同时省级人大选举产生全国人大代表，充分体现民主集中制原则。在此权力结构中，省级人大及其常委会既接受全国人大常委会指导又具有指导下级人大的功能，同时还需要全面和及时地反映本行政区域内人民的利益与意愿并向全国人大作适当传达。在代表制的角度下，省级人大及其常委会不仅代表本省级行政区域的整体利益即全省（含自治区和直辖市，下同）人民的利益，而且代表辖区内的特定个体利益和某些局部利益。① 因此，在代表的职能与审查要求主体资格发生竞合时，省级人大常委会的审查要求就可以含有下列三方面对象。

就代表本行政区域的整体利益而言，省级人大常委会应当努力排除本省正当利益受到来自各方面的侵害。自改革开放以来随着利益分化，

---

① 学者通常认为，外国地方议会的提请资格多存在于地方自治体制中，是保障自治权的防御性机制，而我国则缺少地方自治制度，由此本章所进行的中外比较及比较解释缺乏说服力，其实这是对我国宪法的误解。尽管在概念和用语上不甚明确，“但就其具体制度构造、基本原则和立宪背景及主旨来看，我国现行宪法在文本上确认一定程度的地方自治权乃不争之事实”（参见王建学《我国的地方自治：宪法文本的解读与现实状况的考察》，载廖益新主编《厦门大学法律评论》2006年第12辑，厦门大学出版社2006年版，第53页），正因如此，省级人大才具有代表本省利益的宪法功能。

省级行政区域与其他方面的利益冲突日益凸显，它可能表现为与中央的利益冲突，也可能表现为与其他省级行政区域的利益冲突。前者如分税制改革导致地方事权与财权的极度不匹配，与宪法第99、第104、第107条所保障的地方事权不相符合，如有学者所言，中央与地方的税收“划分本身仅是中央政府的单方面决定，既缺乏地方政府的参与，也缺乏民意机关的正式认可……1993年《国务院关于实行分税制财政管理体制的决定》虽然也力图界分中央与地方政府的事权范围，但……这种事权划分的方式当然无法永久地约束中央政府本身，它必然随着社会经济的发展而不断地调整。而在每一次‘权力下放’式的府际关系调整过程中，地方政府被赋予越来越多的公共事务，却并没有被赋予相应的财政收入来源，它们在现有财政分权体制下只是政策制定与实施的‘弱势一方’”[①]。后者如我国各地方曾存在“大量法规和政策来保护本地人员、企业，限制外地人员、物品和服务流入”[②]，再如未来逐渐凸显的省际间环境利益冲突。[③] 前述两种利益冲突的解决尚未被纳入法治轨道，省级人大常委会作为省级整体利益的代表者，其审查要求可能为区域利益冲突的法治化解决带来契机。

就代表辖区内特定个体利益而言，省级人大常委会应当努力排除违宪违法法规对辖下特定群体基本权利的侵害，运用审查要求将辖区内社会团体、企事业组织和公民的审查期待向全国人大常委会传达。在此意义上，省级人大常委会的提请审查功能可以涵盖建议审查程序，既能适当筛选数量巨大的审查建议，又能保证审查程序的启动。然而，此种定

---

① 周刚志：《财政分权的宪政原理——政府间财政关系之宪法比较研究》，法律出版社2010年版，第168页。

② 熊英：《地方立法中的地方保护主义》，载《中国改革》2005年第11期。

③ 根据新《环境保护法》（全国人大常委会2014年4月24日修订）第15条和第16条的规定，国家环境质量标准和国家污染物排放标准只是基础性的，各省、自治区、直辖市可以制定严于国家标准的地方标准，由此，在省际间分别制定不同标准的情况下，标准低的省级单位可能对标准高的省级单位造成环境损害，在省际协同制定统一标准的情况下，违约的省级单位可能对其他单位造成环境损害，两方面的省际利益冲突都无法在现行法律框架内得到解决。就后一方面的实践而言，晚近已经出现省际间协同的趋势，如粤桂两省的15个城市达成一致，“尽快建立西江流域污染防治联防联控协作机制，实现统筹规划、统筹标准，联合监测和联合执法”。参见《同饮西江水 粤桂15市发布肇庆宣言共商保护之策》，http：//news. southcn. com/gd/content/2016 – 12/05/content_160983120. htm，2016年12月5日最后访问。

位完全没有得到应有注意，如在孙志刚案中，人们在关切审查程序问题时主要在惋惜全国人大常委会未能基于公民建议启动审查程序，[①] 却忽视了省级人大常委会的审查要求，审查建议其实亦可向事发地广东省甚至孙志刚原籍地湖北省人大常委会提出，从而转化为审查要求，同时，广东和湖北两省人大常委会作为孙志刚的代表机关，在宪法上原本就有责任保证本省居民或选民的基本权利不受违宪违法法规的侵害，若未能对其提出审查要求则有怠于履行职责之嫌。

就代表辖区内局部利益而言，省级人大在其民主审议过程中若涉及多数与少数的利益冲突，不能排除对少数利益的适当尊重。此种尊重非指其议决必须体现少数利益和遵循少数意志——民主过程本身必须遵循多数决原则，而是指少数利益受到多数决定损害后应当享有某种程序性保障。考虑到我国省级人大代表系由地级行政区域的人大选出，且省级人大也以各地级代表团为活动形式，可以允许地级单位代表团对省级人大自身的法规提出审查要求。

在规范上，我国地方人大及其常委会的代表功能与外国地方议会不存在本质差别，二者均为代议制民主的具体形式，不过诸多现实因素仍然制约着我国人大审议与代表功能的有效发挥。鉴于此，前述三个方面的现实可能性依次递减，有待民主实践的进步，尤其是第三方面功能仍是潜在的，与第一方面已有迫切现实需求不同，只有在省级人大民主审议功能充分发挥之后才有存在的空间。

（三）省级人大常委会是省级国家权力常设机关

省级人大及其常委会是省级行政区域内的国家权力机关及其常设机关，在所有地方国家机关中具有最高法律地位，同级行政机关、审判机

① “如果当时的全国人大常委会能及时受理审查建议，主动开启审查程序，作出违宪判断，之后再由国务院宣布接受这一判断，宣布废止该法，那么，这将作为中国现行违宪审查制度的第一次实践，而被载入新中国法治的皇皇史册”。参见林来梵《宪法不能全然没牙》，载《法学》2005 年第 6 期；“全国人大常委会没有对公民……的建议作出回应，全国人大常委会与国务院没有按宪法、《立法法》规定的程序互动……削弱了废止《收容遣送办法》、代之以《救助管理办法》这个过程的法治意义，没有给人们留下多少制度性的，可反复适用的东西，甚为可惜”。参见邓少岭《“孙志刚案与违宪审查”学术研讨会综述》，载《中国法学》2003 年第 4 期。

关和检察机关均由其产生并对其负责，辖区内各级各类国家机关均受其监督，因此审查要求资格一旦分配到地方就只能由省级人大及其常委会独享。省级人大及其常委会的国家权力机关地位与宪法监督职责发生竞合，因此，它不仅要在行使自身权力的过程中忠于宪法并杜绝自身违宪之可能，也要监督本省各级各类国家机关遵守和执行宪法，从而在本省范围内形成并维持一种法治状态，使以宪法为基准的法制统一性得到维护。

一方面，自我遵守宪法和法律是监督其他国家机关的前提，否则省级人大常委会不仅违反自身遵守宪法的义务，也会给辖区内各级各类国家机关带来地域性法治困扰。例如，省级人大常委会通过制定地方性法规给辖区内地方法院创造民事和行政审判的依据，在河南种子案中，河南省人大常委会单纯指摘洛阳市中院的判决“对省人大常委会通过的地方性法规的违法审查，违背了我国的人民代表大会制度，侵犯了权力机关的职权，是严重的违法行为”[①]，却只字不提其自身地方性法规违反法律的事实，此种监督会损害宪法第99条中的地域性法制统一。

另一方面，外在宪法监督以排除本省各级各类国家机关适用违宪违法的法规为目的，包括适用行政法规和本省下级人大制定的地方性法规（含自治条例和单行条例，下同），但对于后者和以后者为基础的行政执法与审判适用，《立法法》第72条的批准审查权已经是充分的监督手段，因此只有监督行政法规才需运用审查要求权。在此意义上，外在宪法监督主要以要求审查行政法规合法性的方式来实现不同层级规范之间的法制统一。排除本省各级行政机关、审判机关和检察机关的执法活动适用违宪违法行政法规在结构上较为复杂，因为地方各级行政机关、审判机关与检察机关在受地方人大监督的同时还与其同本系统上级机关存在职权上的联系，而且各自的联系方式因权力性质不同而颇具差别，其受省级人大常委会宪法监督的形式也应有所区别。首先，我国地方各级行政机关除为本级人大的执行机关外，还受国务院的统一领导并具有下级行政机关的性质，后者使地方行政机关丧失了质疑行政法规合宪性的能力，

---

① 田毅、王颖：《一个法官的命运与“法条抵触之辩”》，载《21世纪经济报道》2003年11月17日第5版。

因此只能依靠省级人大常委会的审查要求来监督行政法规。其次，我国地方各级人民法院既受同级人大的监督，也受最高人民法院的审判监督，地方审判中发现的违宪违法行政法规，既可经由本省人大常委会也可经由最高人民法院向全国人大常委会提出审查要求。但在宪法文本中，省级人大常委会具有最高人民法院所不具有的宪法监督职责，因此更应主动采取措施排除违宪违法行政法规对地方审判的适用性。考虑到目前的司法监督手段仍停留在“选择适用”这一消极的个案方式①，省级人大常委会应通过向全国人大常委会提出审查要求从而抽象地废止相关行政法规。最后，地方各级人民检察院与地方各级人民法院地位类似，因此其受省级人大常委会监督的形式类似，毋庸赘述。

（四）小结

综合以上三方面，由于具有特殊的宪法地位和宪法监督职责，我国省级人大常委会的审查要求可以承载丰富的功能，不仅涵盖外国地方议会提请资格所承担的所有主次要功能，还能延伸至基本权利保障等各个领域。在解释《立法法》第99条时，可以将省级人大常委会的要求审查对象具体列举为：侵害本行政区域公民基本权利和本省利益的行政法规、侵害本省利益的他省地方性法规、侵害本省局部利益的本省地方性法规和因违宪违法而损害法制统一性的行政法规。由此，值得指出的是，学术界长期存在一种误解，即认为“省、自治区、直辖市人大常委会无须亦不会对自己制定或批准的地方性法规提请全国人大常委会审查”，正如“行政法规系国务院制定……自己便可以改变或撤销，无须向全国人大常委会提出审查的要求”②，如此一来，省级人大常委会只能要求审查行政法规，而国务院只能要求审查地方性法规。本章的论证说明，省级人大

---

① 在绝大多数案件尤其是劳动教养行政诉讼中，行政法规即使违反法律也被法院作为裁判依据，但在少数案件中尤其是《立法法》实施以来，偶有法院选择不适用违法行政法规而依照法律作出判决，章剑生教授提出，“《行政诉讼法》第52条第1句应当被置于《立法法》的适用规则体系中予以重新解释”，据此，“法院无权宣布与上位法相抵触的行政法规或者其中某一条款无效，而只是以默示性方式宣布它在某案中不适用”。参见章剑生《依法审判中的“行政法规”——以〈行政诉讼法〉第52条第1句为分析对象》，载《华东政法大学学报》2012年第2期。

② 叶海波：《论法规审查机制的完善》，载《厦门特区党校学报》2008年第3期。

常委会要求审查地方性法规不仅极有意义，而且内涵丰富。

四 省级人大常委会审查要求资格的权力性、管道性和立体性

（一）省级人大常委会审查要求资格的权力性

审查要求存在于立法法设置的要求审查程序中，与建议审查程序中的审查建议具有迥然不同的性质。根据一种准官方释义，“提出审查要求是一种正式的审查启动程序，一旦有权机关提出了审查要求，就要进入正式审查程序。而提出审查建议，能否进行正式审查程序，还要经常委会工作机构进行研究，看是否必要。”① 换言之，在要求审查程序中，启动审查的决定权在于要求者，而不在于作为被要求者的全国人大常委会；而在建议审查程序中，启动审查的决定权在于作为被建议者的全国人大常委会，而不在于建议者。之所以有此差别是因为，审查要求在性质上是特定国家机关的公权力，因此具有正式性、公定力和强制性，也必然产生审查程序启动的后果。而建议并不是权力行使行为，甚至谈不上法律权利②，因为所谓“建议”在字面上只是向被建议者提出并供其参照和考虑的主张和意见，尽管在形式和程序上全国人大常委会不得拒收，但建议对全国人大常委会并无任何拘束力，是否基于建议启动审查程序以及是否在实质意义上采纳建议内容，完全取决于全国人大常委会的自我裁量。

将我国的审查要求权置于比较宪法审查制度中，并且按照拘束力强弱对各种提请形式进行排序，会更准确揭示我国审查要求的权力性质。因此，表2选取法国（宪法委员会）、德国（宪法法院）和日本（司法审查）三种模式中的相关提请形式，并与我国省级人大常委会的审查要求权进行对比。

---

① 乔晓阳主编：《立法法讲话》，中国民主法制出版社2000年版，第302页。

② 有学者将我国的法规审查建议定性为一种法律权利，并认为其“不仅是对公民基本权利的具体化和现实化，更重要的是首次赋予了公民一定的启动法规违宪审查程序的权利”（参见胡建淼、金承东《论法规违宪审查建议权》，载《法学家》2005年第2期），不无夸大建议之法律效力的嫌疑。

表 2　　各种提请形式拘束力强弱对比表

提请形式	拘束力	提请者	审查者	程序后果
审查要求权	★★★	省级人大常委会等	中国全国人大常委会	直接导致审查启动
		海外地方团体的各机关	法国宪法委员会	
视情形的审查要求权	★★☆	联邦普通法院或各邦法院	德国联邦宪法法院	由邦宪法法院或联邦最高等级之法院提出者，直接导致审查启动；其他法院提出者经预审小组认可后，导致审查启动
附带审查请求权	★	地方政府（作为普通诉讼的当事人）	美国联邦或州最高法院	联邦或州最高法院决定是否受理
违宪抗辩权		地方自治团体（作为普通诉讼当事人）	法国宪法委员会	最高司法法院或最高行政法院决定移送后，导致审查启动
宪法诉愿权		乡镇及其联合体	德国联邦宪法法院	预审小组认可后，导致审查启动
审查建议	☆	其他国家机关和社会团体、企业事业组织或公民	中国全国人大常委会	全国人大常委会决定审查是否启动

表 2 显示，我国的省级人大常委会与法国海外地方团体各机关的审查要求权属于拘束力最强的提请形式，是必然导致审查程序启动的公权力形态。要求主体全然决定着相应程序是否启动，因此位于审查启动机制的中心。而作为审查者的全国人大常委会则处在被动地位，它不能在要求提出后拒绝启动审查程序①，法国宪法委员会的被动地位更甚，在任

① 全国人大常委会的被动地位是相对的，仅存在于要求审查程序中，而在此以外则可以极为主动，如在备案审查程序中，全国人大有关的专门委员会和常务委员会工作机构可以对报送备案的规范性文件进行主动审查，参见《立法法》第 99 条第 3 款。

何情况下都只能被动受理（être saisi）① 提请。与审查要求权的强势地位相比，附带审查请求权、违宪抗辩权和宪法诉愿权尽管具有权利属性并因此使特定机关承担适当处置及答复的义务，但却必须经过某种过滤和筛选才能导致审查程序的启动。我国的审查建议拘束力最弱，在规范和事实上都不必然导致审查程序的启动。② 可见，无论是相比于外国地方议会的提请资格，还是相比于我国的审查建议，省级人大常委会的提请资格都最具拘束力，因此省级人大常委会在审查启动机制中的作用最强。它是审查的启动装置本身，而不是旨在启动审查的装置。在研究我国的要求审查程序时，相关研究的范围必须适当前移，以省级人大常委会（以及其他四类要求主体）为起点，而不是以全国人大常委会为起点。

（二）省级人大常委会审查要求资格的管道性

审查要求权是一种程序性权力，只存在行使与否的问题，行使则将审查诉求送达全国人大常委会，不行使则闲置送达通道，相比之下，立法、行政和司法等实体性权力则还存在如何行使的问题，如省级人大常委会行使立法权不仅要决定是否制定地方性法规，更要决定地方性法规的内容。在此意义上，审查要求构成审查程序中的传输管道，审查要求权则是极为特殊的管道性权力。但这种管道性权力在《立法法》中却必须以实体性权力为基础。国务院等五类机关之所以成为要求主体，是因为它们都在宪法上具有重要的实体性权力，并且能够在行使各自实体性权力的过程中发现合宪性疑问。国家主席虽同为重要的国家机关却未被

---

① 该词组系法文被动式，直译为“被抓住”，这种用语直观且形象地表明了宪法委员会的被动地位。

② 2015 年修正后的《立法法》第 101 条强化了审查建议的回应性，即“全国人民代表大会有关的专门委员会和常务委员会工作机构应当按照规定要求，将审查、研究情况向提出审查建议的国家机关、社会团体、企业事业组织以及公民反馈，并可以向社会公开。”值得注意的是，审查建议是向全国人大常委会提出的，而反馈则由全国人大有关的专门委员会和常委会工作机构作出。在全国人大常委会的相关实践中几乎未见对审查建议有所反馈或答复，2016 年 6 月 29 日全国人大常委会法工委（法规备案审查室）对颜雪明律师建议审查《江苏省物业管理条例》作出反馈（未向社会公开），认定《条例》不存在与法律抵触的问题。具体情形参见颜雪明律师的个人博客，http://blog.sina.com.cn/s/blog_653639da0102wtyz.html，2016 年 8 月 30 日最后访问。

赋予审查要求权，这是由于我国宪法采取虚位元首制，国家主席并无实质性职权。因此，五类主体应当在行使各自核心职权的过程中将职权所辖范围内的宪法疑问向全国人大常委会移送，这遵循了比较法中的普遍规律。

《立法法》规定的五类要求审查主体在宪法中具有范围各异的核心职权，因此其要求管道也有容量之别，核心职权涵盖范围越广，要求管道的容量越大，审查要求权的潜在价值也就越高。在五类要求主体中，人们通常对人民法院具有较高的实践期待，因为它的职能是审理刑事、民事和行政案件，在实践中，人民法院审理案件必然会遇到法规合宪性问题并需要决定规范适用问题。[①] 但不应忽视的是，国务院、中央军委、最高法、最高检的宪法属性分别为最高行政机关、最高军事领导机关、最高审判机关和最高检察机关，因此其职权均具有局部性。而省级人大常委会是宪法设定的省级国家权力机关的常设机关，由于国家权力是派生其他权力的综合性权力，不仅包括省级国家权力自身，而且可以通过其监督权辐射本省范围内的行政权、审判权和检察权，因此省级人大及其常委会的职权具有一定的全面性。在此意义上可以说，一方面，省级人大常委会的要求管道与其他四大主体存在一定包容关系，另一方面，外国宪法中对地方议会提请资格所作的“在其权限范围内”的限定，对我国省级人大常委会几乎没有意义。据此可以在理论上推测，省级人大常委会的审查要求具有最大的容量和最高的潜在价值。

（三）省级人大常委会审查要求资格的立体性

值得强调的是，省级人大常委会在我国国家权力的纵向层级上看是“省级”，不同于其他四类“最高”的要求主体，但这正是省级人大常委会的优势而非劣势。一方面，与其他四类要求主体是单一主体不同，省级人大常委会是一个群体，它由22个省（不含台湾省）、5个自治区和4个直辖市的人大常委会构成，因此不仅亦可如其他四大要求主体那样在地域上涵盖全国，而且正可以发挥所谓“不把鸡蛋放在同一个篮子里”

---

① 朱福惠、刘木林：《论我国人民法院的宪法解释和违宪审查提请权——以立法法第九十条的规定为视角》，载《法学评论》2013年第3期。

的风险对冲效应。也就是说，法规审查要求权在建立之后可能存在不被行使的风险，当这种风险实际存在时，要求权在被分配给多个主体时，其不被行使的风险在理论上自然会有所降低，反过来讲，省级人大常委会由于群体数量多、地域差异大更可能产生提出审查要求的需求。另一方面，从前述功能定位来看，省级人大常委会的审查要求并不局限于本省自身，而且涉及本省与他省的利益关系以及本省与中央的利益关系，其背后存在一种多元的利益结构，这就赋予省级人大常委会极为多样的提请动机。

可见，省级人大常委会的审查要求在空间上是立体的，兼具数量上的优势、多样性的优势和互补性的优势。31 个省级人大常委会在行使自身权力的过程中或在其管辖的范围内，是否可能产生行使审查要求权的需求和情势，从而使某个省级人大常委会提出审查要求进而激活整个要求审查程序，值得进一步关注和期待。

五 省级人大常委会行使法规审查要求权的具体方案

（一）“触发器”设计的必要性与规范可行性

《立法法》虽然规定了省级人大常委会的审查要求权，但省级人大常委会从未予以行使，其原因不仅在于其审查要求权的规范属性未能得到充分认识，也在于各省级人大常委会的提请资格是整体性的，缺少行使要求权的具体机构和方案，或者说，省级人大常委会的审查要求权作为审查启动装置本身，仍缺少旨在启动其审查要求的机制。因此，问题不在于省级人大常委会怠于履行职责，而在于它的要求权行使缺少“触发器”（trigger），《立法法》第 99 条的概括规定有待于进一步的立法形成。在对审查要求权进行规范内涵的填充后，就有必要对“触发器”进行具体方案设计，这也是规范建构的必要内容。方案设计既应当考虑规范可行性，也应当考虑现实可能性。

就规范可行性而言，回到前文所述的省级人大常委会的宪法地位，它作为本省人民的代表机关，需要倾听本省人民的诉求并代表其利益，更必须回应省人大代表、代表团等内部机构的激发作用，作为省级国家权力机关常设机关，它必然与辖区内的各级国家权力、行政权、审判权和检察权之行使存在实质性关联，因此必须回应辖区内各级各类国家机关的激发作用。总而言之，本省人民，省人大的内部机构如省人大代表或代表团等，本省各级各类国家机关都可以、能够并且应该充当省级人大常委会审查要求权的“触发器”。

（二）省级人大常委会提出法律询问作为现实参考

就现实可能性而言，经过对现有实践进行匹配性搜索，可以将省级人大常委会在法律询问答复制度中的实际作用作为参照。法律询问答复制度早已存在，2000 年得到立法法的确认①，但不同于法规审查制度是立法法刻意创制的，法律询问答复制度是正在实践中的活制度（acting and living system），形成了丰富的实践。省级人大常委会在该程序中极为活跃，只可惜它的贡献从未引起宪法研究者的注意。② 实际上，立法法之所以赋予省级人大常委会审查要求权，也是因为考虑到省级人大常委会在法律询问答复程序中的积极作用。据《立法法释义》所言，“在以往的工作中，对于宪法、法律、行政法规在本行政区域内贯彻时遇到的具体问题，它们（指省级人大常委会）经常向全国人大常委会的工作机构提出，要求予以解答，同时它们又是向全国人大常委会报送法规备案的单位，因此立法法赋予它们提出审查要求的权力。”③

在全国人大常委会正式公布的 186 件④法律询问答复中，有 137 件是

---

① 《立法法》第 64 条（原第 55 条）规定：“全国人民代表大会常务委员会工作机构可以对有关具体问题的法律询问进行研究予以答复，并报常务委员会备案。”

② 目前学术界对法律询问答复制度的研究尚未及于程序机制，而主要侧重实体方面（如关于法律询问答复与宪法解释的研究，可参见周伟《宪法解释方法与案例研究：法律询问答复的视角》，法律出版社 2007 年版；关于法律询问答复效力的研究，可参见褚宸舸《论答复法律询问的效力——兼论全国人大常委会法工委的机构属性》，载《政治与法律》2014 年第 4 期；关于法律询问答复制度去留的讨论，可参见林彦《法律询问答复制度的去留》，载《华东政法大学学报》2015 年第 1 期），更未注意到省级人大常委会作为法律询问提出者的积极角色。

③ 张春生主编：《中华人民共和国立法法释义》，法律出版社 2000 年版，第 257 页。

④ 数据来源于两方面：一是全国人大常委会法制工作委员会编：《法律询问答复（2000—2005）》，中国民主法制出版社 2006 年版；二是中国人大网所公布的法律询问答复（http：//www. npc. gov. cn/npc/xinwen/lfgz/xwdf/xwdf. htm，2015 年 2 月 24 日最后访问）。统计过程中去除了重复的内容。

基于省级人大常委会（具体为其各委员会、工作机构等）提请而作出的，占73.7%。可见，省级人大常委会在法律询问答复程序中发挥了最重要的提请作用。具体而言，省级人大常委会提出法律询问又分为以下五种情形，兹以表3显示并附以文字说明。

表3　　省级人大常委会提出法律询问情形分类表

提出形式	主动提出	基于下级人大常委会请求	基于辖区内行政机关请求	基于辖区内人民法院请求	基于辖区内社会团体和企事业组织请求	合计
件数	87	36	10	1	3	137
比例	63.5%	26.3%	7.3%	0.7%	2.2%	100%

第一，省级人大常委会主动提出法律询问的比例最高，说明省级人大及其常委会具有就自身工作所遇法律疑难问题提出询问的强烈需求，包括省级人大及其常委会自身的立法工作、人事任免、监督工作、代表工作等各个方面，以及在对下级人大及其常委会的地方性法规、自治条例和单行条例进行备案或批准审查的过程中发现法律疑难问题。

第二，省级人大常委会基于下级人大常委会的请求提出法律询问，在数量上高居第二位，这是由我国人民代表大会制度的纵向结构决定的。上下级人大及其常委会同属人大系统，省以下人大及其常委会在遇到法律疑难问题时，只能在系统内求助于上级国家权力机关，而非行政机关、审判机关或检察机关。在具体分布上包括省以下人大及其常委会在立法工作、人事任免、监督工作、代表选举等方面遇到问题向省级人大常委会请求解答，省级人大常委会亦认为相关法律问题构成疑难，因此经筛选后将问题转交全国人大常委会法工委请求答复。

第三，省级人大常委会基于辖区内行政机关的请求提出法律询问，在数量上适中。从理论上讲，地方行政机关遇到法律疑难问题时，既可向上级主管机关乃至向国务院寻求解答，也可以逐层向本省人大常委会请求解答，这源于我国宪法就行政机关所设置的双重负责制。在向省级人大常委会请求解答时，若后者亦认为相关法律问题构成疑难，则会经筛选后将问题转交全国人大常委会法工委请求答复。

第四，省级人大常委会基于辖区内人民法院的请求提出法律询问，在数量上非常罕见。从理论上讲，地方各级人民法院遇到法律疑难问题会更倾向于求助上级法院乃至最高人民法院，不仅因为它们同属法院系统，而且法院的核心职能就在于处理法律问题。但此项数据不为零说明，实践中的地方法院乃至检察院经由省级人大常委会向全国人大常委会法工委请求答复的管道是畅通和可用的。

第五，省级人大常委会基于辖区内社会团体和企事业组织的请求提出法律询问，在数量上偏少。提出法律问题的主体如某市建工集团、某移动通信有限责任公司等，大多具有国有企业的身份从而与地方国家权力机关存在一定联系，因此可能请求省级人大常委会作出法律解答。若后者认为相关法律问题构成疑难，则会经筛选后将问题转交全国人大常委会法工委请求答复。值得指出的是，第四和第五两种情形中的法律问题或者来自具体司法案件或者与具体法律权利相关，而前三种情形中的法律询问还可能在脱离具体事例的抽象背景下产生。

由此可见，省级人大常委会作为省级国家权力机关的常设机关，不仅基于自身问题主动提出法律询问，而且基于辖区内下级国家权力机关及其常设机关、行政机关、审判机关、社会团体和企事业组织的请求而被动地提出法律询问。

（三）省级人大常委会行使法规审查要求权的具体方案

省级人大常委会提出法律询问类型的事实分布，恰好对应着其基于宪法性质而应当行使审查要求权情形的规范推导。因此，规范依据与事实基础能够相互佐证，并共同揭示出省级人大常委会行使审查要求权的下列方案：第一，省级人大常委会在自身工作中若发现具有违宪违法嫌疑的法规，应主动向全国人大常委会提出审查要求，就此，可以考虑常委会主任、主任会议、特定比例（如南非宪法规定的20%）的委员甚至省人大代表和代表团等主体的激发作用；第二，省级人大常委会应按照特定条件受理辖区内各级各类国家机关（如本省辖区内的地方法院）提出的请求，在筛选和过滤的基础上向全国人大常委会提出审查要求；第三，省级人大常委会应按照特定条件受理辖区内的社会团体、企事业组织的请求，在筛选和过滤的基础上向全国人大常委会提出审查要求；第四，省级人大常委会作为本地方人民的代表机关，可以受理辖区内特定数量选民的联名请求，在筛选和过滤的基础上向全国人大常委会提出审查要求。

这四种方案使省级人大常委会的管道功能极具包容性和多样性。首先，从程序上看，前述方案既有省级人大常委会自身的主动要求，也有三种起点各不相同的被动要求。[①] 其次，从内容上看，既可包括抽象审查要求（如方案一），也可包括具体审查要求（如方案三、方案四），方案二则视情形包含抽象与具体两种形式，下级人大的请求会导致抽象审查要求，而本省辖区内的地方法院基于司法个案产生的请求则导致具体审查要求，不过地方司法机关在司法个案中发现的法规违宪违法问题可以进行选择管道选择，即可经由省级人大常委会亦可经由最高人民法院或最高人民检察院提出审查要求。再次，从审查对象上看，既包括行政法规，也包括自身的和其他行政区域的地方性法规，在此意义上，各省级人大常委会作为一个群体的宪法监督具有对外监督、自我监督和相互间的平行监督等多种形式。最后但也最重要的是，省级人大常委会的管道功能并不局限于人大系统，而且可以在一定程度上涵盖其他四类要求管道甚至建议审查程序。如此丰富的方案配置可以保证前述审查要求的多种功能得到实现。

各省级人大常委会在制定或修改议事规则的过程中，或者在制定本省实施《立法法》的办法或细则时，应当设置行使审查要求权的四种方案，或者基于前述四种方案进行自由发挥，充分体现本省特色，而不必在相互之间强求一致，由此可以在全国范围内充分试验各种方案的可行性与有效性。前述方案若能全部或部分实施，将彻底激活我国的法规审查制度，省级人大常委会也将成为五类要求主体中最具活力者。从活跃的法律询问提出者迈向可能的法规审查要求者，这对省级人大常委会来说将是实质性但绝非不可能的进步，而且功在千秋。

---

① 在比较法中，地方为寻求自治权保障而提出的宪法诉愿通常需要满足“穷尽法律救济”的限制性条件（如德国的乡镇自治宪法诉愿），但该问题在我国则不存在，因为我国法律并未设置针对各类法规的其他救济程序，比如德日行政法中的“机关诉讼”制度在我国行政救济法中付之阙如。

结　语

自1979年9月1日《关于修正〈中华人民共和国宪法〉若干规定的决议》（第五届全国人大二次会议通过）规定县级以上地方各级人大设置常委会①，至今已有40多年时间。在这40多年当中，县级以上地方各级人大常委会在完善自身及同级人大建设的同时，为中国法治建设立下了汗马功劳，人大制度史中的首次质询、首次罢免、首次否决政府和法院等的工作报告均发生于地方人大，而人大常委会在其中的作用不可或缺。作为我国政权建设中的一项重大改革，“地方设人大常委会，不仅加强了对地方政府、法院和检察院的监督，而且也便于地方人大自身的活动。这对于保证我国人民真正当家作主，充分行使管理国家的权力，推进我国社会主义民主政治建设，具有重要意义。”② 前40年中，县级以上地方各级人大常委会对法治建设的作用局限于本地方范围内，在未来40年中，其作用可以超出本地方范围，向国家层面拓展。在县级以上地方各级人大常委会中，仅省级人大常委会握有法规审查要求权之重器，其在推动法治进步中的作用自然首当其冲。

自宪法审查制度的方面而言，审查启动机制在立法法建立的法规审查制度中最具基础性和前提性，若该机制存在缺陷而动力不足，则审查的任何后续问题均无从谈起。依宪治国的核心价值要求法规审查程序有效发挥作用，通过审查程序来剔除违宪违法的法规，从而实现社会治理的法治化和基本人权保障的制度化。但遗憾的是，法规审查程序自2000年设立以来一直因动力不足而处于沉睡之中。在2015年立法法修正过程中，立法者从未试图对要求审查程序进行改进，这似乎说明该程序在立法者眼中是不存在缺陷的。如果说设立要求审查程序是全国人大及其常委会的自我限制和责任外放，那么既然它在2000年已经实现，设置审查

① 参见《关于修正〈中华人民共和国宪法〉若干规定的决议（1979年）》第三条第二款，1979年7月1日第五届全国人民代表大会第二次会议通过。

② 乔晓阳、张春生主编：《〈中华人民共和国地方各级人民代表大会和地方各级人民政府组织法〉释义及问题解答》，中国民主法制出版社2006年版，第64页。

要求权的行使机制就属于要求机关的职责了。随着人们对合宪性审查程序和提请审查主体的重视，在现有法律程序框架内强化审查的动力机制并非毫无可能，一直受到忽视①的省级人大常委会的审查要求权经充分论证后极可能形成重要的制度体系，并且，不断发展的多样化地方法治实践②可能给其审查要求的提出带来多元的政治动机。所谓“学者绘制地图，政治家选择道路”，规范地图既已绘成，剩下的就留给睿智的政治家吧。

[本章内容曾以《省级人大常委会法规审查要求权的规范建构》为题发表于《法学评论》2017 年第 2 期，在第十二届中国宪法学基本范畴与方法学术研讨会（2016 年 11 月 19 至 20 日）作主题发言，衷心感谢各位师友的批评、建议和鼓励]

---

① 关于省级人大常委会审查要求权的研究一直处于空白状态，在中国知网以“（省 or 自治区 or 直辖市）and（人大 or 常委会）and（要求 or 要求权 or 提请）and 审查”为组合关键词分别进行标题、关键词和全文检索，所得结果为零。

② 中国的法治发展呈现出区域“多样性”（参见公丕祥《区域法治发展与文化传统》，载《法律科学》2014 年第 5 期；公丕祥：《法治中国进程中的区域法治发展》，载《法学》2015 年第 1 期），甚至产生区域间法治竞争［参见孙笑侠《局部法治的地域资源——转型期“先行法治化”现象解读》，载《法学》2009 年第 12 期；夏锦文：《区域法治发展的法理学思考——一个初步的研究构架》，载《南京师范大学学报》（社会科学版）2014 年第 1 期；刘旭：《区域法治的竞争性机理分析》，载《南京师范大学学报》（社会科学版）2016 年第 3 期］，不过也有学者认为法治建设不仅不会以地方法治竞争的形式表现出来，还会减弱地方竞争（参见李晟《“地方法治竞争”的可能性——关于晋升锦标赛理论的经验反思与法理学分析》，载《中外法学》2014 年第 5 期），尽管竞争的说法存在争议，但多样性是不容否认的。

第八章

公民审查建议、宪法实施与社会主义民主

【本章提要】宪法实施在习近平法治思想中占据重要地位，它与人民主体地位和社会主义民主有着本质关联。随着宪法实施在技术层面日益转向宪法审查制度建构，有必要深入分析公民在宪法审查程序中的地位。公民参与宪法审查机制是宪法本身民主化的必然结果，《立法法》第99条第2款规定的公民审查建议体现了审查提请资格向个人倾斜的普遍趋势，也是社会主义民主的必然要求。公民审查建议的规范性质和功能应当在社会主义民主的大背景中加以理解，以维护法制统一为主兼容权利救济，最终在法治续造中落实人民主权原则。公民审查建议具有巨大潜力，但具体制度不足限制了其功能发挥。未来应进一步完善建议审查机制，通过在宪法实施和宪法审查中坚持人民主体地位来发展社会主义民主。

一 问题的提出

在习近平法治思想中，宪法实施占据毋庸置疑的重要地位。习近平总书记在多种场合反复强调过宪法实施的重要性，他的有关金句比如“宪法的生命在于实施，宪法的权威也在于实施”，不仅内涵深刻，而且形象生动，因此在理论界、思想界和日常法治宣传中产生了深远影响。正如有学者所指出，“习近平多次强调维护宪法尊严、加强宪法实施的重

大意义。”[①] 从学理角度出发可以发现，习近平总书记关于宪法实施的论述具有全面性、深刻性与系统性，尽管这些论述出现在不同场合、作出于不同时期，但其理论内在的连续性、一致性和融贯性却始终如一。通过研读习近平法治思想关于宪法实施的论述，笔者发现其本质内容与既有理论相比具有以下三个方面的特点。

第一，习近平法治思想强调人民与宪法实施的本质关联，坚持人民在宪法实施中的主体地位。习近平总书记强调在实施宪法的过程中必须“坚持人民主体地位，切实保障公民享有权利和履行义务”，其规范理据在于，“公民的基本权利和义务是宪法的核心内容，宪法是每个公民享有权利、履行义务的根本保证。宪法的根基在于人民发自内心的拥护，宪法的伟力在于人民出自真诚的信仰。只有保证公民在法律面前一律平等，尊重和保障人权，保证人民依法享有广泛的权利和自由，宪法才能深入人心，走入人民群众，宪法实施才能真正成为全体人民的自觉行动。”[②] 值得注意的是，此处的“人民”并不仅体现为《宪法》第2条第1款意义上作为一切国家权力所有者的人民，更体现为宪法第二章意义上作为基本权利和义务主体的公民个体。归根结底，宪法实施在本质上必须回应每一个公民的权利诉求，最终满足人民日益增长的美好生活需要，否则就会丧失其目标和动力。

第二，习近平法治思想将宪法实施构筑于人民当家作主的社会主义民主政治框架中。习近平总书记特别强调，在宪法实施过程中必须始终在党的领导下坚持正确的政治方向，“以保证人民当家作主为根本，以增强党和国家活力、调动人民积极性为目标，扩大社会主义民主，发展社会主义政治文明。”[③] 从根本上讲，我国宪法是党领导人民制定的，因此，“维护宪法权威，就是维护党和人民共同意志的权威。捍卫宪法尊严，就是捍卫党和人民共同意志的尊严。保证宪法实施，就是保证人民根本利

---

① 江必新、蒋清华：《习近平法治思想对宪法理论和实践的发展创新》，载《法学评论》2021年第2期，第1页。

② 习近平：《在首都各界纪念现行宪法公布施行30周年大会上的讲话》（2012年12月4日），载《人民日报》2012年12月5日第2版。

③ 习近平：《在庆祝全国人民代表大会成立60周年大会上的讲话》（2014年9月5日），载《人民日报》2014年9月6日第2版。

益的实现。只要我们切实尊重和有效实施宪法，人民当家作主就有保证，党和国家事业就能顺利发展。”① 第二点可以视为第一点的理论延伸，但二者又不可简单化约，因为当人民以个体而不是集体的身份参与宪法实施时，在本质上对应着权利保障的诉求，而这在传统宪法理论中往往是与民主相对立和对抗的。

第三，习近平法治思想极为重视宪法实施的技术，并且在体制机制层面其重心日益转向中国特色合宪性审查的制度建构。习近平总书记在党的十九大报告中明确提出：“加强宪法实施和监督，推进合宪性审查工作，维护宪法权威。”② 审查技术对于宪法实施而言绝非不重要，所谓“术为道之体”，宪法实施如果缺少技术载体必定会沦为空谈。因此，宪法实施在近两年来得到越来越多的审查机制供给。最为引人注目的是2018 年修宪根据党的十九大精神将原法律委员会改为“宪法和法律委员会”，全国人大常委会赋予其“推动宪法实施、开展宪法解释、推进合宪性审查、加强宪法监督”等工作职责。③ 不仅人大系统的审查机制日益完善，人民政府系统（如司法部）、司法机关系统也都围绕完善审查机制进行了一系列紧锣密鼓的部署。审查制度的完善强化了宪法作为法的外在约束力，使宪法不再仅仅是自发，同时也越来越是自觉的行为准则。

对于前述三个方面内容，应当如何在理论上进行体系性解读，其对未来全面推进宪法实施、完善宪法审查制度具有哪些指导意义？特别是当宪法实施的制度重心日益体现为正式的合宪性审查制度建构，兼具公民和人民双重身份的个人在审查程序中到底应当具有何种地位，其与审查机关的关系形态应当如何构建和展开？这是关于宪法实施和宪法审查的重大基础性课题，因为如果缺少个人对审查机制的参与，坚持人民在宪法实施中的主体地位就无从谈起。在既有西方式宪法理论中，个人权

---

① 习近平：《在首都各界纪念现行宪法公布施行 30 周年大会上的讲话》（2012 年 12 月 4 日），载《人民日报》2012 年 12 月 5 日第 2 版。

② 习近平：《决胜全面建成小康社会　夺取新时代中国特色社会主义伟大胜利——在中国共产党第十九次全国代表大会上的报告》（2017 年 10 月 18 日），载《人民日报》2017 年 10 月 28 日第 1 版。

③ 参见《全国人民代表大会常务委员会关于全国人民代表大会宪法和法律委员会职责问题的决定》（2018 年 6 月 22 日第十三届全国人民代表大会常务委员会第三次会议通过）第 2 条。

利与民主在宪法审查中往往是相互对立的，审查机制被视为旨在保护个人权利免受民主剥夺的一套防御或纠正机制。[①] 在社会主义宪法理论特别是习近平法治思想中，人民主体地位、社会主义民主与宪法实施又具有怎样的关系形态？笔者尝试着以个人参与为起点对人民主体地位、社会主义民主和宪法实施的关系进行较为宏观的理论分析，以期对完善我国的宪法实施和宪法审查制度提供一定的理论参考，作为研读习近平法治思想相关内容后所呈交的一份理论答卷。

二 公民审查建议的必备民主基础

讨论个人在审查程序的地位必须以个人能够参与审查作为前提。而从历史角度看，个人参与审查的资格并不是与生俱来或理所当然的，而是其来有自。公民参与审查的资格确立于宪法本身不断民主化的历史进程中，我国的审查建议也产生于特定的民主背景。

（一）个人参与宪法审查机制的历史背景

现代学者的相关讨论通常局限于现代型宪法审查，因此将个人参与宪法审查的资格视为理所当然。但其实在宪法发展的历史进程中，特定审查机制的存在时间非常悠久，甚至远早于近代宪法的诞生，而个人对宪法审查机制的参与资格并不是与生俱来的。在法国大革命以前漫长的旧制度时期，高等法院特别是巴黎高等法院（Parlement de Paris）在将近四百年的时间内（1392 年至 1788 年）采取注册和谏诤的形式对国王的制定法进行合宪性审查，审查的依据是宪法惯例、国王敕令和高等法院判例所确定的根本原则，这些根本原则即根本法就是旧君主制时期的宪法。这种审查机制是抽象审查、事前审查和强制审查，国王所制定的法令必须在通过以后和实施以前提交高等法院注册，高等法院若认为提交注册

① 特别在美国宪法的背景下，这一点在审查实践中得到反复的强调：“权利法案的真正目的是防止特定主题被卷入政治争论变迁，将其置于多数人和官员无法触及的地方，将其确立为由法院所确保适用的法律原则。一个人的生命、自由和财产权，言论、新闻、信教和集会自由，以及其他的基本自由都不能作为民主表决的对象。”参见 West Virginia Board of Education v. Barnette, 319 U. S. 624（1943）。

的制定法违反王国的宪法，则会作出拒绝注册的判决，并将违宪理由以谏诤书的形式提交国王。在这种以君主制为基础的宪法审查中，普通个人完全不具有任何参与资格，即使在审查涉及基本人权保障时也是如此。并且从君主制宪法的理念出发，个人的缺席也并不构成审查机制的任何问题或者瑕疵。在实践中，由于缺少个人的参与，宪法审查最终沦为国王与高等法院进行政治对抗的工具，逐渐丧失了维护宪法秩序的功能，并导致了宪法虚无主义的恶果。①

大革命将君主主权替换为人民主权，然而宪法审查被认为与人民主权的至上性和不受制约性相冲突，因此迟迟未能得到确立。总体而言，人民主权的至上性主要停留在制宪的层面，宪法实施的问题本身就不受重视，更勿论公民个人对行宪的参与问题了。但值得注意的是，大革命时期的著名思想家西耶斯主要从人权保障出发而反思了个人在宪法审查机制中的缺席问题。他首次构想出以民主宪法为基础的宪法审查机构即“宪法审查会”。西耶斯不仅认为这一机构应当基于民主选举而产生，而且赋予其三方面职能：“忠诚地监督宪法委托，使其得到维持”，“免于致命的激情，审议旨在改善宪法的一切提议”，以及“在法律保障丧失其公平保护的极端情形下，最终给予自然权利以诉诸自然衡平（équité naturelle）的可能”。其中，第三项也即最重要的一项职能，应当在宪法审查会中随机挑选成员组成自然衡平审查法庭（jury d'équité naturelle）来行使，该法庭与普通法庭建立案件移送机制，由普通法庭基于当事人的诉请来提交宪法审查请求。提请衡平救济的条件要么是普通法官因缺少可适用的实定法而宣告无法判决时，要么是在法官根据仅有之法律只能违反良心进行判决时。② 从根本上说，这种通过自然衡平来保障人权的功能与法律体系的内在缺陷相关，其衡平可以概括为“弥补法律空白”（praeter legem）、“突破法律”（contra legem）等各种情形。③

然而，与西耶斯的制宪权理论等相比，其关于个人参与审查机制的

① 王建学：《政治性宪法审查批判——以巴黎高等法院的注册和谏诤为中心》，载《中外法学》2017 年第 2 期，第 372 页。

② 王建学：《制宪权与人权关系探源——以西耶斯的宪法人生为主线》，载《法学家》2014 年第 1 期，第 171 页。

③ Paul Bastid ed., Les discours de Sieyès en l'An III, Paris: Hachette, 1939, p. 46.

论述并没有产生多少影响。这是近代以来第一波民主化浪潮的重心所决定的。在近代立宪运动中，主要解决的是制宪本身民主化的问题，也即宪法本身必须采取民主方式制定，并且宪法的内容也应当遵循民主原则。但宪法监督机制及其民主化问题还太过遥远，即使在国体和政体本身的民主化问题解决之后，也不太会引起制宪者的注意。比如，法国现行1958年第五共和宪法宣告恪遵1789年人权宣言所明定的人权和国民主权原则，并且在第3条专门规定了“主权属于人民”，规定了人民行使主权的方式和途径，但是人民无论是个人还是集体都被排除在宪法审查的过程之外。法国虽然设立了宪法委员会，但它除对组织法等进行强制性审查外，只接受总统、总理、国民议会议长、参议院议长、60名国民议员或60名参议员的提请，[①] 个人无法以任何方式接近宪法审查程序。特别是宪法委员会的预设功能是“一门对准议会的大炮”，即“监督立法机构旨在保护行政权的行使和国家机器的良好运作”[②]，在这种以维护分权为主要功能的审查机制中，个人更加没有参与其中的必要。

民主宪法体制之下的宪法审查却排斥个人的参与资格，这种制度安排受到了持续的质疑。尽管与制宪的政治决断性质不同，行宪表现出更多的法律属性，但既然人民主权构成现代宪法的当然前提，个人无论作为人民整体的一分子或作为个体公民都具有参与制定宪法的正当资格，他当然也应当具有参与行宪过程的资格。特别是现代宪法理论为实现宪法的安定性而假定制宪权在行使之后就处于“冬眠”或“冻结”[③] 状态，如果制宪通道已经冻结，而个人又无法参与行宪机制，那么他如何证明自身作为主权者一分子的身份？尽管个人可以通过行使各项宪法权利特别是政治权利来参与宪法实施，但这只是自发意义上的实施，并不能证明更为重要的实施机制——宪法审查——的民主正当性。据此，宪法监督特别是宪法审查的过程不能排除公民的参与，公民应当是宪法实施的潜在监督者，也应当是宪法审查的不可置疑的提请者。

---

① 60名国民议员或60名参议员的提请资格是由1974年宪法修正案所增加。参见 Loi constitutionnelle n° 74 - 904 du 29 oct. 1974, *JO* du 30 oct. 1974, p. 11035。

② 朱国斌：《法国的宪法监督与宪法诉讼制度——法国宪法第七章解析》，载《比较法研究》1996年第3期，第233页。

③ 王锴：《制宪权的理论难题》，载《法制与社会发展》2014年第3期，第129页。

（二）审查提请资格变迁：由机关到个人

前述质疑揭开了宪法现代化和民主化进程中一个“隐秘的角落”。因此，在现代民主宪法不断演进的过程中，开始出现审查提请资格向个人倾斜的现象。现代型宪法审查机制在启动类型上无外乎强制审查和依申请审查两种，其中依申请审查又是其主流。通常具有提请资格的主体是高度多样化和多元化的，具体又分为特定国家机关提请和个人[①]提请两大类。随着审查启动机制的不断发展，个人正在取代国家机关成为依申请审查的最主要提请者，并成为整个审查程序的最主要动力来源。这种转变的过程分为渐变与剧变两种类型。[②]

渐进性转变模式以德国为代表。1949 年《基本法》最初设置的多种审查类型大体是以国家机构的提请为主，比如权限争议、抽象的规范审查和具体的规范审查等。其中，只有具体的规范审查具有一定的个人元素。虽然《基本法》第 100 条第 1 款将具体规范审查的提请权完全赋予法院，且《联邦宪法法院法》第 80 条第 3 款也明确“法院的声请，与诉讼当事人对该法规之无效的指责无关”，但普通诉讼的当事人却可以参与审查程序。《联邦宪法法院法》第 82 条第 3 款赋予提出声请之法院的诉讼当事人到联邦宪法法院陈述意见的机会，联邦宪法法院则应通知其参加言词审理，并给予在场的诉讼代理人发言权。真正体现个人提请资格的是著名的宪法诉愿程序，这一程序虽然在《基本法》的起草过程中得到基姆湖草案的肯定，却被制宪国会所删除，其主要考虑是宪法法院应主要解决国家机关之间的争议。[③] 直到 1969 年 1 月，这一程序才通过宪法修正案写入《基本法》第 93 条第 1 款第 4a 项和第 94 条第 2 款。个人诉愿程序的创立具有特定的民主考虑，修宪委员会在报告中指出：“宪法

---

① 此处所谓“个人”系指与国家相对的自然人、法人等私主体，既包括我国《立法法》意义上的公民、社会团体和企业事业组织，也包括德国意义上的宪法诉愿人和作为具体规范审查提请者的诉讼当事人、法国意义上的违宪抗辩人和美国意义上司法审查的提请人等。

② 此处未将司法审查模式考虑在内，盖因个人在司法审查模式的附带提请资格依附于其诉讼主体资格。

③ 程迈：《政党与德国联邦宪法法院：创建、博弈与双赢》，载《政治学研究》2016 年第 3 期，第 67 页。

诉愿制度有利于宪法与公民的共同发展，提高公民的民主意识，有利于发挥宪法法院对基本权利的保护功能。”① 过去50多年的宪法诉愿实践证明，这一程序是联邦宪法法院最有影响的审查机制。②

剧变模式比如法国。剧变能够烘托对比，因此其所揭示的原理更为典型也更具说服力。法国历史上的各种审查机制要么是强制审查，要么是依特定国家机关提请的审查，因此，国家机关一直是审查的排他性提请主体，个人无法以任何方式参与审查机制。这种由国家机关垄断提请资格的体制在实践中完全沦为议会政治斗争的延续，不仅与个人的权利保障诉求没有直接关系，而且使整个审查机制严重缺乏动力。因此，法国学者一直主张赋予个人在审查启动机制中的提请资格。作为这种努力的结果，法国在2008年修宪中新增了事后的违宪抗辩程序。宪法第61—1条规定：“在普通诉讼程序中，若认为法律之规定对宪法所保障的权利与自由构成侵害，可经最高行政法院和最高司法法院向宪法委员会移送违宪审查申请，由宪法委员会在确定期限内予以裁决。”尽管宪法条款中没有涉及特定个人，但修宪准备资料中明确将违宪抗辩视为“赋予诉讼当事人（les justiciables）的新权利”。③ 议会制定的《关于实施宪法第61—1条的第2009—1523号组织法》则将其具体化为普通民事、刑事和行政诉讼的特定当事人。违宪抗辩机制改革也被作为强化民主的措施，修宪委员会的报告在“一个更民主的第五共和”的修宪主题指导下，特别强调“法国是唯一一个其公民不能接近宪法审查的民主大国”，因此，赋予公民违宪抗辩权将有助于国家机构的“现代化和民主化”。④ 法国宪

① 韩大元：《论宪法诉愿程序的价值》，载《学习与探索》2007年第1期，第95页。

② 截至2019年12月31日，宪法诉愿提请共235057件，占全部案件的96.53%，其中有5261件即2.3%成功获得审理。相比之下，抽象和具体的审查仅以3882件占1.59%，其他案件则比例更小。参见联邦宪法法院官网公布的统计数据，https：//www. bundesverfassungsgericht. de，2021年3月30日最后访问。

③ Comité de réflexion et de proposition sur la modernisation et le rééquilibrage des institutions de la Ve République，Une Ve République Plus Démocratique：Rapport du Comité et 77 Propositions，Paris：Vie Publique，2017，p. 87.

④ Comité de réflexion et de proposition sur la modernisation et le rééquilibrage des institutions de la Ve République，Une Ve République Plus Démocratique：Rapport du Comité et 77 Propositions，Paris：Vie Publique，2017，p. 4，p. 108.

法委员会前主席则在公开致辞中提出违宪抗辩程序“将允许公民们重新拥有我们的宪法”。[①] 法国所出现的这种趋势直接体现了法语国家的普遍性选择，目前有 19 个法语国家均建立了法国式的违宪抗辩程序。[②] 实践证明，以个人违宪抗辩为基础的移送审查成为宪法委员会最为重要的审查类型。[③] 新的违宪抗辩程序自 2010 年 3 月开始生效，其短短 10 年时间的受案数已经可以与原事前审查机制在过去 60 多年的受案数等量齐观。[④]

（三）我国建议审查机制产生的民主背景

我国宪法作为社会主义宪法在终极意义上充当着资本主义宪法掘墓人的角色。社会主义民主在掘墓人角色的发挥中扮演着核心功能，因为社会主义民主政治是作为资本主义代议民主的批判者和代替者而登上历史舞台的。但是就宪法实施和宪法审查而言，无论是作为个体的公民还是作为集体的人民都未被赋予显著的地位。1954 年宪法作为新中国第一部正式宪法高度重视人民在制宪中的主体作用，广泛深入的全民大讨论成为其制定过程中的最大亮点之一。然而，人民如何参与宪法实施的讨论则几乎付之阙如。“总的来讲，1954 年宪法保障机制没有得到社会的普遍关注，更没有从制度上建立解决违宪的机制与程序。”[⑤] 因此，宪法实施较为偏重自发性，即强调党和各级国家机构在实施宪法中发挥主导作用，党员干部应当在实施宪法中发挥模范带头作用，而忽略如何在监督或审查的意义上纠正违宪行为。在此背景下，习近平法治思想强调合宪性审查机制的重要性，强调在实施宪法的过程中坚持人民主体地位，无

---

① ［法］让－路易·德勃雷：《在法国宪法学会第七届大会上的致辞》（2008 年 9 月 25 日），载明德公法网 http：//www. calaw. cn/article/default. asp？ id = 1284，2019 年 7 月 22 日最后访问。

② 王建学：《法语国家宪法审查制度设计比较研究——对“政治机构审查模式”的批判》，载《昆明理工大学学报》（社会科学版）2017 年第 1 期，第 29—30 页。

③ 王芳蕾：《论法国的违宪审查程序》，载《财经法学》2017 年第 4 期，第 152 页。

④ 截至 2019 年 12 月 31 日，原事前审查程序审理的案件数为 795 件，其中包括普通法律的提请审查 532 件、组织法的强制审查 162 件、国际条约的提请审查 14 件、议会两院规程的强制审查 84 件、全民公决法律草案的强制审查 3 件，而基于违宪抗辩的审查案件共有 730 件。参见宪法委员会官网公布的统计数据，https：//www. conseil – constitutionnel. fr/bilan – statistique，2021 年 4 月 2 日最后访问。

⑤ 韩大元：《1954 年宪法制定过程》，法律出版社 2014 年版，第 424 页。

疑具有重大的理论和现实意义。

就宪法审查和宪法监督制度的设计而言，1982 年宪法明文规定的审查主要包括强制审查[①]和备案审查。[②] 从制度设计的初衷来看，这两种审查形式都以特定国家机关为参与主体，丝毫没有考虑个人在其中的地位。2000 年《立法法》第 90 条（2015 年修正后变为第 99 条）考虑到进一步完善法规审查工作，分两款正式建立了要求审查机制和建议审查机制。其中，国务院、中央军事委员会、最高人民法院、最高人民检察院和各省级人大常委会等五类主体的审查要求主要体现特定国家机关之间的监督，[③] 类似于法国宪法规定的总统、总理等的审查提请。而审查建议特别是公民的审查建议，则意味着审查机制正式向个人开放。尽管公民审查建议并不必然导致审查程序的启动，"能否启动的决定权在受理建议的全国人大常委会手中，因此属于弱启动模式"[④]，但从民主体制发展的意义上讲，它为解决宪法民主化"最后一公里"的问题打开了一扇窗。因此，有必要从人民主权原则的角度来认识公民审查建议的性质。如学者所说，"公民违宪审查建议权的行使，不仅从形式上是对人民主权原则的直接体现，同时也是实质上对人民主权原则的维护。"[⑤] 2015 年《立法法》修改后对审查建议同时增加了（应当）反馈机制和（可以）公开机制，这一变化不仅使审查建议在整个审查机制中具有更为重要的作用，而且增强了审查机制本身对公民和社会的回应性，是审查机制民主化的重要进步。

然而，从学界观点来看，审查建议造成了一种颇为矛盾的心理。一

---

① 比如宪法第 116 条规定的对自治区的自治条例和单行条例的批准审查。

② 比如宪法第 67 条规定的全国人大常委会对国务院行政法规、决定和命令，以及对省级地方性法规和决议的撤销权。再比如宪法第 100 条规定的省级人大及其常委会的地方性法规应报全国人大常委会备案，备案过程同时伴随审查，并且审查职能在 2004 年以来落实在法工委法规备案审查室身上，并进一步涵盖了行政法规、司法解释等。本章所谓公民审查建议是指公民等认为行政法规、地方性法规、自治条例和单行条例、司法解释等同宪法或者法律相抵触而依《立法法》向全国人大常委会提出的审查建议。

③ 王建学：《法规审查要求权的规范阐释及其历史契机》，载《法学家》2019 年第 3 期，第 6 页。

④ 王秀哲：《全覆盖备案审查中公民建议的全覆盖》，载《政法论丛》2020 年第 5 期，第 40 页。

⑤ 王祯军：《论我国公民违宪审查建议权的意义及其完善》，载《河北法学》2009 年第 11 期，第 105 页。

方面，“确立之初，学界曾对该制度寄予厚望”①，其原因在于这种以公民为主的审查流程与德国的宪法诉愿具有一定的相似性，可能承载宪法审查的主要功能。但另一方面，学者们又对建议审查机制的设计提出较诸多批评，建议因不具有拘束力而在事实上从未导致审查的真正启动，但反过来说，建议审查机制本身没有附带筛选机制，“海量的审查申请显然是审查机关所无法处理的”②，因此其真正实施又可能给审查机关造成沉重的工作负荷。因此，有学者主张将审查建议由“非典型宪法诉愿”改造为典型的宪法诉愿。③ 其实，无论是寄予厚望还是予以批评，大都是以德国式宪法诉愿作为比较的蓝本。然而，这是否对我国审查建议进行了客观理解？由此，就有必要在比较中对审查建议的规范属性和功能进行准确界定。

三 公民审查建议的规范属性和功能

现代型宪法审查的各种启动机制通常都有相对独特的功能。公民的提请资格无外乎权利救济和民主监督两种主要功能。通过对比可以发现，我国的公民审查建议是较为宽泛的民主手段，因此其基本性质和制度形态就与宪法诉愿、违宪抗辩等有所不同。

（一）审查提请资格的功能对比

从审查机制变迁的角度，需要进一步追问审查提请资格由国家机关向个人倾斜的原因。通常而言，不同的审查提请类型具有不同甚至完全相异的性质和功能，这种差别在国家机关提请与公民提请之间尤其明显。大体而言，国家机关提请通常具有更为强烈的政治性，在内容上更多涉及国家机构之间的权力分配，在实践中也更多表现为政治权力之间的博弈，而公民提请则通常具有更为浓厚的权利性或民主性，在内容上更多

① 林彦：《法规审查制度运行的双重悖论》，载《中外法学》2018 年第 4 期，第 939 页。

② 林彦：《法规审查制度运行的双重悖论》，第 942 页。

③ 刘义：《德国宪法诉愿的双阶受理程序及其法理——兼论对我国立法法第 90 条第 2 款的启示》，载《浙江学刊》2012 年第 4 期，第 138 页。

涉及公民的权利救济或民主社会的公民监督，体现着公民对宪法商谈的参与。因此，以公民为主体的提请资格结构分布与宪法审查程序的民主商谈功能存在实质关联。兹将不同审查机制中的不同提请在性质和功能上进行细致比较，并呈现为以下表格。

表 1　　各种提请类型对比表

<table>
<tr><th>序号</th><th>类型</th><th>性质和功能</th><th>提请主体</th></tr>
<tr><td>1</td><td>权限争议提请</td><td rowspan="2">政治型</td><td rowspan="3">国家机关</td></tr>
<tr><td>2</td><td>抽象规范审查</td></tr>
<tr><td>3</td><td>具体规范审查</td><td>规范统合型</td></tr>
<tr><td>4</td><td>违宪抗辩权</td><td rowspan="3">权利救济型</td><td rowspan="4">公民</td></tr>
<tr><td>5</td><td>附带审查提请</td></tr>
<tr><td>6</td><td>宪法诉愿权</td></tr>
<tr><td>7</td><td>审查建议</td><td>民主监督型</td></tr>
</table>

在前示七类审查提请中，第 1 类权限争议提请主要涉及国家机构之间的权限冲突，旨在维护国家机构之间的权力分配关系，因此在性质上具有强烈的政治色彩。第 2 类抽象规范审查本身虽以维护国家法制统一为目的，却更多表现出强烈的政治性，比如德国的抽象规范审查，“在缺乏具体案件的情况下，宪法法院不仅可能对法律难以有充分的认识，而且容易沦为咨询机关及政党斗争的工具，损害司法权威。”① 而在法国，国家机构对提请资格的垄断使宪法审查机制乃至 1958 年宪法本身都被长期诟病为“政治家的游戏”。② 因此，这两类提请均可归入政治型。值得注意的是，对于第 2 类提请以及与之相似的提请形态而言，尽管规范统合原本是其预设功能，但因提请者是政治性的国家机关，审查过程又脱离具体个案，因此其在实践中所表现出的政治性往往超过法律性。

第 3 类和第 4 类具有相似性，都是由普通法院将具体诉讼中的合宪性

---

① 柳建龙：《德国联邦宪法法院的抽象规范审查程序》，载《环球法律评论》2017 年第 5 期，第 97 页。

② Louis Favoreu, Le Droit Constitutionnel, Droit de la Constitution et Constitution du Droit, *Revue Française de Droit Constitutionnel*, 1990, p. 82.

问题移送审查机关先予裁决，待审查机关作出合宪性认定后再继续普通诉讼的审理。但德国的具体规范审查主要表现为普通法院的守宪义务和职权主义，因此其移送全依法官之职权和违宪确信，偏向于维护规范秩序，而法国的违宪抗辩权则以当事人的抗辩为前提，旨在救济其基本权利，普通法院仅负有过滤移送之职责，可归入权利救济型。

第5、第6两类与第4类在性质上相同，均以救济公民的基本权利为主要宗旨，因此可以归为同类，但三者又互有差别。附带审查提请系司法审查模式中由普通诉讼当事人直接向主审法院提出，违宪抗辩由于普通法院的法律审判权与审查机关的宪法审判权相互分野不得不采用移送装置，宪法诉愿则系当事人直接向宪法审查机关寻求基本权利救济，并且脱离具体法律案件。如前文所指出，这些提请类型虽然以权利救济为主旨，但在建立初衷上都具有促进民主的功能预设和终极考量。

权利救济与民主本身在传统理论上是相互冲突的，为何二者能够相互协调？现代宪法理论通常从权利商谈和审议民主的角度来化解二者的冲突。一方面将权利视为主体之间商谈的结果，而不是宪法文本中的静态先验假定，另一方面，通过立法过程和宪法审查程序来实现建制化的权利论证与理由说服。“权利源于主体间商谈，权利的正当性基于民主协商的立法过程与令人信服的论证理由”①，因此，保障基本权利的个人需求与民主社会的公共建构具有实质关联。如哈贝马斯所说，“人权与人民主权并不冲突；它们等同于一个以公共商谈形式形成意志的自我限制的实践方式的构成性条件。”② 由此，以权利商谈为主要表现的宪法实施就成为成熟的政治共同体实现人民之主权地位的最高标志。

（二）公民审查建议的规范基础

与其他六类提请类型均有所不同，我国《立法法》所设置的审查建议具有最为浓厚的民主监督色彩。根据前述表1所列情况，各国审查机

---

① 高鸿钧：《权利源于主体间商谈——哈贝马斯的权利理论解析》，载《清华法学》2008年第2期，第6页。

② ［德］哈贝马斯：《在事实与规范之间——关于法律和民主法治国的商谈理论》，童世骏译，生活·读书·新知三联书店2014年版，第634页。

制中的个人提请通常以基本权利保障为宗旨。德国基本法第 93 条第 1 款在将“任何人”（jedermann）作为宪法诉愿主体的同时，将其提请条件限定为基本权利遭公权力侵害。法国违宪抗辩主体在组织法中被限定为普通诉讼的当事人（les justiciables），这是因为宪法对违宪抗辩的前提限定是“宪法所保障的权利与自由受侵害”。因此，相关基本权利教义学均将个人的审查提请视为基本权利的权能之一。美国的附带审查提请主体为普通诉讼当事人，而当事人之诉本身就是权利之诉。但与前述各类个人提请资格均不相同，我国的审查建议不需要提请人以基本权利受到侵害作为理由，任何公民、社会团体和企事业组织甚至五类要求主体以外的其他国家机关只要认为法规与宪法和法律相抵触，均可提出审查建议。由此可以断言，我国《立法法》的审查建议是非常宽泛的公民提请，这种提请不以主观权利受侵害为基础，更不要求建议人与被提请的法规存在法律上的利害关系，而是在较为宽泛的意义上看重其民主监督功能。

关于审查建议的规范研究从最开始就基于《宪法》第 41 条，即：公民对于任何国家机关和国家工作人员，有提出批评和建议的权利；对于任何国家机关和国家工作人员的违法失职行为，有向有关国家机关提出申诉、控告或者检举的权利；由于国家机关和国家工作人员侵犯公民权利而受到损失的人，有依照法律规定取得赔偿的权利。学者认为公民审查建议将《宪法》第 41 条的公民建议权“在立法监督领域进行了具体化，从而使建议权在立法监督领域具有了可操作性和可实现性”。[①] 但一直以来，人们忽视了《宪法》第 41 条其实同时包含着获得权利救济的权利和监督权两项颇为不同的内容。因此，有必要进一步追问审查建议的规范基础到底是权利救济还是民主监督，抑或二者兼而有之？有学者将权利救济和民主监督并举，也就是认为审查建议兼具监督权与救济权的双重属性，“应当是一种基于《宪法》第 41 条的双重性质的权利”。[②] 从《宪法》第 41 条和《立法法》第 99 条第 2 款的表面文义出发，当然可以将审查建议作双重性理解。但问题在于，二者是否有主次之分？笔者认

---

① 胡建淼、金承东：《论法规违宪审查建议权》，载《法学家》2005 年第 2 期，第 136 页。

② 焦洪昌、江溯：《论我国公民合宪性审查建议权的双重属性——以〈宪法〉第 41 条为分析基础》，载《政法论丛》2018 年第 3 期，第 23 页。

为，审查建议的规范基础主要是民主监督，理由如前所述，《立法法》并未对审查建议的提出设置任何实体性或程序性要求，不以建议人的主观权利受到侵害为条件。特别是《立法法》第 99 条第 2 款将“其他国家机关”与公民等并列，如果将权利救济作为审查建议的内在基础，则会在国家机关身上出现无法自圆其说的逻辑缺陷。

在民主的基本框架中将公民审查建议建基于《宪法》第 41 条的监督权之上，也应当同时在更深层次上看到其与其他宪法规定的关联。具体而言，包括以下四个方面：首先，审查建议最终关联着宪法序言第五自然段和第 2 条第 1 款中的人民主权原则，即人民掌握国家权力，是国家的主人，一切国家权力属于人民，因此，在通过宪法审查实现法治国家续造方面亦不应排除人民的主体地位；其次，宪法第 2 条第 3 款中的人民的民主管理权，即人民有权依照法律规定对违宪违法法规提出申诉、控告或建议，从消极方面实现对国家立法事务的参与和管理；再次，序言最后即第十三自然段和第 5 条第 4 款中的护宪职责，即各社会团体、各企业事业组织有义务维护宪法尊严、保证宪法实施并同违宪行为作斗争；最后，从国家的角度来讲，公民审查建议也在法规范塑造方面诠释了宪法第 27 条，即国家机关的立法工作必须依靠人民的支持，经常保持同人民的密切联系，倾听人民的意见和建议，接受人民的监督，努力为人民服务。因此，在根本上讲，“《立法法》对公民违宪审查建议权以法律的形式给予确认，是对宪法所确认的人民当家作主原则的贯彻，是人民当家作主原则在具体法律制度中的体现，这有助于维护宪法权威，实现依宪治国，从而真正实现人民当家作主。”①

（三）建议审查机制的功能定位

由于公民审查建议的宪法规范基础在根本上源于人民主权原则，因此当然应当基于坚持人民主体地位的原则并在社会主义民主政治的框架中来界定建议审查机制的规范功能。其实在法规审查的实践中，全国人大常委会也始终基于原始立法意图将审查建议作为一种广义上的公众参

---

① 王祯军：《从人民当家作主原则看我国公民违宪审查建议权及其完善》，载《广西大学学报》（哲学社会科学版）2009 年第 4 期，第 86 页。

与机制，“通过适当方式听取建议人的意见，并在必要时召开座谈会、论证会等，多方面听取意见。通过这些形式，公民参与到规范性文件备案审查工作中来。”[①] 但由于《立法法》第99条第2款的规定过于宽泛，并未勾勒出建议审查机制的运作环节，因此就需要借助宪法规范对《立法法》第99条第2款的规定进行进一步的解释。就建议审查机制的功能定位来讲，至少可以细化为以下三个相互联系的方面。

其一，建议审查机制的直接功能在于维护客观法秩序的统一。随着我国法律体系的不断丰富，法规范冲突成为日益突出的问题，而传统上的审查形式多为抽象审查，难以从数量庞大的法规体系发现问题，其审查“是不可能全面和准确的”[②]，由此，审查建议就成为重要的补充。根据立法草案说明，2000年《立法法》建立要求和建议审查机制的主要考虑是“为了维护法制的统一……解决实践中存在的法规、规章与法律相抵触，法规与规章之间互相矛盾的问题”[③]。因此，建议机制主要是借助公民的力量来助力审查机关发现可能存在违宪违法情形的法规瑕疵，它在维护国家法制统一的目标上可以与传统审查形式“互为补充，并行不悖”。[④] 易言之，个体公民提出审查建议并参与审查过程，人民的代表机关负责进行审查。

其二，建议审查机制的隐含功能在于权利救济。维护客观法秩序统一的功能定位可以容纳而不排斥审查建议的权利救济的功能，个人若基于主观权利损害而对法规提出审查建议，在助力维护法秩序统一的同时，还可以排除违宪违法法规对建议人主观权利的具体侵害以及对同类主体之权利的普遍性侵害。此时的审查建议可以类比宪法诉愿，有助于落实宪法第33条第3款所确立的人权原则，并保障宪法第二章所宣告的公民

① 全国人大常委会法工委法规备案审查室：《规范性文件备案审查制度理论与实务》，中国民主法制出版社2011年版，第128页。

② 宋锐：《关于全国人大常委会法规备案审查工作的几个问题》，载《中国人大》2004年第3期，第31页。

③ 顾昂然：《关于〈中华人民共和国立法法（草案）〉的说明——2000年3月9日在第九届全国人民代表大会第三次会议上》，载《全国人民代表大会常务委员会公报》2000年第2期，第133页。

④ 全国人大常委会法制工作委员会国家法室：《中华人民共和国立法法释义》，法律出版社2015年版，第316页。

的基本权利。只是与宪法诉愿不同，建议审查机制更侧重于在未来产生排除权利受法规侵害的普遍效果，而不是救济建议者个人已经受到法规侵害的权利，这是由建议审查机制的民主基础所决定的。

其三，建议审查机制的终极功能是在法治续造中落实人民主权原则。通过赋予作为个体的公民对违宪违法法规提出审查建议的资格，使之参与到中国特色法律体系的整合与发展中，在人民主权原则的延长线上完善中国特色社会主义法治体系。民主和人民主权原则不应仅仅体现在制宪时刻，仅仅体现在每五年一次的换届选举或者立法过程的公民参与。对于成熟的民主体制而言，更为重要的是将民主和人民主权建构为一种有效互动的程序性机制，在围绕合宪性问题进行辩论与说服的过程中，形成以宪法审查程序为平台的建制性民主法治互动。

在前述三项功能中，最为重要的无疑是第三项。而且在理想情况下，第三项功能会将前两项功能统合在一起。从比较宪法审查的实践来看，原本分殊的个人提请功能设计在实践中逐渐出现相互融合的趋势。比如，法国的违宪抗辩人、德国的宪法诉愿人以及具体规范审查的原诉当事人，其背后往往存在特定的法律团体、社会阶层或游说集团，它们支持着个人的权利救济诉求，使权利救济上升为一个公共议题。在我国的审查建议实践中，权利救济与民主监督这两项功能还处于相互分立的阶段。目前，部分审查建议是由法规的利害关系人提出的（比如潘洪斌案），但也有大量的审查建议是脱离了具体的主观利益而由学者提出的，比如在2003 年孙志刚案和 2009 年唐福珍案中，对相关行政法规的审查建议都是由若干学者以公民身份提出的。学者提出的审查建议既体现了学者对社会职责的担当，也是社会主义民主和法制及其完善的组成部分。对于《立法法》所规定的审查建议，尽管在规范意义上应当限于字面理解为法规审查的启动机制，但在宽泛的社会意义上则应视为一种民主参与机制的开端。人民参与国家法规范的形成具有积极和消极两种方式，前者为公民对国家立法过程的参与，但考虑到我国的多层次间接选举体制，通过提出审查建议来消极地参与国家立法显然更有意义，因为它可以直达全国人大常委会，这种监督所具有的民主补强功能不应受到忽视。

如果说作为审查提请者的公民是民主参与者，其审查提请是民主参与机制的开端，那么宪法审查就是一个回应审查提请的民主互动过程，它反复不断地从起点走向终点，并在循环往复之间实现自我更新与完善，同时将审查程序塑造为政治参与的舞台。“政治渠道的畅通，人民的政治意愿，人民对政府的要求、呼声得以及时地通过司法途径表达出来，并借助法院这一公共讲坛参与政治生活，使民主在法庭上体现出来，这是司法审查在促进民主方面的重要体现。”① 按照同样的逻辑，德国联邦宪法法院成“一个史无前例的公民法院”（ein Bürgergericht par excellence）。② 审查提请人与审查机关的民主互动表现为实体和程序两方面。在实体上，对于审查提请人和相关者而言，通过抗议、说服和辩论可以产生宪法的具体解释方案以及宪法审查的具体决定，而通过不断的解释与再解释，宪法本身实现了连续不断的变迁和续造，成为民主社会不断完善与发展的蓝图。在程序上，宪法审查程序为相互冲突的主张、观点或立场提供了自我表达的平等舞台，它不同于立法过程是根据力场中的矢量和求得最终结果，而是不同主张进行自我阐明并进而相互商谈与说服的程序，每个参与者都抱有一种愿意被某种主张所据以存在的那些理由所说服的态度，每一种主张和立场都是可质疑的并由此为民主的相对主义本质所必需。

四 建议审查机制的民主化建制

公民审查建议和建议审查机制在实践中具有巨大潜力，但具体制度不足限制了其民主功能的充分发挥。未来应当对建议审查机制作进一步的民主化建制，通过在宪法实施和宪法审查中坚持人民主体地位来发展社会主义民主。

（一）建议审查机制的发展趋势与现状

尽管如学者所说，《立法法》在规定公民审查建议时“对这一权利的

---

① 庞凌：《实质民主——司法审查的理论根基》，载《苏州大学学报》（哲学社会科学版）2015 年第 2 期，第 81 页。

② ［德］克劳斯·施莱希、斯特凡·科里奥特：《德国联邦宪法法院：地位、程序与裁判》，刘飞译，法律出版社 2007 年版，第 562 页。

基本性质、价值目标、宪法依据、相关制度衔接等问题缺少周密论证和清晰认识”[①]，但这并不妨碍建议审查机制的实践发展。目前，公民审查建议已经成为整个审查机制的最重要的动力来源。自 2018 年以来，全国人大常委会收到的审查建议已呈井喷之势，未来还有望继续攀升。根据全国人大常委会法工委自 2017 年至 2020 年所作的备案审查工作情况报告，各年度的建议分布情况如图 1 所示。

图 1　审查建议数量年度分布

资料来源：整理自全国人大常委会法工委备案审查工作情况报告（2017 年至 2020 年），其中 2019 年未公布建议数量，仅提及对 138 件审查建议进行了审查研究、提出处理意见并向建议人反馈。图中所谓“有效建议数”是指既是审查建议（而非来信来函）又属于法定审查范围。

从实践情况来看，笔者认为建议审查机制的发展具有以下三个值得注意的特点。

第一，公民审查建议和建议审查机制日益具有独立的法律程序属性。全国人大常委会在传统上往往将审查建议视为信访意义上的公民来信来函，比如，在 2003 年孙志刚案和 2009 年唐福珍案中，吴邦国委员长就相关问题转送国务院总理的批示中，受到强调的是相关事件“在法学界、新闻界部分人中引起强烈反映”，审查建议函被视为信访意义上的“群众联名信”。[②] 之所以如此，是因为全国人大常委会历来重视信访工作，每年都会收到大量的公民来信并须对其进行日常处理。而《立法法》规定

① 焦洪昌、江溯：《论我国公民合宪性审查建议权的双重属性——以〈宪法〉第 41 条为分析基础》，载《政法论丛》2018 年第 3 期，第 21 页。

② 吴邦国：《吴邦国论人大工作》，人民出版社 2017 年版，第 72、528 页。

的审查建议一直采取信函形式，也就自然地归入信访的范畴并按信访机制处理。但近几年来，法工委在程序上首先挑选涉及规范性文件的来信来函，从中区分审查建议，最后辨识相关建议是否属于全国人大常委会备案审查范围内的有效审查建议。比如，2018 年的报告披露该年内法工委共收到涉及规范性文件的各类来信来函 4578 件，可以明确为审查建议的有 1229 件，其中属于备案审查范围的有 112 件。随着建议审查机制的可辨识性日益提高（比如中国人大网审查建议受理平台付诸使用），审查建议会具有更为明确和独立的法律属性，完全与信访等相区别。

第二，建议审查机制是潜力最大的审查途径。自从 2018 年特别是 2019 年以来，审查建议的总体数量和有效审查建议的数量都大幅增加，这不仅是因为全国人大常委会 2017 年开始听取和审议备案审查工作情况报告，在社会上产生了很大的反响[①]并激发了公民提出审查建议的热情，也是因为通过相关建议审查案例的披露，使公民认识到建议审查机制确实能够发挥维护法制统一、保障基本权利的功能。相比之下，五类国家机关的审查要求权至今从未行使，而以法规专项清理等为主要表现的主动审查尽管也能在特定时期和背景下发挥作用，但其运动式色彩过于明显，其审查功能难以常规化和持续化。因此，在整个审查机制中，建议审查机制无疑成为潜力最大的审查途径。而且随着近两年有效审查建议的数量大幅增加（2020 年为 3378 件），人们有理由相信，建议审查机制的程序构造也会相应突出其自身的独立法律程序属性，走向专门化和专业化。

第三，建议审查机制的基本结构逐渐定型。这种基本结构又可以分解为两个方面。一方面在审查个案意义上，其基本运作流程是：依照《立法法》第 99 条第 2 款和第 101 条的规定，公民向全国人大常委会提出审查建议，由常委会工作机构（主要是法工委的法规备案审查室）负责研究、处理和反馈。另一方面在制度的整体意义上，其基本运作流程是：全国人大常委会法工委就年度审查工作情况向全国人大常委会作报告，其中包括公开披露建议审查的整体情况以及代表性个案，由全国人

---

① 胡锦光：《论设立“宪法和法律委员会”的意义》，载《政法论丛》2018 年第 3 期，第 6 页。

大常委会代表全国人民听取报告和审议，从而对审查工作发挥监督职能。而工作报告中披露的当年度建议审查个案，如果由全国人大常委会审议通过，也就意味着全国人大常委会对法工委审查意见和结果的整体性认可。从建议审查机制的双层构造来看，本章所主张的民主化无论是在个案还是整体的意义上都是在不断增强的。个案层面增加反馈和公开机制，有助于强化建议审查机制的民主回应性，而整体意义上的法工委报告制度，则将包括建议审查在内的整个审查机制置于全国人大监督之下乃至全国人民的监督之下，有利于夯实审查机制的民主正当性。因此，建议审查机制的结构定型，实则是在法规审查领域不断强化社会主义民主的必然结果。

（二）民主导向下的建议审查机制改革

从前述三个方面的特点来看，建议审查机制对于促进社会主义民主和法治具有巨大的潜力，它可以借助独特的法律程序构造来承载公民参与国家法规范塑造过程的民主热情，并通过围绕审查议题的参与、异议、抗辩、说服、论证和回应等，将作为建议者的个体公民、作为审查者的全国人大常委会和作为最终主权者的人民融合在一种建制化的程序当中。对于一种民主化的审查程序建构，最为重要的是塑造良性的参与、对话和商谈平台，通过围绕法规合宪性与合法性异议进行不断的说理与说服，不断地对宪法和法律进行诠释，使权利救济、法制统一、民主监督等融合在宪法商谈的过程中。如巴尔金教授所言，抗议、说服及辩论对于宪法的持续民主正当性至关重要，“因为它们为人民提供了在自己的时代或未来时代救赎宪法的可能。为了展开宪法辩论，人们必须有一个共同的辩论平台，最初与他人意见不同，继而说服他们。这就是宪法解释理论的目的所在。”① 日益增多的公民审查建议在表面上代表着对合宪性与合法性的质疑或分歧，但这种质疑或分歧可以在适当的审查程序中成为一种宪法商谈的起点，不同的主张具有在程序中进行良性交往的机会，并由此塑造出整个宪法的民主正当性。按照哈贝马斯的商谈理论，法律的

---

① ［美］杰克·M. 巴尔金：《活的原旨主义》，刘连泰、刘玉姿译，厦门大学出版社 2015 年版，第 101 页。

合法性最终正是依赖于一种交往的安排。“作为合理商谈的参与者，法律同伴必须有可能考察一有争议规范是否得到，或有无可能得到所有可能相关者的同意。因此，人民主权与人权之间的那种所寻求的内在关系就在于，权利体系所显示的，恰恰是政治自主的立法过程所必需的交往形式本身得以在法律上建制化的条件。”① 因此，在实现宪法商谈的过程中，人权保障与人民主权等原本存在冲突的原则实现了相互补充与协调。

在宪法实施中坚持人民主体地位，不仅意味着在形式上公民能够通过提出审查建议来参与审查机制，更在实质上要求公民的宪法诉求成为宪法商谈的对象和内容。就我国建议审查机制的发展现状而言，如何处理民主的“数量”与“质量”关系正成为日益迫切的问题。从数量上看，目前的审查建议无论是总量还是有效建议量均处在历史最高水平，但就公民的实质性参与程度而言则明显不够，而审查建议在促进民主商谈的质量方面也还存在相当的提升空间。举例而言，个案意义上的审查建议通常并没有真正导致审查程序的正式启动，因为截至目前，所有的审查案例都止步于法工委法规备案审查室的研究阶段，并没有进入宪法和法律委员会乃至全国人大常委会自身的后续审查过程，而法工委法规备案审查室对于审查建议的研究和处理几乎是完全封闭的，其审查结果的反馈也没有附带任何理由说明。在制度整体的意义上，尽管建议审查的总体情况和代表性个案均由全国人大常委会审议通过，但作为一种整体式审议，审查个案中的实质法律理由并没有受到充分注意。在缺乏建议者的程序性参与，缺乏开放透明的审查程序，也缺乏审查机关的理由说明的条件下，真正意义上的宪法商谈是不可能建立的。

因此，对于我国建议审查机制的未来发展而言，最重要的是在民主导向下完成“量”与“质”的真正转化，实现由“量”到“质”的飞跃。对于这种转化和提升而言，程序设置无疑是最为重要的。建议审查机制的程序设置在很多方面不够明朗，并因此限制了其民主功能的发挥。笔者曾主张现行审查机制“应当回归社会主义民主的宏观背景，着力塑

---

① ［德］哈贝马斯：《在事实与规范之间——关于法律和民主法治国的商谈理论》，童世骏译，生活·读书·新知三联书店 2014 年版，第 128—129 页。

造开放、参与和回应型的审查程序。”① 只有审查程序的开放性、参与性和回应性得到强化，建议审查程序才可能使人民在宪法实施中的主体性地位得到提升。因此，有必要在民主的导向下进一步完善建议审查机制。

（三）对完善建议审查机制的具体建议

为使建议审查机制进一步发挥促进社会主义民主的功能，必须完善建议审查机制的具体细节，具体可从以下五个方面着手。

第一，关于审查决定的理由说明。如果缺少说理，就不会存在宪法商谈。因此，为了在宪法实施中真正坚持人民的主体地位和发扬社会主义民主，就必须逐渐改变目前审查结果基本上不附带理由说明的状况。当然，多重现实原因造成了目前的状况，比如审查工作机制的实践传统，审查工作机关的负荷过重，审查程序的开放性和回应性不足等。对于民主商谈而言，最为重要的不是审查结果，而是据以论证审查结果的法律理由。因此，对于具体的审查个案，特别是社会关注程度高、社会影响力较大并且涉及实质性宪法议题的建议个案，审查机关应当更充分地展示其法律论证的过程，特别是对于存在分歧的问题，应当尽可能在审查决定中对不同的主张进行回应，展现充分的说理。在特定情况下对于分歧性的宪法问题，充分的说理还是多元的说理，它需要容纳协同意见甚至反对意见，从而更好回应时代的变迁。完善审查决定的说理制度，既能够使人民群众在每一个审查个案中都感受到公平正义，也能够使宪法随着审查制度的历史变迁真正成为世代人民都参与对话的流动的话语。

第二，关于建议的筛选和过滤机制。不少学者基于对审查机关审查负荷的担心，认为《立法法》未对审查建议设置“门槛”是一种缺陷，因此有必要建立某种案件筛选机制，比如提出“利益相关性”“基本权利相关性”“申请人的基本权利主体地位”等标准，只有审查建议符合这些标准，才可以进入全国人大常委会的审查过程。② 对此，笔者略有异议。

① 王建学：《作为民主对话平台的宪法审查程序》，载《中国法律评论》2020年第1期，第57页。

② 张翔：《宪法案件的筛选机制——我国启动宪法解释的技术障碍的排除》，载《中国宪法年刊》（2013年卷），法律出版社2014年版，第98页。

理由如前所述，建议审查机制的设立源于民主考虑，其内在逻辑是民主，而不是权利救济，即只要公民、社会团体、企业事业组织甚至国家机关认为法规存在违宪违法的情形，都可以提出审查建议。因此，借鉴域外的宪法诉愿、违宪抗辩等机制改造审查建议似有"东施效颦"之嫌。设立建议审查机制的原始意图包括提高民主监督的"数量"，不能通过设置门槛将任何审查建议拒之门外，但也确有必要采取措施来将涉及重要实质性宪法问题的建议凸显出来，从而使审查机制更有效率，这就涉及审查机制的分工问题。

第三，关于建议审查机制与其他审查机制的分工问题。建议审查机制与要求审查机制等存在一定分工，在研究建议审查机制时不能忽略这种分工关系。前述有学者主张以利益相关性、基本权利相关性等为门槛对审查建议进行过滤，这种改造建议审查机制的看法之所以不必要，是因为完全可以借助《立法法》第 99 条第 1 款中规定的最高人民法院和最高人民检察院的审查要求权来实现，"疏通法院与全国人大常委会之间的制度通道"，普通诉讼当事人因权利受法规侵害而提出异议的，可以经由主审法院审核过滤后，经由最高人民法院向全国人大常委会提出审查要求，由此形成一种"合宪性审查优先移送机制"①。这种基于审查要求的移送审查机制完全可以与现有的建议审查机制并行不悖、相互补充。完善建议审查机制不仅需要着眼于审查建议，还要看到现行审查制度的各个机制环节的相互配合，在相互配合的基础上实现制度效能的综合提升。不能因为要求审查机制未能激活，就将其功能转嫁到建议审查机制上，否则就损害了不同机制的分工关系。

第四，关于审查建议的重复问题。在建议审查实践中，存在不同主体针对同一对象多次提出审查建议的情况。比如针对最高人民法院制定的《关于适用〈中华人民共和国婚姻法〉若干问题的解释（二）》第 24 条关于夫妻共同债务承担的规定，法工委自 2016 年以来收到近千件针对该规定的公民审查建议，此外，2017 年 3 月第十二届全国人大五次会议期间有 45 位全国人大代表分别联名对其提出 5 件建议。对于社会普遍关

① 王蔚：《客观法秩序与主观利益之协调——我国合宪性审查机制之完善》，载《中国法律评论》2018 年第 1 期，第 139 页。

注的特定对象，将不可避免地出现公民反复提出审查建议甚至人大代表和政协委员联名或联合社会团体提出审查建议的情况。公民、人大代表和政协委员联名提出审查建议的情况不仅强化了建议案的社会影响，产生“人多势众”的动员效果，而“在效果上加强了人民与人民代表之间的有机联系，拓展了人民代表履行代表职责的功能”①。但不同主体分别提出重复性审查建议，不必要地占用了审查制度资源。未来法工委有必要借助审查建议受理网络平台来分析审查建议的对象频率，有效合并个案进行审查和研究，将联名联署建议制度化，并且进行电子化无纸便捷反馈。

第五，关于建议审查机制的具体法律属性问题。完善的宪法商谈需要借助属性清晰、界限明确的具体程序，完善的建议审查程序一定体现众多的具体法律细节中。而目前的建议审查程序还存在太多的模糊性，比如，审查决定自何时生效？产生一般效力还是个案效力？如果建议人在提出审查建议的同时还在寻求诉讼救济，法工委所反馈的审查结果对法院是否产生影响或拘束力？法工委的审查结果是否可能与法院认定相矛盾？如果建议人提出审查建议后，法工委未能履行《立法法》第 101 条规定的反馈义务，建议人是否可以要求反馈甚至向法院或人大自身寻求不作为救济？诸如此类的法律细节问题在当前的建议审查机制中均没有得到应有考虑。而这些细节的完善，才能真正彰显建议审查机制作为独特法律机制的程序性功能。建议审查机制不仅要吸纳公民的建议，而且还要做到精致地吸纳，其完善也必须在程序机制的“质量”上下功夫，在精益求精中真正实现法治国的民主商谈。

结　语

宪法实施和宪法审查的过程必须始终对公民保持开放性和回应性，这对于现代宪法而言是至关重要的。因为如果公民能够参与宪法实施和宪法审查的过程，并通过一种建制性的商谈机制来不断诠释人民主权原

① 贺海仁：《合法性生产的微观方法与权利救济——我国公民合法性审查建议权的实践逻辑》，载《法律适用》2015 年第 5 期，第 30 页。

则，就没有必要诉诸制宪权那样的颠覆性手段。公民审查建议是人民参与宪法实施和宪法审查的起点，但起点只意味着“数量”，必须通过完善具体的审查机制将公民作为建议者的个体意见有效吸纳、整合到宪法商谈的过程中，在商谈过程中实现“质量”，最终将人民的主体地位建制在一种程序性交往机制中，实现法治的民主续造，实现社会主义民主与依法治国的统一。近几年来，正是在习近平法治思想的指引下，全国人大常委会基于公民审查建议通过宪法审查机制纠正了夫妻共同债务认定标准和举证责任分配中的偏差，废止了过度限制人身自由的收容教育制度，取消了城乡居民人身损害赔偿标准的不合理差别，在诸如此类的建议审查个案中，较好实现了维护国家法制统一和充分保障人权的统一，实现了坚持人民主体地位、全面依法治国和发展社会主义民主的统一。未来必须通过完善具体的审查程序机制，在宪法实施和宪法审查过程中进一步发扬人民主体地位、发展社会主义民主。

［本章内容曾以《公民审查建议、宪法实施与社会主义民主——研读习近平法治思想的一份理论答卷》为题发表于《政法论丛》2021 年第 3 期，主要观点曾提交第三届“中国宪法学青年论坛”（2019 年 11 月 9 日至 10 日武汉大学）作主题发言，感谢与会师友的批评和建议，文责自负］

法条聚焦:《海南自由贸易港法》(特别是第 10 条)

第五篇

自贸区、自贸港立法问题

第九章

自贸区改革试验功能的法治化与科学化

【本章提要】 我国自贸区是世界上独一无二的试验区，其制度初心在于改革试验功能。自贸区应充分发挥试验功能，为全面深化改革提供可复制的成功经验。试验区通常对非试验区构成制度壁垒，减损平等、单一制和法制统一，自贸区则将改革试验导入法治和科学轨道，成为改革开放的里程碑。未来的自贸区试验应当引入比例考量，从适当性、必要性和均衡性三方面进一步法治化和科学化。在目标上，自贸区不能仅限于扩大对外开放，更应对内促进整个国家的改革。在手段上，一方面应优化试验功能，建立科学的效果评估机制，有效提炼可复制的成功经验并及时向全国推广，另一方面以法治手段规制自贸区的对内壁垒，实现改革与法治的平衡。我国应当尽快制定自贸区法和改革试点法。

一 问题的提出

自贸区建设已经成为我国近几年改革开放的前沿领域和重点内容。习近平总书记强调指出："建设自由贸易试验区是党中央在新时代推进改革开放的一项战略举措，在我国改革开放进程中具有里程碑意义。"① 自2013年9月29日至2020年8月30日，我国分六批在上海、天津、福建、

① 《高标准高质量推进自由贸易试验区建设》，载《河北日报》2019年8月31日第2版。

广东、辽宁、浙江、湖北、河南、重庆、四川、陕西、海南、山东、江苏、广西、河北、云南、黑龙江、北京、湖南、安徽等地建立了21个自贸区，未来有望继续增加。现有21个自贸区共包括66个片区，几乎遍布全国各重点地域。其中，海南自贸区更因其特殊地位而升级为自由贸易港。[①]

由于自贸区改革需要突破全国性法律，因此自贸区的制度建构一直基于全国人大常委会作出的地方改革试点授权决定，从而实现重大改革于法有据，比如首个自贸区即上海自贸区在设立前，全国人大常委会授权在上海自贸区内暂时调整3部法律中所规定的11项行政审批。[②] 对于此种基于改革试验目的而暂停法律的做法，法学界始终存在合法性疑虑，[③] 学者甚至对全国人大常委会决定所依据的《立法法》第13条本身存在合宪性疑虑。[④] 至今为止，相关法学理论始终未能有效化解改革试点与依法治国之间的冲突。

从法学的规范立场出发，应当如何深入理解自贸区在改革开放进程中的里程碑作用？特别是我国已经步入“改革与法治‘双轮驱动’”[⑤] 的新时代，在此背景下，自贸区集中承载着改革与法治良性互动的制度预期。本章首先揭示自贸区制度受到忽视的改革试验功能，即自贸区的制度初心在于通过法律、政策和行政试验为整个国家的全面深化改革提供可复制的成功经验，在此基础上，探讨为何以及如何使之在法治框架内得到更科学的充分发挥，从而有效塑造改革与法治的平衡关系，保证自贸区制度行稳致远、久久为功。

---

① 海南是我国正式建立的第一个自由贸易港，中共中央、国务院于2020年6月1日正式印发《海南自由贸易港建设总体方案》。

② 参见《关于授权国务院在中国（上海）自由贸易试验区暂时调整有关法律规定的行政审批的决定》（2013年8月30日第十二届全国人民代表大会常务委员会第四次会议通过）。

③ 参见傅蔚冈、蒋红珍《上海自贸区设立与变法模式思考——以“暂停法律实施”的授权合法性为焦点》，载《东方法学》2014年第1期，第103页；范进学：《授权与解释：中国（上海）自由贸易试验区变法模式之分析》，载《东方法学》2014年第2期，第131页。

④ 参见刘志刚《暂时停止法律实施决定的正当性分析》，载《苏州大学学报》（法学版）2015年第4期，第62—63页。

⑤ 王乐泉：《论改革与法治的关系》，载《中国法学》2014年第6期，第20页。

二 自贸试验区及其背后的法治问题

(一) 我国自贸区的独特试验功能

自贸区即自由贸易区，是指贸易活动可以在其中自由开展的法律地理空间，其对立面主要是国家内部或国家之间所设置的贸易管制和壁垒，即国家出于获得财政收入、维护公共利益、保护国内行业等目的而通过关税制度、审批制度和贸易保护等手段限制贸易活动的自由进行。因此，建立自贸区主要体现了国家通过放松或取消管制来降低贸易成本并促进贸易自由化。归根结底，自贸区的背后是李嘉图和斯密所代表的古典自由主义经济观。李嘉图认为自由竞争是最理想的贸易方式，因为“它使劳动得到最有效和最经济的分配；同时，由于增加生产总额，它使人们都得到好处，并以利害关系和互相交往的共同纽带把文明世界各民族结合成一个统一的社会”①。斯密更笃定对内自由竞争和对外自由贸易“都是有利而且是必须的、不可避免的”②。

国内自由竞争和贸易对市场经济国家的必要性几乎不证自明，因此，自贸区往往是对外而言的。当今多数国家都会在其主权以内、关境以外划出特定区域作为自贸区，其中准许外国商品豁免关税自由进出，从而促进贸易自由。③ 根据世界自由贸易区联合会的统计，全球共有约3000个自贸区，它们分布在116个国家和地区。在约3000个自贸区中，唯独我国的自贸区称为“试验区”。这种命名上的独特性绝非偶然，而是别有深意。学者往往将我国自由贸易试验区简称为“自贸区”，由此忽视其名称中的“试验”二字，或者对其熟视无睹。相关研究多集中在对外开放、国际贸易和国际经济法领域，也有学者从国内财税改革角度研究自贸区

---

① ［英］大卫·李嘉图：《政治经济学及赋税原理》，郭大力、王亚南译，商务印书馆1962年版，第113页。

② ［英］亚当·斯密：《国富论》，张兴等译，北京出版社2007年版，第61、83页。

③ 本章主要讨论国内法层面的自贸区。在国际法上，两个及以上的国家或地区会通过国际协定组成自贸区，在一定程度上允许产品和服务在国家间自由流动，从而消除相互间的贸易壁垒并实现经济一体化目标，比如中国与东盟自贸区（CAFTA）、中欧自贸区（CEFTA）、北美自贸区（NAFTA）等。

作为试验区和先行区的实质作用，但仍未充分意识到其名称中“试验”二字的分量。

从名称的语义结构上讲，“自由贸易”是定语，而“试验区”才是中心语。据此，“试验”对“区”的定性比“自由贸易”更为重要。根据世界银行的研究报告，在全球具有特殊经济地位的区域中，我国经济特区曾被归入一种非常独特的类型，即“适用新政策或方法的试验性的实验室（experimental laboratory）”①。自贸区是经济特区的升级版，“中国自由贸易区如同当年的经济特区一样，是一个使命（改革）与发展（促进经济全球化、贸易自由化）的共同体，更是一个体制机制创新与制度创新的试验田。”② 因此，通过对自贸区进行横向比较可以发现我国自贸区的独特试验功能，我国自贸区正如其名称所示是一种以制度试点为核心功能的试验区，它不仅是自由贸易区，更是通往自由贸易的改革试验之路。

准确理解我国自贸区在改革开放中的试验功能，必须回到其最初的成立背景，从而充分发掘其极具中国特色的试验田设计初衷。从基本背景来看，1978 年开始的改革开放带来了我国经济社会的高速发展，但进入 21 世纪以来改革逐渐进入深水区。面对新形势新任务，为全面建成小康社会，进而建成富强民主文明和谐的社会主义现代化国家、实现中华民族伟大复兴的中国梦，必须在新的历史起点上全面深化改革，借助自贸区来创造新动能。从早期的经济特区到各类改革试验区，再到最新的自贸区，都是为了不断给改革创造持续动能。如党的十八届三中全会决定所说，“建立中国上海自由贸易试验区是党中央在新形势下推进改革开放的重大举措，要切实建设好、管理好，为全面深化改革和扩大开放探索新途径、积累新经验。”③ 在此背景下，自贸区是为改革开放探索新途径、积累新经验的基本手段。

---

① The World Bank Group, Special Economic Zones: Performance, Lessons Learned, and Implications for Zone Development, 2008, p. 12.

② 陶一桃：《从特区到自贸区：中国自贸区的特殊使命》，载《深圳大学学报》（人文社会科学版）2015 年第 6 期，第 36 页。

③ 《中共中央关于全面深化改革若干重大问题的决定》（2013 年 11 月 12 日中国共产党第十八届中央委员会第三次全体会议通过），载《人民日报》2013 年 11 月 16 日第 1 版。

在国务院批复的各自贸区总体方案[①]中，改革试验成为21个自贸区战略定位的最大公约数。比如，首个上海自贸区的定位是“按照先行先试、风险可控、分步推进、逐步完善的方式，把扩大开放与体制改革相结合”。在第二批中，广东自贸区的定位是“全国新一轮改革开放先行地”，天津自贸区的定位是“以制度创新为核心任务，以可复制可推广为基本要求……努力成为全国改革开放先行区和制度创新试验田”，福建自贸区的定位是“充分发挥改革先行优势……把自贸试验区建设成为改革创新试验田”。从第三批开始，所有自贸区的战略定位中都包括“以制度创新为核心，以可复制可推广为基本要求”，湖北、陕西、海南等自贸区还额外强调了“全面改革开放试验田”“全面深化改革开放试验区”[②]。随着自贸区实践的不断发展，改革试验已经逐渐成为自贸区的制度基因。

（二）自贸区改革中的试验与法治

如同经济特区等其他改革试验区一样，自贸区并不仅是空间地理范畴，更是一种以局部地域为范围的法律制度集成。作为法律制度集成，试验区从设立到运作的整个过程都离不开法治手段的运用。在自贸区构建的整个过程中，可以明显观察到法治手段的频繁运用，其程度远远超过以往任何试验区。从设立依据来看，全国人大常委会以专门的授权决定为自贸区提供了法律基础。自从2013年关于上海自贸区的授权决定以来，所有自贸区的改革试验需要暂时调整或停止法律的，均由全国人大

---

① 自贸区总体方案通常由商务部和相关省级政府会同国务院有关部门拟定，报国务院审批，因此并非国务院制定的规范性文件，而应是行政规章，但由于经国务院批准所以在效力上应略高于行政规章。参见丁伟《中国（上海）自由贸易试验区法制保障的探索与实践》，载《法学》2013年第11期，第110页。

② 参见国务院印发的各自贸区总体方案，恕不逐一注明出处，国务院印发这些通知的字号为：2013年9月18日国发〔2013〕38号、2015年4月8日国发〔2015〕18至20号、2017年3月15日国发〔2017〕15至21号、2018年9月24日国发〔2018〕34号、2019年7月27日国发〔2019〕15号、2019年8月2日国发〔2019〕16号、2020年8月30日国发〔2020〕10号。

常委会作出授权，[①] 需要暂时调整或停止行政法规的，也都由国务院作出授权。[②] 而授权决定作为自贸区改革试验的规范依据，均明确规定自贸区的改革试验功能。2015 年《立法法》修改过程中增加第 13 条，为全国人大常委会授权地方改革试点决定提供了正式依据和规范基础。[③] 在自贸区实际运作的整个过程中，法治手段也得到了全面运用。国务院在其批复的各自贸区总体方案中均无一例外地专章规定法治保障，其中特别强调以下三方面内容：一是自贸区试验需要暂时调整实施有关行政法规、国务院文件和部门规章的，必须按照法定程序办理审批；二是有效运用省级地方立法权，制定自贸区条例和管理办法，从而完善法制保障体系；三是加强试点监管和风险评估与防控，做好与相关法律立改废释的衔接，及时解决试点过程中的制度保障问题。

前述法治手段也曾局部使用于经济特区等试验区，但其强度和范围无法与自贸区相比，据此有学者提出自贸区开创了一种“以法治试验和创新为主要内容的地方法治建设模式”[④]。法治手段之所以在自贸区建构中得到充分运用，与全面深化改革和全面推进依法治国的背景密切相关。从全面深化改革的角度看，自贸区所进行的试验在迄今为止的改革开放历程中具有最大力度，一方面通过试行自由贸易政策直接与世界彻底接轨，在全球范围内接受自由竞争和挑战，另一方面通过巨大竞争压力来倒逼国内改革，从而实现整个国家的全面深化改革。作为力度最大的改

---

① 参见《关于授权国务院在中国（广东）自由贸易试验区、中国（天津）自由贸易试验区、中国（福建）自由贸易试验区以及中国（上海）自由贸易试验区扩展区域暂时调整有关法律规定的行政审批的决定》（2014 年 12 月 28 日第十二届全国人民代表大会常务委员会第十二次会议通过）、《关于授权国务院在自由贸易试验区暂时调整适用有关法律规定的决定》（2019 年 10 月 26 日第十三届全国人民代表大会常务委员会第十四次会议通过）。

② 比如参见《国务院关于在中国（上海）自由贸易试验区内暂时调整有关行政法规和国务院文件规定的行政审批或者准入特别管理措施的决定》2013 年 12 月 21 日国发〔2013〕51 号。

③ 实践条件还不成熟、需要先行先试的，要按照法定程序作出授权。按照这一要求，总结近年来的实践，修正案草案增加了第 13 条规定。参见李建国《关于〈中华人民共和国立法法修正案（草案）〉的说明——2015 年 3 月 8 日在第十二届全国人民代表大会第三次会议上》，载中国人大网 http：//www. npc. gov. cn/wxzl/gongbao/2015 – 05/07/content_ 1939099. htm，2020 年 4 月 20 日最后访问。

④ 丁轶：《“自贸区法治”的法理蕴意与规范证成》，载《法治现代化研究》2020 年第 3 期，第 45 页。

革试验机制，自贸区所试行的机制必然与既有法律制度产生最为激烈的冲突，以法治手段保障自贸区试验的现实需求也最为突出。从全面推进依法治国的角度看，我国社会主义法律体系已经日益完备，改革行为再也不能逃避法治的控制，必须充分运用法治手段对改革试验发挥规范、保障和引领作用，特别是局部变通法律的试验授权必须得到更有效的控制。

从法治角度讲，包括自贸区在内的试验区在法律上具有利弊并存的双重性。自贸区作为试验区虽然可以通过试验促进法律制度的改良和优化，但其最根本的法治难题在于必然对国内其他区域形成一定程度的法律区隔或制度壁垒，而这必然违背平等、单一制和法制统一等基本法治要求。因此如学者所言，自贸区的法治建设“尚处于探索试验阶段”，“应避免做过度解读”①。必须以恰当方式将自贸区的改革试验安顿在传统宪法所构筑的规范世界中，而在完成此项理论任务以前，“自贸区法治”这样的提法似乎过于草率。在改革与法治双轮驱动的背景下，有必要追问自贸区试验机制的内在法治机理。自贸试验区在法治方面具有哪些区别于传统试验区的特征，以至于可以将其与法治关联在一起？

三　自贸区试验机制的制度特征及其法理解读

（一）自贸区试验机制的制度特征

自贸区在本质上具有与经济特区等改革机制相同的试验田功能，但其制度细节具有下列三方面特征，意味着自贸区试验功能在内在机理中蕴含着前所未有的法治化和科学化，自贸区也因此成为改革开放的里程碑。

首先，自贸区在地域分布上具有广泛性和均匀性。我国在改革开放前 40 年所设置的地方试验机制均集中于东部沿海，尤以经济特区的设立最有代表性。四大经济特区所在地的市均处于广东和福建沿海，它们相对于内陆地方本就具有天然发展优势，却长期独占改革试验资格并长期

---

①　刘松山：《论自贸区不具有独立的法治意义及几个相关法律问题》，载《政治与法律》2014 年第 2 期，第 6 页。

独享体制性红利，“虽然各个经济特区在建设之初得到的优惠政策有所不同，但大体上都包括税收优惠、资金支持、政策宽松及放权于地方等方面。”① 由此经济特区与内地的经济差距不降反升，这种体制与宪法上的平等原则特别是实质平等背道而驰。自贸区的广泛和均匀分布显然更为平等，不仅上海等沿海发达地方由于其地理和经济定位而成为自贸区，河南、湖北等中部地区，辽宁、黑龙江等东北部地区，甚至重庆、四川、陕西、云南等西部地区都设有自贸区。自贸区地域分布的广泛性和均匀性不仅有助于扭转重东轻西的传统发展惯性，实现地区之间发展的平等性，更有利于增强试验对象的代表性、多样性和对比性②，从而提高改革经验的普适性，最终助益于试验机制的科学化。

其次，自贸区其所采取的突破或变通法律和行政法规的试点措施，均附有日落条款。我国在改革开放进程中一直采取授权的形式来设置试验区，比如经济特区等改革试验区取得了全国人大或其常委会的立法变通授权。然而，早期授权往往是概括的一揽子授权，并且授权者在作出授权之后完全放任地方的改革试验，所授权限逐渐变为被授权者的长期特权。由此，试验区对非试验区形成长期的制度区隔，地域特权在一定程度上塑造了“国中之国”，长期损害平等、单一制和法制统一。但自贸区试验的独特之处在于其事前、事中和事后等所有环节均实现了法治全覆盖，最突出的表现是授权包括明确的日落条款。全国人大常委会对自贸区的试点授权本身包含了终止时间，而国务院必须在试点期限届满前评估和报告改革试点的效果，据此或者延长或者终止试点，或者根据试验效果提出修改法律的正式议案，由全国人大常委会审议并最终修改法律，从而将试点经验向全国复制和推广。日落条款的引入保证了自贸区试验对法律的变通和对法治的减损只是暂时性的。

最后，自贸区建立了改革经验的提炼、复制和推广机制，保证改革

---

① 陶一桃、鲁志国等：《中国经济特区发展（1978—2018）》，社会科学文献出版社 2018 年版，第 147 页。

② 商务部办公厅副主任、新闻发言人高峰在 2020 年表示，在增设第三批 7 个自贸区后，“全国改革试点布局更加均衡，制度创新更加系统，差异化探索更加丰富”。参见《商务部召开辽宁等自贸试验区设立三周年网上专题新闻发布会》，载中国政府网 http：//www. gov. cn/xinwen/2020 - 04/19/content_ 5504193. htm，2020 年 6 月 20 日最后访问。

经验的稳定产出和常态转化。我国在改革开放前40年并未试图建立正式的经验提炼或推广机制，经验总结靠意志，经验推广看领导。由于改革经验的产出和转化无法得到保证，设立改革试验田的初衷实际上遭到背离。自贸区根据国务院批复的总体方案不仅要以“可复制可推广”为基本要求，而且经验的提炼、复制和推广受到组织和程序上的保障：第一，自贸区管理机构负有义务及时总结改革创新的经验和成果；第二，国务院成立了自由贸易试验区工作部际联席会议，会同相关省级人民政府及时总结评估自贸区改革开放创新试点任务实施效果；第三，引入第三方机构的独立评估机制，强化各领域试点经验系统集成；第四，实施分类审查程序，将效果好、风险可控的试点成果复制和推广至全国其他地区。

（二）自贸区试验机制的法理解读

从前述制度特征可以看出，自贸区在本质上是一种集中体现改革与法治关系的试验机制，并且它作为一种有效的试验机制，一方面在尽可能以科学试验促进全面深化改革，另一方面在尽可能降低对法治价值的减损。理解自贸区的制度特征必须认识到其存在背景，并在规范上理顺改革、试验和法治三个关键词。

改革是我国在1978年作出的重大政治决断，在1993年成为宪法序言所宣告的基本国策。现行1982年宪法本身从制宪背景来看就是“为认可和推动改革而制定”的“改革宪法”。[①] 从消极面来讲，改革开放的重大决断在作出当时，整个国家已经无以为继，必须立即改变发展方式，“不改革开放……只能是死路一条”[②]；从积极面来讲，改革开放是实现中华民族伟大复兴、参与构建人类命运共同体的关键。基于过去四十多年的经验，改革不仅事关人民生活水平的提高，更关系到人民据以改善生活的法律制度的改良，因此它在宏观上与基本权利的实现具有正向关联性。由此，坚定不移地推进改革构成国家不可推卸的宪法义务。党的十八届三中全会以来，全面深化改革成为我国实现新时代国家目标的基本路径。

---

① 夏勇：《中国宪法改革的几个基本理论问题》，载《中国社会科学》2003年第2期，第5页。

② 邓小平：《邓小平文选》（第3卷），人民出版社1993年版，第370页。

试验是实现科学稳妥改革的必由之路。我国正在进行的改革在复杂性上举世罕见，没有任何成功的经验、模式或道路可以参照。因此，改革伊始就采取了“摸着石头过河”的实用主义方法。所谓“摸着石头过河”其实是指依靠改革试点中所积累和总结的经验，如邓小平同志所说，“有些问题，中央在原则上决定以后，还要经过试点，取得经验，集中集体智慧，成熟一个，解决一个”，“中央各部门要允许和鼓励他们进行这种试验。”[①] 这种务实的态度为地方试验创造了条件。从学理上讲，地方试验具有不可替代的作用。“它创造了一种可能性和条件，在一个较小比例的地域或时间内，来衡量试验内容的长处与短处，而这使人们能够在将某一机制推广之前有机会去改善它，或者是在它被证明为没有效率或不妥当时抛弃它。试验同样能够具有一种政治上的功能，它通过对改革措施有效性的证明，消除了制度变化给人们带来的恐惧和不安，从而使一项制度改革更容易被大众所接受。”[②]

法治是我国宪法在 1999 年修正后所确立的基本原则，党的十八届四中全会将全面推进依法治国作为新时代中国特色社会主义的本质要求和重要保障。众所公认，法治在形式上意味着法律体系的一致性，即宪法第 5 条第 2 款的“社会主义法制的统一和尊严”，在实质上意味着人权、平等、公正等一系列内在价值。2004 年人权入宪以来，我国宪法中的实质法治内涵越来越丰富，它反过来对法律在形式上的一致性提出了更高要求，因为形式一致性使法治天然具有“遏制公权力的专横和保障个人自由的功能”。[③] 从法律体系和法治建设的角度来看，地方试验是存在固有弊端的，它在试验区内外造成了基于地域的差别对待，形成了国内制度壁垒，既违背平等原则，也损害了法律规则的形式一致性和单一制的国家结构形式。但从长远来看，地方试验所取得的经验又有助于促进法律体系和法治建设的改革完善。

---

① 邓小平：《邓小平文选》（第 2 卷），人民出版社 1994 年版，第 150、341 页。

② André Roux，Réforme de l'Etat et Expérimentation，in Actes du Colloque International de Toulon《 La Réforme de l'Etat》，les 1 et 2 octobre 2004，Bruxelles：Bruylant，2005，p. 99. 该文的中译本，可参见［法］安德烈·鲁《宪法中的国家改革与试验》，王建学译，载《南开法律评论》（第 15 辑），中国检察出版社 2021 年版，第 135—147 页。

③ 张翔：《形式法治与法教义学》，载《法学研究》2012 年第 6 期，第 7 页。

显然，包括自贸区在内的地方试验机制，对改革而言是必要的且可能有利的，但对法治的减损却是必然的。比如，以经济特区为代表的早期地方试验机制在较大损耗法治的同时，并未将其对改革的促进作用以稳定和可持续的方式发挥出来，因此，其法治弊端就特别明显。不乏学者认为，经济特区变通立法严重破坏国家法制统一、损害了法律的权威和安定，应当予以废除。[①] 总体而言，地方试验一直在我国的改革开放中发挥重要作用，但过去的改革试验主要存在两方面重大问题：一是地方试验冲击日益完善的社会主义法律体系，导致地区间差异与特权以试验为名固定化，违背宪法的平等原则，使国家法制统一性受到严重威胁；二是由于地方试验缺少法律控制，制度化程度低，缺少正式的评估机制，其试验效用也未充分发挥，相关制度并未因此整体性改良，国家和人民并未由此充分获益。

自贸区试验机制通过融入法治框架使其自身对法治的减损下降到最低程度，同时使其对改革的促进作用由偶然变为必然并且得到可持续性的保证。因此，自贸区制度的行稳致远、久久为功成为可能。目前针对自贸区制度的诸多设计均是为了实现增质减耗：自贸区地域分布的广泛化和均匀化既有助于更好提炼改革试点的成功经验，也观照了平等、公平等法治价值；建立稳定提炼、复制和推广试点经验的机制和程序，是为了更好确保试验手段对改革目标的适当性，也将自贸区与全国改革关联在一起；日落条款的运用避免了自贸区对国内其他区域形成长期的国内制度壁垒，使平等、单一制和法制统一受到的减损由长期变为临时；在自贸区建设的整个过程中全面运用法治手段，既更好规范和保障了自贸区的试验作用，也保证了法治等长远价值不被自贸区的临时性试验所颠覆。

总而言之，地方试验是追求改革目标或国策的必要手段，采取这一手段却减损了法治，而自贸区试验机制实现了最利于促进改革和最少减损法治之间的平衡。这正是学理上比例原则的基本要求，[②] 具体而言包括

---

① 庞凌：《关于经济特区授权立法变通权规定的思考》，载《学习与探索》2015 年第 1 期，第 74 页。

② 已有学者主张在地方试验领域适用比例原则，参见王建学《授权地方改革试点决定应遵循比例原则》，载《法学》2017 年第 5 期，第 49 页；杨登峰：《行政改革试验授权制度的法理分析》，载《中国社会科学》2018 年第 9 期，第 157 页。

三个方面：自贸区试验制度系以对内促进整个国家的改革为目标，即适当性原则；在多种可促进改革目标的措施之间，采取对法治减损最小的试验形式，即必要性原则；试验措施对法治所造成的减损与所追求的改革目的保持平衡，避免为达成很小的改革目的而造成对法治的重大损害，即均衡性原则。因此，从学理层面而言，自贸区在改革进程中的里程碑意义正在于它引入了比例原则的衡量工具，从而在外在法治化的同时实现了自身的科学化。必须认识到，平等、单一制和法制统一都是具有弹性的宪法原则，不能因其受到减损就动辄指摘违法违宪，而应在比例原则范围内控制其减损程度，减损超出必要限度时才有违法违宪之虞。

四 自贸区试验机制的科学化与法治化

自贸区对改革真正发挥里程碑作用的关键是在未来试验中有效兴利除弊：兴利，即为全面深化国家改革提供科学的经验基础，实现试验科学化；除弊，即将自贸区试验导入法治轨道，实现试验法治化。

（一）自贸区试验功能的科学发挥

自贸区应当通过科学发挥试验功能为全面深化国家改革提供充分的经验基础，这一功能的有效实现必须借助合理可行的试验机制。从目前的试验机制来看，自贸区的试验功能主要是由各自贸区管委会、省级人民政府和国务院来确保实现的。具体而言，主要包括三个环节：第一，各自贸区自身负责执行和落实试点机制，并及时总结试点经验，具体职能由自贸区管理委员会承担；第二，省级人民政府对所辖自贸区进行领导和监督并负责在本省级行政区域内复制和推广试点经验，具体职能由商务厅承担；第三，国务院对全国自贸区进行领导和监督并负责在全国范围内复制和推广试点经验，具体职能则由商务部承担，另外，国务院成立的自由贸易试验区工作部际联席会议，商务部为牵头单位，联席会议办公室也设在商务部。因此，目前的自贸区试验机制主要处在各级行政机构的主导之下。

行政机构主导下的试验机制具有效率高等优点，但却不是最好的组织模式，因为它会导致试验的行政化运作，从而冲淡试验的科学性，使试验无法对改革充分发挥试错和积累经验的作用，背离试验机制的初衷。比如，行政化运作导致自贸区试验在一定程度上存在急于求成现象。根据笔者统计，绝大多数自贸区改革经验的生产周期在 1 年左右甚至更短，即相关试点仅仅经过了 1 年左右时间就得到复制和推广。这种情形不仅存在于国家层面①，也普遍出现在各地方。② 而且在 1 年左右的时间中，还包括了组织筹备、效果评估等间接环节，更包括上报、请示、批准等各种与试验无关的行政环节。有趣的是，试验时间短的现象只出现在纯粹的行政过程中，那些由全国人大常委会依照《立法法》第 13 条作出授权的试点，授权决定规定的试验时间通常是 3 年，在实施过程中却往往需要延期。两种试点均是行政审批类的试验，从常理上讲，实际试验用时本应相仿，而最终情形却大相径庭。这或许说明，行政机构主导下的试验过程存在贪功冒进的嫌疑。

行政主导下的试验过程不仅“效率”高，而且成功率更高。至今为止，各自贸区从设立以来所实施的所有改革试验，从未见任何一项试验机制被宣告为失败（即在试验中被验证为缺乏效率或弊大于利），相反，全部试验的结果都是成功和胜利，百分之百得到复制和推广。这种现实状况是不符合试验的科学规律的。从科学理论上讲，任何试验都具有失败的可能性，不仅自然科学试验如此，法律、政策和行政试验因为牵涉复杂更是如此。在此意义上讲，我国自贸区试验机制的完善不仅在于提炼、复制和推广了多少成功经验，更在于积累了多少错误和取得了多少教训。对于改革试验机制而言，最重要的是具备正确认识错误的能力。

早在改革伊始，邓小平同志就强调客观认识改革试点中的错误。“由

---

① 比如，上海自贸区总体方案由国务院于 2013 年 9 月 18 日公布，国务院在 2014 年 12 月 21 日作出《关于推广中国（上海）自由贸易试验区可复制改革试点经验的通知》国发〔2014〕65 号，将上海自贸区首批试点经验向全国推广。第二批自贸区总体方案由国务院于 2015 年 4 月 20 日公布，国务院在 2016 年 11 月 10 日作出《关于做好自由贸易试验区新一批改革试点经验复制推广工作的通知》国发〔2016〕63 号，将广东、天津、福建等自贸区的试点经验向全国推广。

② 比如，辽宁和陕西自贸区的总体方案都是国务院于 2017 年 3 月 31 日公布，辽宁省政府和陕西省政府分别在 2018 年 5 月 30 日和 2018 年 7 月 16 日向本省发文，决定复制推广自贸区首批改革创新成果，参见《辽宁省人民政府关于借鉴推广中国（辽宁）自由贸易试验区首批改革创新经验的通知》辽政发〔2018〕16 号、《陕西省人民政府办公厅关于复制推广中国（陕西）自由贸易试验区首批改革创新成果的通知》陕政办发〔2018〕35 号。

于城市改革的复杂性，可能会出些差错。但这影响不了大局，我们是走一步看一步，有不妥当的地方，改过来就是了。总之，遵循一个原则，就是实事求是。”[①] 因此，如果未来某自贸区正式宣布某项试验失败了，才真正意味着自贸区试验机制的完全成熟。归根结底，自贸区试验机制不仅要讲政治正确，更要讲科学正确，尊重客观事实和科学规律。据此，自贸区试验机制必须由行政化走向科学化，必须从改革前 40 年的依靠感性认识转向未来的依靠科学评价。在组织形式上，可以考虑以目前行政机构主导模式为基础，引入专家委员会制度。由经济、贸易、法律、行政领域的专家学者和相关业务部门的业务骨干对自贸区拟进行的改革试验方案进行事前评估，在事前充分论证和完善试验方案，在事中和事后进行科学的效果评估，并充分运用第三方机构的独立评估。只有科学地设计试验、科学地实施试验和科学地评估试验才能在最大限度上发挥试验的效用，从而在根本上为国家改革提供充分的科学基础。

（二）自贸区对内壁垒的法治规制

在当前的自贸区建设中，法治手段受到越来越多的重视。如前文所述，凡是自贸区试验涉及临时调整法律或行政法规的，都在事前由全国人大常委会或国务院作出正式授权。此外，国务院在其印发的各自贸区总体方案中，都专章规定法治保障的内容和要求。从地方层面看，省级人大常委会针对所辖自贸区专门制定自贸区条例，[②] 各省级人民政府及其所辖自贸区管委会也都较为重视法治手段在自贸区建设中的运用，其中不乏针对自贸区法治保障的专门规定。[③] 然而，目前的法治保障在很大程度上只是虚假繁荣，因为它并没有深刻认识到：自贸区试验机制的最重大的法治问题在于，其对国内其他区域所形成的制度壁垒。所谓对内制度壁垒是指前文所说的，自贸区在试验中形成了与国内其他区域不同的

---

① 邓小平：《邓小平文选》（第 3 卷），人民出版社 1993 年版，第 78 页。

② 上海、天津、广东、福建、浙江、四川、湖北等省级人大常委会均制定了条例，第五批自贸区的条例目前也大多在制定过程中。其中，2014 年制定的上海条例已经于 2019 年启动修改程序。除自贸区条例外，海南省人大常委会还专门制定了自贸区商事登记管理条例。

③ 比如，陕西省人民政府法制办公室 2017 年 9 月 1 日印发《关于加强省自贸试验区建设法治保障工作的意见》陕府法发〔2017〕50 号。

制度或规则，其中部分规则甚至突破全国性法律和法规（尽管已取得全国人大常委会和国务院的授权），由此减损了平等、单一制和法制统一等宪法基本原则。

从根本上讲，法治必然要求平等和法制统一，如党的十八届四中全会决定所言，“平等是社会主义法律的基本属性……必须维护国家法制统一、尊严、权威”，其中还特别强调“重大改革于法有据”①。更何况，我国是单一制国家，而单一制的本质就在于法律体系的单一性，即“一个单一的政治意志施加于公民全体从而使全体公民在所有领域服从于相同的法律”②。近几年随着我国法治建设的不断推进，特别是在法律体系日益完整完善的背景下，试验区突破既有法律体系的现象日趋明显。无论自贸区试验对国家改革发挥多大的积极促进作用，其对法治的减损都是必然存在的。因此，在改革与法治双轮驱动的背景下，只能尽可能控制而无法完全消除改革试验对法治的减损效果。

从维护法治的长远性来看，我国必须特别注重从法治角度规制自贸区所形成的对内制度壁垒。自贸区所试点的新机制必须无例外地附加日落条款，防止对内制度壁垒的长期化和固定化。试点内容也必须及时进行效果评估，并在评估的基础上要么向全国复制和推广，要么予以取消从而恢复全国性规则。试验有必要差异化和多样化，但试验所获得的经验必须及时一般化和普遍化，最终的规则也必须实现一致化和统一化。在此方面需要警惕的是，目前自贸区的大量改革经验不是向全国推广，而是经自贸区所在地的省级人民政府批准，在本省级行政区域范围内推广。这种实践有可能不断放大省际之间的制度差异性，目前中央以及省际之间的柔性协调只能减轻却无法予以完全消除。

地方试验必然会导致区域间差异，甚至带来地方关于差异性的权利（le droit à la différence）。③ 因此，在平衡地方试验所带来的地方差异性与法治体系的统一性的过程中，必须运用比例原则的权衡工具。从域外经

---

① 《中共中央关于全面深化改革若干重大问题的决定（2013 年 11 月 12 日中国共产党第十八届中央委员会第三次全体会议通过）》，载《人民日报》2013 年 11 月 16 日第 1 版。

② Bernard Chantebout, Droit Constitutionnel, Paris: Dalloz, 2007, p. 56.

③ Chavrier Géraldine, l'Expérimentation Locale: vers un État Subsidiaire?, in Annuaire des Collectivités Locales, 2004, 24, p. 49.

验来看，这种权衡必须尊重一个基本前提，即在地方试验所形成的差异性中，在最低限度上必须维持基本权利及其保障的单一性，也就是说，凡是涉及基本权利保障的内容，必须严格遵循平等原则，不得允许基于地域因素的长期差别对待。然而，一个最令人困扰的问题在于，我国仅将试验资格赋予特定地方（比如自贸区），而不像法国那样赋予所有地方单位以试验权。如果说地方试验在我国同样也会带来地方的差异性和地方差异权，那么这种差异的分配注定是偏颇的，有违分配正义的基本法则。

由于我国存在试验资格的偏颇性配置，在规制自贸区对内壁垒时就必须考虑到：即使相关法治规制机制能够完全有效，自贸区通过先行先试也仍然占有制度先行优势。易言之，自贸区永远走在制度创新的前列，而非自贸区则命中注定是后排的追赶者。凭借这种时间差，自贸区必然会在经济、贸易、金融、社会等方面形成先发优势，从而造成自贸区与非自贸区之间社会经济发展程度的两极化。针对这种现象，国家有义务通过相关法律制度设计展开纠偏行动。国家必须从制度上保证和实现自贸区对周边地区的带动效应，防止“灯下黑”现象的发生。

五 尽快制定自贸区法和改革试点法

本章不仅旨在论证自贸区改革试验功能的法治化与科学化，更试图以自贸区为例说明地方试验、国家改革与法治原则的一般关系，从而为新时代实现改革与法治的双轮驱动提供具体可行的试验方案。关于地方试验对国家改革的重要性，学界早有公论。地方试验是中国自 20 世纪 70 年代末期以来开展各种改革的主要标志，而当今中国的许多崭新面貌也都是在地方试验中多层级循序渐进变革的结果。① 但关于地方试验与法治的关系，既有研究则较为薄弱，特别是地方试验作为改革必要手段对法治的减损作用，极少从法治角度受到审视。

法治绝非束缚改革手脚的桎梏，它在表面上限制了改革和试验，但在根本上则保证了改革与试验的科学性和可持续性。2020 年 6 月习近平总书

---

① ［美］安·弗洛里妮、赖海榕、［新加坡］陈业灵：《中国试验：从地方创新到全国改革》，冯瑾、张志超译，中央编译出版社 2013 年版，第 5 页。

记对海南自由贸易港建设作出重要指示强调，“要把制度集成创新摆在突出位置，解放思想、大胆创新，成熟一项推出一项，行稳致远，久久为功。”①只有依靠法治和科学，自贸区和自由港建设才能够真正行稳致远、久久为功。我国的自贸区建设自2013年启动以来已经走过7个年头，其制度设计也在试验中经过实践检验并不断完善。目前，有必要对自贸区制度进行完整的科学评估，并在此基础上尽快制定国家自由贸易试验区法。

晚近已有学者提出应当在国家层面制定自贸区法，“我国急需制定一部国家自贸区法，在立法权限行使方面为各地自贸区开展相关立法活动作出整体规划，发挥统领作用”②。应当强调的是，无论在这部法律的名称还是内容中，“试验”二字都理应占据十分重要的位置。自贸区立法必须实现自贸区试验功能的法治化和科学化。在新冠肺炎疫情等因素的冲击下，全球经济衰退已经不可避免，在此背景下，更需要通过法治手段充分保证自贸区改革试验的科学性，在试验、改革与法治之间建立稳定且融贯的关系，充分、持续且平等地释放改革红利。

自贸区只是我国改革试验机制的一种，它尽管最重要却非全部。因此，在自贸区立法之外，也有必要从一般意义上考虑改革试验机制立法。有学者主张将2015年《立法法》第13条规定的改革试点机制普遍化，“使之成为一种普遍性的制度”，“从立法技术上解决立法后中止实施类型所带来的立法漏洞，为未来改革提供常态化的法治保障”③。一般性的改革试点法确有必要，在试验机制较为成熟的国家也不乏相关立法例可供参照。通过立法将改革试验机制的基本内容和过程制度化，可以在试点的过程中有效维护改革与法治之间的平衡。

（本章内容曾以《论我国自贸区改革试验功能的法治化与科学化》为题发表于《江苏行政学院学报》2021年第1期）

---

① 《习近平对海南自由贸易港建设作出重要指示》，载中国政府网 www. gov. cn/xinwen/2020－06/01/content_ 5516550. htm，2020年6月2日最后访问。

② 闫尔宝、程程：《天津自贸区法治化建设的问题与思考》，载《法治现代化研究》2020年第3期，第29页。

③ 钱宁峰：《立法后中止实施：授权立法模式的新常态》，载《政治与法律》2015年第7期，第63页。

第 十 章

海南自贸港法制定思路的学理阐释

【本章提要】 海南自由贸易港法在一定程度上代表着改革试验立法的最新趋势，有必要从学理上充分阐释和审慎思考其制定思路。自贸港法是基于地方经验完善国家纵向治理的重要途径，应考虑国家立法的普遍性原则。在性质上，自贸港法是规制改革试点的试验性立法，应当充分参考《立法法》第 13 条，处理好改革、试验与法治的基本关系，为未来改革开放中的创新试验提供一般指南。自贸港是自贸试验区的升级版，在制定自贸港法的同时，宜统筹考虑自贸试验区法等其他改革试验立法。

一 问题的提出

建设海南自由贸易港是习近平总书记亲自谋划、亲自部署、亲自推动的改革开放重大举措，是为推动中国特色社会主义创新发展作出的一个重大战略决策，是我国新时代改革开放进程中的一件大事。习近平总书记强调指出："这是党中央着眼于国际国内发展大局，深入研究、统筹考虑、科学谋划作出的重大决策，是彰显我国扩大对外开放、积极推动经济全球化决心的重大举措。"① 为建设高水平的中国特色自由贸易港，全国人大常委会坚决贯彻落实以习近平同志为核心的党中央的决策部署，全力推进海南自贸港立法工作。从改革开放以来的立法情况来看，海南

① 习近平：《在庆祝海南建省办经济特区 30 周年大会上的讲话》（2018 年 4 月 13 日），载《人民日报》2018 年 4 月 14 日第 2 版。

自由贸易港法（以下简称为海南自贸港法）特别引人注目，它是继涉港澳台立法之后唯一在名称中出现特定地名的法律，是关系重大改革举措的最前沿立法。

在近年来强调重大改革于法有据[①]的法治背景下，重大改革举措的实施无一例外都伴随着相关立法活动。制定海南自贸港法也体现了以立法保障和促进重大改革的立法工作思路。然而，随着我国改革步伐不断加快，重大改革举措频频出台，相关保障性立法面临时间紧、任务重等多重挑战。以海南自贸港法为例，2020 年 6 月 1 日第十三届全国人大常委会第 58 次委员长会议审议通过了调整后的全国人大常委会 2020 年度立法工作计划，正式将制定海南自贸港法写入立法工作计划。[②] 2020 年年底，第十三届全国人大常委会第二十四次会议对草案进行初次审议，2021 年 4 月底进行二次审议。2021 年 6 月 10 日，第十三届全国人大常委会第二十九次会议予以通过，自公布之日起施行。对于一部如此复杂的法律而言，一年的工作准备是非常紧凑的，立法工作效率得到了充分保证，但立法过程也容易出现疏忽。海南自贸港法在一定程度上代表着改革试验立法的最新趋势，但从目前学界讨论和立法准备情况看，海南自贸港法在名称内容、性质定位和对象范围上都存在不少盲点，关于其基础理论、重要制度等关键问题的学术共识尚付阙如，因此有必要从学理上充分阐释和审慎思考其制定思路，揭示自贸港法及相关立法的规律，以法治手段保证海南自贸港建设行稳致远。

二 海南自贸港法的名称和内容辨析

立法活动通常必须遵循普遍性原则，尽可能避免针对一地一事而立

---

① 习近平总书记 2014 年 2 月在中央全面深化改革领导小组第二次会议上强调，“凡属重大改革都要于法有据”。同年 10 月，这一要求正式写入《中共中央关于全面推进依法治国若干重大问题的决定》（2014 年 10 月 23 日中国共产党第十八届中央委员会第四次全体会议）。

② “围绕推动经济高质量发展，建设更高水平开放型经济新体制，制定乡村振兴促进法、期货法、海南自由贸易港法等，落实税收法定原则以及有关改革要求的立法项目。”参见《全国人大常委会调整 2020 年度立法工作计划》，中国人大网 http：//www. npc. gov. cn/npc/c30834/202006/e16f8d15c9194d799fa50faa2dc97683. shtml，2020 年 7 月 1 日最后访问。

法。然而，海南自贸港法的名称表述则明显具有个殊性，如何理解其与立法普遍性原则之间的张力？这是分析海南自贸港法制定思路时首先需要解决的基础性问题。

（一）立法普遍性原则及其立宪价值

法律在本质上意味着规则、标准或尺度，“在这一术语的惯常用法中，并不含有对个别的情形做完全个殊性的特定处理的意思”，“哲学家与法学家通常都强调法律同普遍性之间的紧密联系。”[①] 将立法与个殊性相对立的观念早在古代就已牢固确立。古希腊和古罗马的古典法律思想将法律和立法的普遍性建基于抽象普遍的正义观念，由于法律本身被视为关于善、正义、自然和理性的至高准则，因此它必须是普遍性的，脱离于具体的个人、区域和时间。西塞罗曾说，“法律乃是自然之力量，是明理之士的智慧和理性，是合法和不合法的尺度”，最高的法律“适用于所有时代”。[②] 随着古罗马进入频繁和全面立法的时期，普遍性原则成为立法活动的默认前提，无论罗马法中的一般规范还是特殊规范都必须按照符合“公正”（aequitas）的方式设置自己从而具有普遍性，没有相应目的作为合理根据因而完全与公正不相符的例外规定是不允许的，比如《十二表法》就明确规定：不得适用只针对单个人的法律（privilegia ne inroganto）。[③]

近代立宪运动张扬了个人的平等性、主权的单一性和公意的普遍性，立法普遍性原则因此被赋予新的内涵，与反对特权和专制的立宪精神结合在一起。卢梭曾有名言：“法律的对象永远是普遍性的，我的意思是指法律只考虑臣民的共同体以及抽象的行为，而绝不考虑个别的人以及个别的行为……一切有关个别对象的职能都丝毫不属于立法权力。”[④] 因此，

---

① ［美］E．博登海默：《法理学：法律哲学与法律方法》，邓正来译，中国政法大学出版社2001年版，第234页。

② ［古罗马］西塞罗：《论共和国 论法律》，王焕生译，中国政法大学出版社1997年版，第190页。

③ ［意］彼得罗·彭梵得：《罗马法教科书》，黄风译，中国政法大学出版社2018年版，第10页。

④ ［法］卢梭：《社会契约论》，何兆武译，商务印书馆1980年版，第50页。

普遍性原则在现代立法中被奉为圭臬，是对立法、立法者和立法权的一种内在限制。宪法本身也对法律普遍性提出明确要求，比如 1789 年《人权和公民权宣言》第 6 条规定，“法律是公意（la volonté générale）的表达。”普遍性和抽象性正是公意的核心要素。针对特定对象的立法无异于赤裸裸地创设特权，无法相容于现代宪法的基本价值。我国现行宪法第 5 条作为法治国家条款，其第 2 款特别宣告“社会主义法制的统一和尊严”，第 3 款亦规定“一切法律、行政法规和地方性法规都不得同宪法相抵触”。

立法普遍性的要求也同样适用于地域。立法机关通常不得基于地域差别而针对特定地方制定个殊性法律。通过立法赋予特定地方以特殊地位或者在该地方建立独特制度，不仅会造成该地方与其他地方之间的差别因此受到有违平等原则的指摘，并且由于导致地域区隔而减损了主权的单一性和公意的普遍性。不过相比于个人，地方制度更为特殊，各国通常都会包含具有特殊事实地位的区域，这种特殊性往往由历史原因所造成，因此立法机关不得不基于事实原因而针对个别地方制定个殊性法律，比如法国议会曾针对科西嘉制定三部法律。① 但是，针对特定地方的个殊性立法绝非完全随意：第一，个殊性立法是法律迁就、照顾或适应历史事实的无奈之举，立法者不得以立法人为和主动地创造新的特殊地方；第二，宪法本身基于实现国家统一等特殊考虑已经对这些地方做出特殊安排，因此，个殊性立法是落实宪法安排的结果；第三，相关立法要受到宪法审查②，从而保证其不超出必要限度。

---

① 1982 年关于科西嘉大区特殊地位的法律、1994 年关于科西嘉财政地位的法律和 2002 年关于科西嘉的法律。

② Décision n° 82 – 138 DC du 25 février 1982 sur la loi portant statut particulier de la région de Corse; Décision n° 94 – 350 DC du 20 décembre 1994 sur la loi relative au statut fiscal de la Corse; Décision n° 2001 – 454 DC du 17 janvier 2002 sur la loi relative à la Corse. 在这三个判决中，前两个结果为合宪，第三个为部分违宪。宪法判例和法理认为，单一制原则的背后是单一的主权来源，就国家而言，主权存在于一个被视为整体的集体当中，而不考虑地方意愿的多元性或差异性，而作为集体的人民则由“可互换的公民”构成，不应有包括地域在内的任何差别。参见［法］安德烈·鲁《法律的合宪性审查与共和国单一性的维持》，王建学译，载周赟主编《厦门大学法律评论》2015 年第 25 辑，第 247—250 页。

（二）法律名称中通常避免特定地名

平等、反特权、单一制是我国社会主义宪法和法律体系的固有属性，因此，全国人大及其常委会罕有针对特定地方的立法，法律名称中也罕见特定地名。但以下三种情形是例外：一是涉及香港、澳门和台湾的六部专门性立法；[①] 二是全国人大及其常委会批准特定国际公约的决定，由于公约中含有特定地名导致决定本身牵连出现地名，比如 2018 年 12 月 29 日第十三届全国人大常委会第七次会议通过《关于批准〈上海合作组织反极端主义公约〉的决定》；三是近年来为实现特定地方改革试点于法有据，全国人大常委会根据《立法法》第 13 条授权在特定地方暂时调整或停止适用法律的部分规定，比如 2020 年 4 月 29 日第十三届全国人大常委会第十七次会议通过《关于授权国务院在中国（海南）自由贸易试验区暂时调整适用有关法律规定的决定》，此类决定至今共有 27 项。

从前述例外情形来看，决定中出现特定地名频率较高。一方面，国际公约或国际组织存在以签约地或成立地命名的惯例，因此，相关决定出现该地名并无不妥，而且公约内容本身仍是普遍性的。另一方面，授权地方改革试点决定是全国人大常委会履行《立法法》第 13 条所授职权的具体结果，由于《立法法》第 13 条规定的授权决定系针对“部分地方”，因此实施该条的具体决定就必须通过提及特定地方名称来明确其适用范围，就如同宪法和法律在普遍意义上规定人事任免权，而人大及其常委会行使该权力的决定必须提及任免人员的姓名。就授权地方改革试点决定而言，虽然特定地方据此取得特殊地位或建立个殊性制度，但决定本身依《立法法》第 13 条附有日落条款，因此其对平等、单一和普遍原则的减损是暂时性的。从比例原则的权衡来看，这种暂时性减损是为改革发展目的而付出的必要代价。[②]

---

① 具体是《香港特别行政区基本法》《澳门特别行政区基本法》《香港特别行政区驻军法》《澳门特别行政区驻军法》《台湾同胞投资保护法》和《香港特别行政区维护国家安全法》。除法律外，在广义上还包括全国人大或其常委会的决定，比如《全国人民代表大会关于完善香港特别行政区选举制度的决定》。

② 王建学：《授权地方改革试点决定应遵循比例原则》，载《法学》2017 年第 5 期，第 42 页。

关于法律和决定的分工，通常认为具有普遍性的事务一般应当由法律来规范，而个殊性的具体事项则借助决定形式。① 因此，除涉及港澳台的专门性法律以外，特定地名从未出现在法律名称中。港澳台在事实上存在极为特殊的情形，必须尊重历史事实从而实现其顺利回归祖国。从法律上讲，针对港澳的特定立法一方面是全国人大履行宪法第 31 条职责、落实宪法所规定的特别行政区制度的要求，另一方面也是我国根据《中英联合声明》《中葡联合声明》所承担的国际义务。港澳两部特别行政区基本法在我国法律制定史上几乎是绝无仅有的孤例。即使是 2005 年制定的《反分裂国家法》，虽然针对台湾问题、台独势力和台湾当局而制定，亦未将台湾二字写在法律名称中。从法律命名规则来讲，“法律名称由适用领域、法律调整内容、法律位阶三个部分组成”②，而特定地名由于不能与普遍性相容，不属于法律名称的组成部分。

（三）海南自贸港法的个殊性与普遍化

一方面，海南自贸港法在名称上能够反映国家推进改革开放的最大魄力，既体现着国家对海南自贸港建设的最大支持，也践行着宪法序言第七段“坚持改革开放”的基本国策。但另一方面，考虑到立法普遍性原则以及我国以往的立法实践，这种立法安排并非不存在问题。这种立法势必会引发一系列规范层面的疑问：海南与其他省份是平等的吗？海南居民或人民区别于其他地域的个人吗？海南是否属于统一的社会主义法制的组成部分，法制的统一和尊严是否因海南自贸港法的特例而受到减损？海南自贸港法之后，是否会有天津自贸港法、厦门自贸港法等？随着海南自贸港以及其他自贸港的可能设立，越来越多的地方从普通地方升级为特殊地方，甚至堪比港澳，法制的统一性、人民的平等性和主权的单一性如何维护？

对于前述疑问，应当基于我国国家纵向治理的历史经验来进行解答。从过去四十多年改革开放的实践来看，我国国家纵向治理存在一个基本

① 秦前红、刘怡达：《“有关法律问题的决定”：功能、性质与制度化》，载《广东社会科学》2017 年第 6 期，第 219 页。

② 邓世豹主编：《立法学：原理与技术》，中山大学出版社 2016 年版，第 299—300 页。

模式，即首先发挥地方的积极性进行创新试验，然后总结地方试验的可行做法和经验，最终将这些成功经验上升到整个国家层面予以推广和普及。地方积极性和创造性的发挥伴随着差异性和个殊性，而当地方经验上升到国家层面予以推广后，差异性和个殊性则被普遍性和一致性所取代。这种不断循环和互动的过程正好体现着我国国家纵向治理模式的优越性。海南自贸港相对于其他候选试验地具有不可取代的优势，其地域范围适中、海岛环境相对封闭，且具有经济特区和自贸区的基础，因此宜于在自贸港建设领域成为地方试验的样本。总之，改革基本国策在规范上的重要性，再加上各种历史与现实因素，导致了自贸港法直接冠以海南这一特定地名的结果。

对于海南自贸港立法本身所存在的个殊性问题，在理论上至少存在三种解决或改进的方案。下策是维持现有的海南自贸港法的名称和内容，但在其中增加一个条文，“国家决定在其他地方增设自由贸易港的，本法关于海南自贸港的规定适用之。”不过之所以称为下策，是因为这种方案并不能从根本上消除针对特定地方而制定个殊性法律的缺陷。中策是将海南从该法的名称和内容中彻底删除，将整部法律改为针对自由贸易港而制定的普遍性法律，由此符合立法的普遍性原则，这种方案也能够为未来国家在其他地方设立自贸港留下规范空间。不过这种方案也存在一定问题，因为众所周知，自贸港意味着在贸易、金融、海关、税收等各个领域的极大力度的改革开放，甚至是自贸港范围内行政和司法等国家制度方面的变革，而这必将意味着自贸港本身实行不同于全国的特殊法律制度，由此必然极大冲击社会主义法制的统一和尊严。而且只要设立自贸港，这一问题就无可避免。从海南自贸港法的制定过程来看，立法者并未单纯采取前述两种策略中的任何一种。那么，解决此问题是否还有其他更好的对策即上策？答案是肯定的，但必须结合改革开放的大背景对自贸港法的性质和地位进行更为深入和审慎的探讨。

三　自由贸易港法的性质和地位辨析

学术界关于自贸港法制定思路的主张大多偏向在静态上建立自贸港制度体系，而忽略了自贸港制度必须在动态的试验中获得持续性构建。

因此，不应当在静态上将自贸港法理解为固定法，而应承认其作为试验性立法的流动性。

（一）自贸港立法的实践挑战与学理回应

学界基本上准确把握了自贸港和自贸港法的特殊性程度。“设立自由贸易港，不是从行政区划设置方面考量，而是以打造世界最开放水平的经济形态角度为出发点，重在构建开放型的高度市场化经济体制及其运行机制，并不是考量重新设置新的行政区划，更不是如同我国的香港、澳门特别行政区。就此而言，不能将《自由贸易港法》列入类似香港、澳门特别行政区基本法系列。同时，《自由贸易港法》应该是一种特殊法，是专门规定我国自由贸易港实行高度市场化、国际化、法治化和现代化的开放型经济体制及其机制的法律。”① 然而，自贸港法的特殊性依然对既有法律体系构成了史无前例的挑战，如有学者指出，“毋庸讳言，海南中国特色自由贸易港建设的政策创新与法治创新会冲击现有法律法规制度，反过来说现有法律法规会限制海南中国特色自由贸易港的建设进程与改革目标的实现，先行先试的制度创新实践往往与上位法相违背，从而产生法律冲突。”②

如何通过立法既有效化解相关挑战，又充分满足自贸港建设的实践需求？学界大体形成了“一主两次”共三种不同思路。主要思路认为应当由全国人大或其常委会制定一部专门的自贸港法或自贸港发展促进法。全国人大常委会基本上采纳了这一思路，这也是我国立法体制的必然选择，盖因在立法权限上，自贸港建设所必需的投资、贸易、金融和关税等制度都属于《立法法》第 8 条的法律保留范围。但这种思路面临两个难题：一是必然在自贸港范围内创立一种与其他区域不同的法律制度，对国家法制统一造成不可避免的减损，此问题尚未被学界充分关注；二是自贸港制度的构建面临无法预知的潜在难题，因此不可能通过一部法律塑造完善的自贸港制度体系，这种毕其功于一役的想法无异于痴人说

---

① 刘云亮：《〈自由贸易港法〉立法研究》，载《新东方》2019 年第 4 期，第 20 页。

② 王崇敏、曹晓路：《海南中国特色自由贸易港建设的法治创新与立法保障》，载《江汉大学学报》（社会科学版）2019 年第 1 期，第 18 页。

梦，此问题已受到关注，并由此衍生出其他两种次要思路。

次要思路之一是主张由中央制定法律对地方进行充分的立法授权，以便使海南省根据中央授权来具体推进自贸港相关立法。“自由贸易港法治建设需要调整大量法律法规，如果仍然分批逐条报请国家主管部门调整或者暂停实施的话，势必耗费更多的人力物力资源，因而有必要明确海南省立法权限，加快推进相关事项的立法授权。”① 这种观点承认中央立法必然滞后僵化、适应性差且供给不足，因此将概括授权作为解决办法，但概括授权特定地方建立一种突破全国性法律的制度也必然面临立法体制和宪法依据方面的障碍。次要思路之二是充分运用海南省的经济特区立法权和普通地方立法权。有学者主张在法律授权并使地方立法与自贸港法对接的前提下，“坚持特区立法权和地方立法权的双轮驱动”。②然而，对于自贸港建设而言，普通地方立法并无足够的权限，而经济特区法规虽然有变通权限，但其本身的合宪性也不无瑕疵，近几年理论界和实务界均认为经济特区变通立法严重破坏国家法制统一、损害了法律的权威和安定，应当予以废除。③

（二）自贸试验、放松规制与改革开放

前述三种思路之所以面临无法克服的矛盾或障碍，是因为它们均将自贸港法默认为一种静态的立法，而没有看到自贸港建设是不断试验的动态过程，相关立法也必须是具有试验性质的动态立法。海南自贸港通过在最大限度上放松规制从而建立几乎完全自由的贸易体制，但放松规制并不等于完全放弃规制，否则就无立法必要。由于自贸港范围内所进行的活动涉及贸易、税收、金融、环境等极为专业的领域，尽管原则上应以最小规制来促进贸易自由，但也必须确保基本的安全利益，规制机制上的任何疏忽或错误都可能带来灾难性后果。国家之所以选择在海南一省试建自贸港，也是基于安全和稳妥的考虑。综合考虑我国当前的外

① 郑先红、马志毅、王思行：《海南自由贸易港法治建设现状、难点及对策建议》，载《中国司法》2020 年第 1 期，第 31 页。

② 熊勇先：《论海南自由贸易港地方法规体系的建设》，载《河南财经政法大学学报》2019 年第 6 期，第 82 页。

③ 庞凌：《关于经济特区授权立法变通权规定的思考》，载《学习与探索》2015 年第 1 期。

贸、经济运行态势、税收监管政策等因素，自贸港计划还不宜在全国范围内过快推进。因此，建立自贸港本身就是在地方范围内进行的一场最小规制试验。此外，由于在自贸港范围内放松规制导致市场活力的极度释放，市场活动的内容和技术创新异常活跃，任何既有的规制手段都会落后，由此，自贸港必须在制度上建立一种试验或实验主义的治理和规制。

理解自贸港和自贸港法的性质，必须基于我国改革开放的宏观背景，结合四十多年来不断放松规制的改革主线。从基本轨迹来看，我国改革开放的一贯主题是不断放松国家的规制和管制从而释放市场和社会活力，而自贸港正是放松规制达到最高潮的表现。所谓自由贸易，是通过尽可能放松国家规制来降低贸易成本并促进贸易自由，而所谓自由贸易港，正是主权国家通过内收其海关关卡，将主权范围内的特定地域由关境以内划到关境以外，从而允许境外货物和资金等自由进出。在海南自贸港建设的背后，其实也是我国在不断放松规制、释放活力过程中所惯用的地方试验逻辑，即：骤然在全国放松规制面临风险，因此必须先在特定地方进行尝试和积累经验。用邓小平同志的说法，“有些问题，中央在原则上决定以后，还要经过试点，取得经验，集中集体智慧，成熟一个，解决一个”，“中央各部门要允许和鼓励他们进行这种试验。”① 地方试验是中国自20世纪70年代末期以来开展各种改革的主要标志，而当今中国的许多崭新面貌也都是在地方试验中多层级循序渐进变革的结果。②

试验不仅在我国改革进程中得到充分运用，而且成为近年来欧美各国进行规制和治理的重要手段。它意味着治理主体与治理对象、规制主体和规制对象、执法者与立法者等所有主体在一场持续推进的试验中不断交换信息和相互学习，不断修正政策或法律，从而适应多变的外部环境并规制不确定的风险。由于其固有的多主体关系的平等性和交互性，试验主义还被上升到宪法民主的高度，有学者将其基本运行框架描述为：“在民主的试验主义中，下级主体有广泛的自由来设定目标并自由选择实

---

① 邓小平：《邓小平文选（第2卷）》，人民出版社1994年版，第341、150页。

② ［美］安·弗洛里妮、赖海榕、［新加坡］陈业灵：《中国试验：从地方创新到全国改革》，冯瑾、张志超译，中央编译出版社2013年版，第5页。

现目标的手段。虽然下级主体可以自由试验他们偏好的解决方案，但作为回报，他们必须向监管机构提供相关信息，使监管机构能够基于这些信息制定最佳实践标准，从而确保试验活动最终符合国家目标。”[①] 因此，为了有效发挥试验功能，相关立法也必须顺应时势，将自身的性质定位为试验性立法。

（三）自贸港法应属于试验性立法

试验性立法是指：“为检验某项政策或措施，由立法机关颁布或授权制定突破或偏离现行法的试验性规则，在特定时限、人群、区域实行，通过对试验结果的定期或最终评估，将符合立法目标的试验性规则转化为正式或不变的法律规则”[②]。显然，试验性立法的存在前提是规制结果所固有的不确定性和预测困难，因此必须在试验中不断收集证据、不断评估效果和不断修正规则。“试验性立法是朝着更好的持久性立法所迈出明智的一步，因为它允许立法者在小规模基础上测试新规则，解决新规则固有的不确定性和预测困难，并收集证据来支持或反对立法者的立法假设。”[③] 试验性立法抛弃了对传统立法的静态理解，从而在动态中赋予立法以灵活性和适应性。而自贸港立法所需要的正是这种灵活性和适应性。为了保证这种灵活性和适应性，海南自贸港法不仅从贸易自由便利、投资自由便利、财政税收制度、生态环境保护、产业发展与人才支撑等多个方面规定了自贸港的基本制度，而且专门授权海南省人大及其常委会就贸易、投资及相关管理活动制定具有变通权限的自贸港法规。

饶有趣味的是，世界上较为成功特别是在金融领域有所建树的自贸港，大多属于判例法系而非制定法系。[④] 其原因就在于判例法系的方法是归纳性和试验性的，能够在不断的试验中灵活修正和校准。“判例法的规

---

① Michael C. Dorf，Charles F. Sabel，A Constitution of Democratic Experimentalism，in Columbia Law Review，1998（2），p. 267.

② 黎娟：《“试验性立法”的理论建构与实证分析——以我国〈立法法〉第13条为中心》，载《政治与法律》2017年第7期，第87页。

③ Sofia Ranchordás，The Whys and Woes of Experimental Legislation，in The Theory and Practice of Legislation，2013（3），p. 419.

④ 中国人民银行海口中心支行课题组：《我国自由贸易港金融立法问题研究》，载《海南金融》2020年第3期，第25页。

则和原则从来也没有被当作终极真理，而只是作为可资用的假说，它们在那些重大的法律实验室——司法法院——中被不断地重复检测。每个新案件都是一个实验，如果人们感到某个看上去可以适用的、已被接受的规则所产生的结果不公正，就会重新考虑这个规则。”[①] 对于我国自贸港建设而言，虽然不必也不能将制定法系改为判例法系，但仍有必要在将自贸港法定位为试验性立法的基础上，通过动态的立法来构建试验性规制的基本框架。

试验性立法至少包含以下四个要素：第一，立法本身的暂时性；第二，对现行法律的背离；第三，适用对象或范围上的局部性；第四，及时的效果评估、修正或推广。而这四个要素已经存在于我国 2015 年《立法法》第 13 条的授权机制当中。根据该条的规定，全国人大或其常委会可以基于改革发展的目的授权在一定期限内在部分地方暂时调整或者暂时停止适用法律的部分规定。在全国人大常委会至今作出的 27 次授权中，有 4 次是关于自贸区改革试验的。[②] 因此，自贸港法及其实施应当充分参考《立法法》第 13 条，处理好改革、试验与法治的基本关系，为未来自贸港改革开放中的创新试验提供一般指南。未来的自贸港法规也应当着力塑造灵活有效的试验性规制机制。具体而言，自贸港法不能寻求在静态意义上建立完善的自贸港制度体系，而应当作出地方试验授权并有效使用日落条款、效果评估、修正或推广等机制，从而为最小规制试验提供持久的基本框架，最终在自贸港范围内形成各类市场主体、规制机构、立法机构等所有主体的良性民主互动。

---

① ［美］杰杰明·卡多佐：《司法过程的性质》，苏力译，商务印书馆 1998 年版，第 10 页。

② 除前文提及的 2020 年对海南自贸区授权外，还包括以下 3 项：《关于授权国务院在中国（上海）自由贸易试验区暂时调整有关法律规定的行政审批的决定》（2013 年 8 月 30 日第十二届全国人民代表大会常务委员会第四次会议通过）；《关于授权国务院在中国（广东）自由贸易试验区、中国（天津）自由贸易试验区、中国（福建）自由贸易试验区以及中国（上海）自由贸易试验区扩展区域暂时调整有关法律规定的行政审批的决定》（2014 年 12 月 28 日第十二届全国人民代表大会常务委员会第十二次会议通过）；《关于授权国务院在自由贸易试验区暂时调整适用有关法律规定的决定》（2019 年 10 月 26 日第十三届全国人民代表大会常务委员会第十四次会议通过）。

四 自由贸易港法的对象和范围辨析

在明确自贸港法的性质定位的基础上，还应当进一步辨析该法的调整对象和范围。显而易见，放松规制的地方试验机制并非只有自贸港，因此为确保普遍性原则的实现，必须在相关立法中有效合并同类项。

（一）自贸港、自贸区和其他改革试验区

在我国全面深化改革开放的过程中，自贸港是力度最大的先行者，但它绝非独行侠，而是具有不止一个同行者。人们通常将自贸港作为自贸试验区的进一步升级①，而且事实上，自贸港也脱胎于自贸试验区。比如海南首先设立为自贸试验区，然后在自贸试验区基本建成的基础上进一步建设自贸港。② 除海南以外，天津等地在建设自贸试验区的过程中提出自贸港计划③，浙江等地在申报第三批自贸试验区以前就开展了自贸港申报工作，国务院对浙江自贸试验区的发展目标定位是对接国际标准初步建成自由贸易港区先行区，甚至厦门等地早在改革开放初期就有了自由港设想。因此，自贸区和自贸港在基本属性上是相同的，都是试行自由贸易政策或制度的特定局部地理空间，其差别只在于改革开放力度和贸易自由程度。④

---

① 陈林、周立宏：《从自由贸易试验区到自由贸易港——自由贸易试验区营商环境升级路径研究》，载《浙江社会科学》2020 年第 7 期，第 14 页。

② 海南全面深化改革开放的发展目标分三步：2020 年自贸试验区建设取得重要进展，2025 年自贸港制度初步建立，2035 年自由贸易港的制度体系和运作模式更加成熟。参见《中共中央、国务院关于支持海南全面深化改革开放的指导意见》（2018 年 4 月 11 日）。

③ 2018 年天津市政府工作报告中提出自贸港建设目标，“高标准建设自贸试验区。以国际视野和颠覆性思维打造自贸试验区升级版，加大制度创新力度，积极争取新的试点政策，推动自贸试验区深化改革方案落地实施，完善金融创新、国际贸易、国际航运等服务功能，加快构建与国际接轨的高标准投资贸易规则体系，加强制度创新成果总结评估和复制推广，积极申报建设自由贸易港。”参见张国清《天津市 2018 年政府工作报告——2018 年 1 月 24 日在天津市第十七届人民代表大会第一次会议上》。

④ 商务部国际贸易经济合作研究院国际市场研究所副所长白明认为，自贸区偏向为国内改革提供可复制可推广的成功经验，而自贸港偏向在对外开放中对标国际最高标准，对外开放领域和程度比自贸区更高。参见张怀水《海南自贸港将建“一负三正”清单　严控房地产大力发展旅游》，载《每日经济新闻》2020 年 6 月 9 日第 2 版。

如果回到整个改革开放的历史纵深中则会发现，自贸区和自贸港也不缺乏同行者。我国在改革开放过程中所设立的经济特区、沿海开放城市和各类改革先行区等，在性质上都属于改革开放的试验田，即试行更宽松的国家规制、更自由的经贸制度的特定局部地理空间。其中，特别是经济特区获得了力度最大的法律制度供给。自 1981 年至 1996 年，全国人大及其常委会陆续将经济特区法规制定权授予广东、福建、海南三省和深圳、厦门、汕头、珠海四市的人大及其常委会，据此，经济特区法规可以根据地方具体情况和实际需要进行立法变通。2000 年《立法法》第 81 条第 2 款进一步对经济特区法规的变通性进行了一般性确认，“经济特区法规根据授权对法律、行政法规、地方性法规作变通规定的，在本经济特区适用经济特区法规的规定。”这种立法变通机制在性质上类似于全国人大常委会依《立法法》第 13 条对自贸区作出的授权，其区别仅在于，前者是概括授权且没有期限限制，后者是暂时性的逐个具体授权，并且具有一套较为完整的效果评估、修正和推广机制。

从类属的角度出发，自贸港、自贸区、经济特区等都属于具有特殊经济地位的区域，并且都以变通或突破全国性法律法规的权限作为制度支撑。世界银行曾经在研究报告中宽泛地研究全球具有特殊经济地位的区域，并将其类型列举为自由贸易区（FTZ）、出口加工区（Export processing zone）、经济开发区（Enterprise zones）[①]、自由港（Freeport）、单一工场输出加工区（Single factory EPZ）、特别区域（Specialized zone）等。我国的经济特区被定性为“适用新政策或方法的试验性的实验室”（experimental laboratory）。[②] 这种试验功能在当今的自贸港和自贸区设置中亦清晰可见，因此，不乏学者主张“须通过立法先行或总体立法授权的法治模式，加快自由贸易港成为引领改革开放创新的示范区”。[③] 在总结世界经验和中国实践的基础上应当承认，自贸港、自贸区、经济特区

① Enterprise zones 是指政府实行减税等政策鼓励企业投资的经济开发区，该词亦可直译为“企业区”，但常常让中文读者不明所以，所以笔者将其意译为经济开发区。

② The World Bank Group, Special Economic Zones: Performance, Lessons Learned, and Implications for Zone Development, Washington, DC: FIAS, 2008, p. 3.

③ 龚柏华：《中国自贸试验区到自由贸易港法治理念的转变》，载《政法论丛》2019 年第 3 期，第 109 页。

等均属于改革开放中实行特殊经济制度的试验机制。

（二）立法调整对象须有效合并同类项

从立法普遍性原则出发，法律的调整对象和范围也必须考虑一般性，其直接表现是有效合并同类项。一部法律的制定可能源起于一事一地，但在制定过程中必须兼顾性质相同或相类的另一事另一地。性质完全相同的对象必须合并在一起作同一规定，而性质相类的对象也应当尽可能在立法时进行统筹考虑。事实上，同类合并不仅用于立法，还用于司法等。比如在共同诉讼制度中，针对同一或同类的行为或标的的诉讼，法院通过合并审理来避免矛盾判决等问题的出现。此种做法的前提是诉讼问题在性质上具有相同的普遍性。在诉讼机制合并同类项以外，还存在诉讼实体法的合并同类项，比如从同类具体判例中归纳出同一法律原则或规则，从而用于指导新的同类案件的审理。

无论是立法还是司法上的合并同类项，都体现了人类的基本思维逻辑——归纳，也就是逻辑学上由一系列具体事实概括出一般原理。作为间接推理的一种，归纳是从具有一定程度的一般性的知识过渡到一般性程度较大的知识；从特殊的具体的事例推导到一般的抽象的原则的推理方式。从逻辑学特别是法律逻辑学出发，立法合并同类项的必要性问题，只要运用简单枚举归纳推理就可以得到解决，即：S_1、S_2、S_3…S_n是 P 类的对象，且在枚举中没有遇到矛盾现象，因此所有 S 都是 P。[①] 在此条件下，专门针对 S_1或其他任何具体对象制定法律都违反普遍性原则，相反应当就 P 类进行立法，并在立法中规定 S_1、S_2、S_3…S_n的共通性规则，如果 P 的总类属还存在子类属，则再基于其子类属差别进行分类调整。

（三）自贸港法与其他改革试验法的协同

既然自贸港与自贸区、经济特区等在性质上都是改革开放试验区，也都需要以变通全国性法律的方式来推进改革开放，从立法技术上就有必要在立法中统筹考虑这些具有同类性质、具体表现各异的试验区。由于自贸港直接脱胎于自贸区，因此，学界已经提出以自贸区法统一规定

① 张斌峰、李永铭等编著：《法律逻辑学导论》，武汉大学出版社 2013 年版，第 179 页。

二者的思路，“既要考虑到当下中国自贸试验区和自由贸易港的发展趋势，亦要汲取域外优秀立法经验，结合中国自身国情，由全国人民代表大会制定一部具有基本法律地位的《自由贸易区法》，列举包括自贸试验区和自由贸易港在内的各类区域，并分别予以规制。”① 对于此种主张，笔者予以原则性赞同，但认为有必要进行补充。

从立法政策上讲，由于自贸港源于并高于自贸区，其所需要的制度保障在细节上也更为复杂，因此在当前已经解决自贸港法的技术难题的条件下，没有必要对更易于立法的自贸区法留下空白。从立法原则上讲，立法过程中应当充分合并同类项，至少应当考虑同类立法的可能性。在制定自贸港法的同时，应当更为周全、审慎地考虑到其他改革试验性立法，将自贸试验区和其他改革试验区纳入立法工作计划。在这些同类立法进行的过程中，既应当考虑到共性问题，也要尊重不同改革试验区的特殊性。从实用的角度出发，由于经济特区立法变通权是没有期限的概括授权，因此在过度减损平等、单一和普遍原则的同时并没有充分发挥试验作用，这些问题应当在统一的试验性法律框架中得到一并解决。

五　结语

建设海南自贸港是改革开放的重大战略决策，为保证自贸港制度行稳致远、久久为功，必须在立法和法治方面下足功夫，“实现自由贸易港制度的顶层设计法治化”。② 重大决策的法治化实施必须审慎、稳妥，并考虑到长远性和全局性，自贸港法的制定思路也需要在我国改革与法治的整体思维中进行统筹考量。海南自贸港法并非仅仅是针对海南省而制定的地方性法律，而是为整个国家的改革开放而制定的全国性法律。除在海南省设立海南自由贸易港，它更具有全国性目标，即推动形成更高层次改革开放新格局，建立开放型经济新体制。

---

① 王淑敏、朱晓晗：《建设中国自由贸易港的立法必要性及可行性研究》，载《中国海商法研究》2018 年第 2 期，第 83 页。

② 曹晓路、王崇敏：《中国特色自由贸易港立法的基本框架与实现路径——以海南自由贸易港立法为视角》，载《当代法学》2020 年第 4 期，第 140 页。

因此，海南自贸港法的制定和实施必须在充分发挥地方积极性和创造性的同时，有效兼顾全国的一致性和普遍性，在改革试验中有效发挥我国国家纵向治理模式的传统优势。本章尝试总结和思考海南自贸港法的制定思路，从而助益于未来相关立法活动的审慎性和科学性，也试图在此基础上为处理改革、试验与法治的基本关系提供基本理论指南。

[本章内容曾以《海南自由贸易港法制定思路的学理阐释》为题发表于《天津大学学报》（社会科学版）2021 年第 4 期]

第十一章

海南自贸港法规的规范属性与制度功能

【本章提要】海南自贸港法规是《海南自由贸易港法》为海南自贸港特别创设的地方立法形态，它在制定主体、立法事项和生效方式等多方面异于普通地方性法规和经济特区法规等。变通性作为海南自贸港法规的基本属性，承载着海南自贸港法规制度的核心内涵。海南自贸港法规的变通性在对象、界限和程序上不同于经济特区法规和民族自治地方的自治法规。海南自贸港法规在对自贸港法治体系发挥支撑功能的同时，还应协调好改革试验与法治的关系，促进我国地方立法变通机制的完善。自贸港法规作为一项立法制度安排仍存在一定的发展和完善余地，未来需要有效参照和借鉴《立法法》第13条的相关机制。

一　问题的提出

第十三届全国人大常委会第二十九次会议于2021年6月10日审议通过了《中华人民共和国海南自由贸易港法》（下称海南自贸港法），该法从初次提请审议到正式通过仅用了半年时间①，立法速度如此之快，充分体现了国家对海南自贸港建设的重视程度。从国家治理体系和治理能力现代化的高度来看，这种立法速度也体现出全面推进依法治国和全面深化改革开放双重战略的协同升级。从历史发展来看，1988年4月13日，

① 该法草案于2020年12月22日初次提请全国人大常委会审议，2021年4月26日二次提请全国人大常委会审议。

第七届全国人大第一次会议决定撤销广东省海南行政区，设立海南省，建立经济特区。[①] 海南经济特区由此成为全国最大的经济特区，并且是唯一的省级经济特区。海南省人大及其常委会在自动取得《中华人民共和国宪法》（以下简称《宪法》）第 100 条第 1 款规定的省级地方性法规制定权的同时，也根据《全国人民代表大会关于建立海南经济特区的决议》的专门授权，开始行使经济特区法规制定权。[②] 30 年以后，为进一步促进海南经济社会发展并发挥其作为全国改革开放试验田的功能，国家采取有力措施，支持和推进海南自贸区和自贸港建设。2018 年 4 月 13 日，习近平总书记在庆祝海南建省办经济特区 30 周年大会上郑重宣布，党中央决定支持海南全岛建设自由贸易试验区，支持海南逐步探索、稳步推进中国特色自由贸易港建设，分步骤、分阶段建立自由贸易港政策和制度体系。[③] 2018 年 4 月 14 日，中共中央、国务院发布《关于支持海南全面深化改革开放的指导意见》，明确以现有自由贸易试验区试点内容为主体，结合海南特点，建设中国（海南）自由贸易试验区，实施范围为海南岛全岛。[④] 2020 年 6 月 1 日，中共中央、国务院印发了《海南自由贸易港建设总体方案》（本章以下简称为《总体方案》）。[⑤]

深化改革需要法治保障[⑥]，海南自贸港建设必须配套供给基础性的法治支撑，以法治来引领、规范和保障自贸港的总体建设。在海南由经济特区升级为自贸区再继续升级为自贸港的过程中，国家和海南省都充分采取了相应的法治手段，来保证全面推进依法治国的重大战略得到彻底实施。国家层面的法治保障措施由个别性决定走向一般性立法。初期主

---

① 《全国人民代表大会关于设立海南省的决定》，1988 年 4 月 13 日第七届全国人民代表大会第一次会议通过；《全国人民代表大会关于建立海南经济特区的决议》，1988 年 4 月 13 日第七届全国人民代表大会第一次会议通过。

② 《全国人民代表大会关于建立海南经济特区的决议》第 2 条。

③ 习近平：《在庆祝海南建省办经济特区 30 周年大会上的讲话》，载《人民日报》2018 年 4 月 14 日第 2 版。

④ 《中共中央、国务院关于支持海南全面深化改革开放的指导意见》，中发〔2018〕12 号，2018 年 4 月 11 日发布。

⑤ 《海南自由贸易港建设总体方案》，载《人民日报》2020 年 6 月 2 日第 1 版。

⑥ 习近平：《在法治下推进改革，在改革中完善法治》，载《论坚持全面依法治国》，中央文献出版社 2020 年版，第 39 页。

要采取由全国人大常委会依照《中华人民共和国立法法》（下称《立法法》）第 13 条作出相关授权决定的方式，比如 2019 年 10 月 26 日第十三届全国人大常委会第十四次会议通过的《关于授权国务院在自由贸易试验区暂时调整适用有关法律规定的决定》，2020 年 4 月 29 日第十三届全国人大常委会第十七次会议通过的《关于授权国务院在中国（海南）自由贸易试验区暂时调整适用有关法律规定的决定》。由于决定具有个别性和临时性，无法满足海南自贸港的法治保障需要，因此就有必要尽快制定海南自贸港法，从而提供具有普遍性和基础性的立法安排。海南自贸港法的目的在于将党中央关于自贸港建设的重要决策部署上升为国家法律规定，为自贸港总体建设作出顶层设计和提供法律规范层面的依据。

海南省层面的法治保障措施主要是海南省人大及其常委会充分运用各种地方立法权，包括普通省级立法权和经济特区立法权。此次海南自贸港法基于“赋予海南更大改革自主权”和“给予充分法律授权”① 的政治决断，在保证国家法制统一的大前提下，赋予了海南自贸港以相应的自贸港法规制定权。其第 10 条规定：“海南省人民代表大会及其常务委员会可以根据本法，结合海南自由贸易港建设的具体情况和实际需要，遵循宪法规定和法律、行政法规的基本原则，就贸易、投资及相关管理活动制定法规（以下称海南自由贸易港法规），在海南自由贸易港范围内实施。海南自由贸易港法规应当报送全国人民代表大会常务委员会和国务院备案；对法律或者行政法规的规定作变通规定的，应当说明变通的情况和理由。海南自由贸易港法规涉及依法应当由全国人民代表大会及其常务委员会制定法律或者由国务院制定行政法规事项的，应当分别报全国人民代表大会常务委员会或者国务院批准后生效。”海南自贸港法规在诸多方面不同于普通地方性法规和经济特区法规等，亦不同于《立法法》第 13 条的授权决定机制，但又与这些既有制度形态存在各种联系。这意味着海南自贸港建设在制度供给上配置了多重支撑。由于海南自贸港建设仍处于起步和探索阶段，自贸港法仅对海南自贸港法规制定权作出框架性的勾勒，自贸港法规制定权的相关规范尚未详备，亟须在法规范解释和实践适用层面明确自贸港法规制定权的功能定位、基础目标和

① 《海南自由贸易港建设总体方案》，载《人民日报》2020 年 6 月 2 日第 1 版。

实施方式等内容。在某种意义上，在海南自贸港法出台以后，国家层面的法治保障措施暂告一段落，而海南省层面的地方性法治保障措施则逐渐登上历史舞台。因此，笔者试图基于《宪法》所确立的立法权配置，并结合《立法法》的相关实践来阐明海南自贸港法规的规范属性和基本功能，并在总结其问题的基础上为自贸港法规制度的发展和完善提供学理思考。

二 海南自贸港法规与其他地方立法形态的对比

依据《海南自由贸易港建设总体方案》和海南自贸港法的相关规定，自贸港法规作为一项授权立法，目的在于同经济特区法规、多元商事纠纷解决机制、普通的地方性法规等共同搭建体系完整、规范详备的自贸港法治体系。这就意味着海南自贸港法关于自贸港法规制定权的授权决定，搅动了固有的海南省地方立法权格局这一池春水。对海南自贸港法规的理解与界定离不开地方性法规和经济特区法规。考察各类立法权的构成要素可以发现，自贸港法规作为海南省人大及其常委会就贸易、投资及相关管理活动等特定领域制定的专门性法规，在制定主体、立法事项、生效方式等诸多方面与其他法规制定权存在异同之处。

首先，在立法权的主体要素方面，海南省的地方立法主体结构高度复杂。除前文所提及的普通省级地方性法规制定权和经济特区法规制定权以外，地方立法权还包括省级地方政府规章制定权，民族自治地方（自治州和自治县）的自治法规（即自治条例和单行条例）制定权，以及普通市级地方性法规制定权和市级地方政府规章制定权。其中，普通市级地方立法权又在2015年《立法法》修改过程中，实现由较大的市（在海南省仅有作为省会的海口市）向所有设区的市的主体扩容[①]，但在立法事项上则收缩至城乡建设与管理、环境保护、历史文化保护等方面。就

① 海南省三沙市较为特殊，虽不是设区的市，但作为地级市享有立法权，即“广东省东莞市和中山市、甘肃省嘉峪关市、海南省三沙市，比照适用本决定有关赋予设区的市地方立法权的规定”。参见《全国人民代表大会关于修改〈中华人民共和国立法法〉的决定》（2015年3月15日第十二届全国人民代表大会第三次会议通过），第46条。

经济特区授权立法形式来看，海南经济特区与其他经济特区还存在一个重要区别，即全国人大在专门授权中并未授权海南省人民政府制定经济特区规章。2000 年《立法法》关于经济特区变通立法权的规定本身也仅限定于相应特区的国家权力机关，而未扩展至行政机关。在本次海南自贸港法中也参照了海南经济特区授权立法的形式，将自贸港地方立法权仅限于海南省人大及其常委会，未赋予海南省政府自贸港规章制定权。前述这些既存的立法权形态均与海南自贸港建设存在直接或间接的联系，也与自贸港法规存在一定关系。

在立法权的规范来源方面，海南省人大及其常委会能够以海南的三重身份（即省级行政区域、经济特区和自贸港）进行立法，不同身份的规范来源和地位各不相同。第一种身份的立法是具有宪法基础的职权立法，因为省级地方性法规制定权最初由 1979 年《中华人民共和国地方各级人民代表大会和地方各级人民政府组织法》（以下简称《地方组织法》）所赋予①，后来得到 1982 年《宪法》的肯定。第二种身份的立法最初源于全国人大专门授权并得到 2000 年《立法法》的确认，因此，可以视为具有法律基础的专门性授权立法。第三种身份的立法则是海南自贸港法的特别授予，因此也可以视为以法律为基础的专门性授权立法。《宪法》所赋予的省级地方性法规制定权具有宪法效力，不受法律的剥夺，规范来源和地位最高；《立法法》关于经济特区法规的确认性规定具有宪制性地位，因为《立法法》本身是由全国人大根据《宪法》第 62 条第 3 项所制定的基本法律；海南自贸港法则是全国人大常委会根据《宪法》第 67 条第 2 项所制定的非基本法律，其关于立法权的规定也就不具有宪制地位，因此，海南自贸港法的规范来源和地位在三者之中也就最低。但无论是经济特区法规还是海南自贸港法规，显然都具有突出的改革试验功能。

其次，在立法事项方面，海南自贸港法规存在一定的特殊性。基于

---

① 彭真在 1979 年 7 月 1 日“关于七个法律草案的说明”中指出，这是“根据中共中央和毛泽东同志多次强调要扩大地方权力，发挥中央和地方两个积极性的思想，按照我国的实际情况和长期以来进行政治、经济、文化改革和建设的经验”提出的。参见全国人民代表大会常务委员会法制工作委员会编《中华人民共和国法律及有关法规汇编（1979—1984）》，法律出版社 1986 年版，第 807—808 页。

顶层设计的目的和自贸港建设的总体需求，海南自贸港法规的立法调整事项范围主要集中于贸易、投资及相关管理活动，普通地方性法规的事项取决于立法层级。省市两级地方性法规的事项范围在《宪法》第100条中没有差别，但《立法法》第72条则将市级地方性法规的事项限定于城乡建设与管理、环境保护、历史文化保护等方面。经济特区法规作为一项授权性立法，在制度设计初衷上本应集中于与经济特区相关的经济方面，但其调整领域尚存在争议，实践中经济特区法规的立法事项并未仅仅限于纯粹的经济领域。[①] 宽泛的立法事项再加上变通权限，在一定程度上会减损国家的法制统一，也影响经济特区法规本身针对性效应的发挥。民族自治地方的自治法规以充分发挥民族自治地方的自治权为规范基础，可结合当地的政治、经济和文化特点来利用其变通权限，与其他法规制定权相比，享有更为广泛的政策优势和较为宽松的立法事项范围。

在各类法规中，海南自贸港法规与经济特区法规最具有可比性。从立法事项来看，两者在经济领域的变通立法权必然存在一定的交叉或包容关系。在自贸港法规尚未正式授权之前，海南自贸港已探索以经济特区立法权的形式来完善自贸港法治体系。[②] 此种路径，一方面在自贸港法规制定权正式授予前使自贸港层面完善自身制度建设具有可能性，但另一方面也存在着混同自贸港建设、自贸区建设与经济特区建设的风险。目前，海南自贸港法尚未对自贸港法规的内涵作出详尽界定，自贸港法规是否指代地方性法规和经济特区法规这两种情形[③]，又或是与两者并存成为海南省第三种立法权运行模式仍存在争议。但从两种法规制定权所依托的制度设计来看，经济特区作为我国改革开放的第一批窗口，目的在于“摸着石头过河”，以试错和示范的方式积累经验、对外开放。而自贸区、自贸港作为新时期党中央为全面深化改革所部署的重要举措，既

---

① 目前经济特区法规普遍涉足经济领域之外，比如厦门市现行经济特区法规除直接涉及经济领域外，还涉及园林绿化、公园管理、广告设施设置管理、社会文明规范、生活垃圾分类、自贸区管理、房屋拆迁、法律援助、失业保险等事项，明显超出经济法规的范畴。相关立法情况，可参见厦门市人大官网的法规数据库 https：//www. xmrd. gov. cn/fgk，2021年6月1日最后访问。

② 严冬峰：《加快构建海南自贸港法治体系》，载《海南日报》2020年8月28日，第A11版。

③ 张维炜：《立法“加速度”海南自贸港法草案完成“二审”》，载《中国人大》2021年第9期，第32页。

与当年经济特区承担着同样的改革、试验的使命，又肩负着与国际接轨进一步扩大改革探索路径的责任，是新时期对经济特区进行升级的产物。因此，在新时期自贸港深化改革开放的同时，更需要以强有力的法治来保障、引领和规范自贸港建设。单纯依靠海南省经济特区法规制定权已无法应对自贸港所形成的制度变通幅度，也难以解决自贸港建设中面临的新情况、新问题。所以，自贸港法规的立法事项虽在经济事项方面与经济特区法规存在交叉，但更多的是突破和改革创新，比较而言，自贸港法规可以对《立法法》第 8 条规定的法律保留事项作出规定，即涉及贸易、投资及管理活动相关的基本制度层面的立法事项。

最后，在生效要素方面，海南自贸港法规也存在一定的特殊性。依据海南自贸港法第 10 条的规定，自贸港法规应当报送全国人大常委会和国务院进行备案，备案中应对其变通规定说明变通的情况和理由，但当其所调整或变通的内容涉及法律保留事项或行政法规保留事项的，则须报全国人大常委会或国务院批准后生效。而地方性法规在制定主体方面涉及省级和设区的市级人大及其常委会。省级地方性法规在作出决定后，法律文本的公布便是其生效的要件。[①] 市级地方性法规由于并非属于完整的地方立法权主体，则须依据《立法法》第 72 条之规定，经省级人大常委会批准后施行。对于经济特区法规而言，虽然变通是其原则而非例外[②]，但经济特区法规无法触及法律保留事项，《立法法》第 98 条对其变通规定也仅作出报送备案时说明变通情况的限制。自治法规作为自治机关行使自治权的重要方式，可以结合本民族特点对法律、行政法规作出变通性规定，考虑民族自治地方的自治法规在变通上权限较大，因此，《立法法》对其规定了较为严格的报批程序，即经过自治机关上一级人大常委会批准后生效。此外，自治州、自治县的人大制定的自治条例和单行条例，还须由省级人大常委会报全国人大常委会和国务院备案。总体来看，自贸港法规在生效要素上分为更具多样化的环节，其制度设计也更为精致。

---

① 夏正林：《论法律文本及其公布》，载《政治与法律》2021 年第 1 期，第 81 页。

② 林彦：《经济特区立法再审视》，载《中国法律评论》2019 年第 5 期，第 185 页。

三 海南自贸港法规的基本性质：以变通为基础

基于对上述各类法规制定权的对比分析，海南自贸港法规和经济特区法规同属于国家权力机关根据授权决定作出的授权立法模式，在权力来源方面区别于职权立法模式下的普通地方性法规和自治法规。同时，海南自贸港法规又异于《立法法》第13条授权地方改革试点决定中呈现的国家主导性特征，它在本质上归属于地方立法变通权，以通过地方改革试验来积累经验，可谓是深化改革开放和自贸港建设的“试验田”。一般而言，我国立法变通权主要指经济特区和民族自治地方根据法律授权作出的一种立法变通权力。[①] 但海南自贸港法规作为一种较新形式的地方立法授权模式，在一定程度上放大了我国的地方立法变通权体系，因为从海南自贸港建设的现状和可预见未来中可以看到，海南自贸港将在贸易、投资乃至税收、金融等领域与全国性的法律制度形成较大差别。[②] 如果说试点创新是自贸港法规的“根”，那么立法变通可谓是自贸港法规的“魂”，承载着自贸港法规的精神和价值内涵。因此，在从规范角度对海南自贸港法规进行定性时，有必要专门分析其变通性的问题，变通性决定着海南自贸港法规的基本属性。

从海南自贸港法的立法背景来看，之所以创设海南自贸港法规，显然具有向地方赋权的特别考虑。沈春耀主任在海南自贸港法（草案）说明中指出：“考虑到海南自由贸易港建设各方面工作还处于起步和探索阶段，法律条文可以概括一点、原则一些，构建起海南自由贸易港建设法治保障的‘四梁八柱’，为海南自由贸易港建设提供必要的制度供给，同

---

① 宋方青：《突破与规制：中国立法变通权探讨》，载《厦门大学学报》（哲学社会科学版）2004年第1期，第64页。

② 比如，根据《海南自由贸易港建设总体方案》规定的低税率政策，“对在海南自由贸易港实质经营的企业，实行企业所得税优惠税率。对符合条件的个人，实行个人所得税优惠税率”。就个税而言，目前在海南自由贸易港工作的高端人才和紧缺人才，其个人所得税实际税负超过15%的部分，予以免征，而《中华人民共和国个人所得税法》所规定的个税则以最高45%封顶。

时为改革发展预留空间。”因此，“在保证国家法制统一的前提下赋予海南更大改革自主权。按照党中央要求‘赋予海南更大改革自主权’‘给予充分法律授权’的精神，授予海南更大的立法权限，由海南省人大及其常委会制定海南自由贸易港法规。这样，既确保党中央集中统一领导和国家法制统一，又有利于海南进行全面深化改革开放的探索”。[①] 从立法的原初意图来看，海南自贸港法本身仅限于为海南自贸港建设提供一种最基础的制度框架，而将其诸多具体制度的塑造留给可以因地因时制宜的授权性法规，从而使立法活动能够始终与自贸港建设的实践需要同频共振。这种立法意图就决定了海南自贸港法规的变通性和创造性必然具有较大的空间。

从海南自贸港法规所具备的基础性质来看，其呈现以下三方面特征。第一，海南自贸港法规是一种较新形式的地方立法变通权。尽管海南自贸港法目前尚未对自贸港法规作出详尽界定，但通过规范意义上的比较分析可知，自贸港法规根植于自贸港建设中的现实需求，在制定主体、立法事项、生效方式和变通规定等多方面异于一般的地方性法规和经济特区法规。作为一种较新形式的地方立法变通权，其也因此面临着法律位阶的问题和自贸港法规在司法判决中的适用效力问题，需要在规范和实践层面予以正确的界分和解释。[②] 第二，海南自贸港法规制定权虽属海南自贸港建设中的重要一环，但其目的不仅在于地方性的立法变通，更是作为地方试点改革的“试验田”功能，通过地方试点为其他自贸区以及未来的其他自贸港提供经验借鉴，并适时将试点成熟、可复制的成功

---

① 沈春耀：《关于〈中华人民共和国海南自由贸易港法（草案）〉的说明——2020 年 12 月 22 日在第十三届全国人民代表大会常务委员会第二十四次会议上》，载中国人大网 http://www.npc.gov.cn/npc/c30834/202106/589f495e276f4adb9092d6b6d951af58.shtml，2021 年 8 月 3 日最后访问。

② 目前，关于另一类授权立法形式，即经济特区法规，已经在法律位阶和司法判决中的适用效力等方面产生诸多争议。如关于经济特区法规位阶的学说亦有常见的“与法律相同”“与地方性法规相同”和“介于法律、行政法规与地方性法规之间”等多种见解。同时，有学者认为，在经济特区法规的司法适用过程中，审判机关基于“国家”而非“地方”的特殊属性，并未对经济特区法规给予“特殊照顾”。这些问题的理解，也将伴随着海南自贸港法规的正式授权和实践适用而逐渐呈现在理论及实务视野中。参见崔文俊《论经济特区法规的位阶》，载《学术交流》2019 年第 6 期，第 72 页；屠凯：《司法判决中的经济特区法规与法制统一》，载《当代法学》2017 年第 2 期，第 23 页。

经验适当地推广至全国范围，并上升提炼为全国范围内的法律或法规。第三，海南自贸港法规是经济特区法规的升级版，必须在规范和实践层面对两者进行合理的界分。自贸港法规在立法事项方面超越了经济特区法规，可以对部分法律保留事项作出规定，两者具有不同的变通权内涵。因此，必须合理界定自贸港法规的基本内涵，明确其与一般地方性法规、经济特区法规的区别。依此，通过运用这“三种立法权”形式来协力推进海南自贸港建设，在海南省的层面上共同搭建海南自贸港法治体系。

从海南自贸港法第10条的字面规定来看，自贸港法规的变通权具有三个方面的规范内涵。首先，在立法变通权的对象方面，自贸港法规可以对法律、行政法规作变通规定。由于自贸港法规在一般立法事项方面主要集中于贸易、投资及相关管理活动，同时亦可以对《立法法》第8条规定的部分法律保留事项作出规定。因此，在自贸港法规立法变通权的对象方面也触及部分法律保留事项，对涉及贸易、投资及相关管理活动中的基本制度可以作变通性规定。其次，在立法变通权的界限方面，自贸港法规的制定必须遵循宪法规定和法律、行政法规的基本原则。在自贸港法规变通权的行使过程中，一方面，必须严格遵循宪法的规定。宪法作为国家基本法，是推进全面依法治国之基石①，立法变通权不能也无权对宪法作出变通规定。另一方面，立法变通权的行使必须遵循法律、行政法规的基本原则。法的原则作为法律、行政法规最基本的内容，集中体现了立法的精神内涵，对基本原则的变通无疑等同于否定该部立法。此外，基于海南自贸港法在海南自贸港建设中的基础性地位，自贸港法规在运用立法变通权时也无法对海南自贸港法作出变通性规定。最后，在立法变通权的程序方面，对于法律、行政法规作变通规定的，必须说明变通的情况和理由。由于海南自贸港所形成的制度变通幅度更大，所授权的立法事项也更为宽泛，且更容易触及《立法法》第8条所规定的法律保留事项，因此，在海南自贸港法二审稿中专门增加了一审稿中所缺少的说明变通理由制度，这一制度在三审中未经修改即获得通过。据此，不仅要在报送备案审查中指明变通规定的情况，更要说明作出变通规定的缘由，这可以在一定程度上限制立法变通权并防止其滥用。

---

① 秦前红：《宪法至上：全面依法治国的基石》，载《清华法学》2021年第2期，第5页。

从各种地方立法变通权的比较来看，海南自贸港法规在变通性上既体现共性也存在独特性。在我国地方立法权限配置中，立法变通权是经济特区立法权、民族自治地方立法权和自贸港法规制定权共通性的根本特征。但三者虽共用“变通”之名，却因制度设计、改革试验和政策考量等诸多因素影响而具备不同的变通性内涵。如果对三类立法变通权进行比较分析则可发现，其在变通对象、变通界限和变通程序等方面都存在着差异之处。首先，在立法变通权的对象方面。自贸港法规和民族自治地方的自治法规可以对法律和行政法规作出变通性规定，更多是倾向于结合改革或当地特色去变通中央立法的规定。而经济特区法规还可以对地方性规范作出变通性规定，涵盖了对地方立法的变通可能性。但经济特区法规在立法事项上仅能对一般经济制度作出规定，无法规定法律保留事项的基本经济制度，也就更无权限对法律保留事项作出变通规定。其次，在立法变通权的界限方面。自贸港法规以遵循宪法的规定和法律、行政法规的基本原则为立法变通权的准则，而经济特区法规却未在《立法法》制定和修改中对其变通规定作出明确的规定。1988 年全国人大对海南经济特区的授权决定中，要求海南经济特区法规必须“遵循国家有关法律、全国人民代表大会及其常务委员会有关决定和国务院有关行政法规的原则”①。究其缘由，主要是基于探索试验的目的，为今后发展变化提供可供解释的空间。② 但若对比自治法规即可发现，《立法法》对民族自治地方的自治法规规定了较为详细的变通界限，其不得对宪法和民族区域自治法的规定作出变通规定，不能违背法律或行政法规的基本原则，对于法律、行政法规专门就民族自治所作的规定也不得进行变通。最后，在立法变通权的程序方面，三类立法变通权的行使，都需要依规报送备案审查，在报送审查时还需要说明作出变通的情况。但由于自贸港法规在立法事项和变通对象方面都可能触及法律保留事项，故对于自贸

---

① 《全国人民代表大会关于建立海南经济特区的决议》第 2 条。另外，全国人大及其常委会对不同经济特区的授权决定在限制性措辞上稍有差别，对广东和福建两省人大及其常委会的限制是“根据有关的法律、法令、政策规定的原则”，对深圳、厦门、汕头和珠海四市人大及其常委会的限制都是“遵循宪法的规定以及法律和行政法规的基本原则”。

② 张春生主编：《中华人民共和国立法法释义》，法律出版社 2000 年版，第 198 页。

港法规的立法变通权设以更为严格的变通程序，即需要在报送备案时指出变通的情况，同时说明进行变通的理由。

综上，海南自贸港法规的立法变通权有以下三个特征。其一，自贸港法规变通权的行使，其性质和界限在于地方改革试验的探索，最终目的在于通过地方的试点和经验总结，将成功的经验向全国范围推广。其二，海南自贸港作为新时期深化改革、制度探索之窗口，不仅局限于执行性变通。对于法律、行政法规尚未规定之内容，更应允许自贸港法规作出相应的创制性立法及变通。其三，基于自贸港法规可在立法事项方面关涉法律保留的内容，因此相较于其他两类立法变通权而言，规定了更为严格的变通备案审查程序，需要在报送备案时说明变通情况及理由。

四 海南自贸港法规在自贸港建设中的功能定位

海南自贸港法规作为一种较新形式的地方变通立法，与海南省人大及其常委会的其他形式的法规并存且互相配合，在协力推进自贸港法治体系完善方面将发挥主力军的作用。自贸港建设过程中必须坚持改革与法治的“双轮驱动”，不可偏颇。在此背景下，合理定位自贸港法规的基本功能并由此促进自贸港法治体系的完善就显得尤为重要。为此，首先需要细致分析自贸港法规的设计缘由，然后在海南自贸港总体建设的战略布局中探寻海南自贸港法规的功能定位。

从设计缘由来看，自贸港法规作为自贸港法治体系中的重要一环，既是海南自贸港改革探索中实践需求的产物，也是海南省其他法规制定权固有局限而必须引发的深度授权模式。在创设自贸港法规制定权以前，由于中央立法滞后、授权立法事项单一、一般地方性立法无力，仅能利用经济特区立法权来弥补海南自贸港建设中的法治空白。但经济特区立法权既在理论界饱受存废争议①，又因其立法权限范围的限制而难以应对新时期自贸港法治建设之需求。因此，赋予海南省人大及其常委会自贸港法规制定权就成为自贸港建设中的重要内容。

首先，自贸港法规作为授权立法制度必须对构建自贸港法治体系发挥常规性的支撑作用。由于海南自贸港的建设仍处于起步和探索的阶段，实践中所积累的制度建设经验尚且不足，为避免海南自贸港法的规定过细从而影响自贸港建设中的试验探索，在自贸港法的立法审议过程中遵循着“宜粗不宜细”的立法思路，在立法已经搭建起的自贸港制度“四梁八柱”之下，还存在诸多具体环节需要法规来填补空白。因此，自贸港法规在未来构建自贸港法治体系中的常规性支撑作用就逐渐凸显。自贸港法规需要根据自贸港建设中的具体情况和实际需要，及时填补自贸港建设中的法治空白，及时根据自贸港建设的进展而不断进行法规的效果评估及废改立。自贸港法规以地方立法变通权为基础，与其他法规相比具有独特优势，因此在与其他法规相互衔接与协同的过程中，必须成为自贸港法治体系建设中最重要的一环。制定自贸港法规是为海南自贸港制度建设提供法治支撑的重要立法权运用方式。

其次，自贸港法规在海南自贸港总体建设中需要承载协调改革试验与法治关系的机制功能。其一，在海南自贸港的中央和地方立法权配置中，虽然中央立法可提供层级高、权威强的立法规范，但自贸港建设作为试错和示范性质并存的改革探索窗口，仅依靠中央立法难以满足多样的营商环境需求，容易产生中央层级立法滞后问题。其二，授权决定机制作为2015年《立法法》新增的地方改革试点的新方案，也呈现出强烈的试错性质，目的在于总结可复制的经验向全国范围推广，但授权决定主要聚焦于某一特定事项，具有强烈的针对性，因此仅依靠授权决定形式，既难以满足复杂多变的营商环境需求和全局性的自贸港建设需要，也面临着“一事一授权”的调法调规难问题。其三，经济特区法规虽以

① 有学者主张直接将其废除，参见庞凌《关于经济特区授权立法变通权规定的思考》，载《学习与探索》2015年第1期，第74页；也有学者主张将其吸纳进普通地方立法权，参见徐平主编《人大职权研究》，法律出版社2017年版，第54页。

立法变通权作为基本特征，享有在经济领域的广泛立法权，但也难以应对和解决新时期自贸港建设中面临的新情况、新问题。[①] 结合以上三点理由可知，自贸港法规作为海南自贸港法引领下的多层次多领域立法的制度创新集成的必然要求，在以法治保障和引领自贸港改革开放的过程中将发挥最重要的作用，也必须切实协调好改革试验与法治关系。

最后，自贸港法规对我国的地方立法变通机制本身也具有试点试错、经验积累和制度完善的总体功能。我国的地方立法变通机制长时间固定为民族自治地方立法变通权和经济特区立法变通权两种形态，但在近年来特别是在 2021 年则取得重大发展，其表现形态日益丰富多样。2015 年《立法法》在修改过程中为“做到立法决策和改革决策相统一、相衔接，重大改革于法有据，立法主动适应改革需要，改革和法治同步推进”[②]，正式增加了第 13 条的授权决定模式，全国人大及其常委会可以根据改革发展的需要，决定就行政管理等领域的特定事项授权在一定期限内在部分地方暂时调整或者暂时停止适用法律的部分规定。这是以全国人大及其常委会的具体授权决定来实现法律的地域性变通。2021 年不仅增加了海南自贸港法规的变通机制，而且在海南自贸港法获得通过的同日，第十三届全国人大常委会第二十九次会议专门授权上海市人大及其常委会

---

① 同时，截至 2021 年 6 月 1 日，根据在“北大法宝—法律法规”数据库检索到的数据来看，海南省现行有效的法规共 330 部，其中经济特区法规 67 部，占比 20.3%；深圳市现行有效的法规共 358 部，其中经济特区法规 273 部，占比 72.6%；厦门市现行有效的法规共 162 部，其中经济特区法规 76 部，占比 46.9%；珠海市现行有效法规共 96 部，其中经济特区法规 44 部，占比 45.8%；汕头市现行有效法规共 51 部，其中经济特区法规 88 部，占比 58%。相比而言，海南经济特区法规制定权在地方立法权体系中则用得不够，体现在形式和实质两个方面。一方面，海南经济特区法规在立法数量上占比较少，特区立法权未能得到充分地行使。另一方面，如果分析其立法主题则可发现，其未能充分聚焦经济领域，呈现出立法主题的偏差情形。如此一来，经济特区法规制定权则难以圆满地实现预期效果，更难以应对新时期海南自贸港建设之需求。

② 李建国：《关于〈中华人民共和国立法法修正案（草案）〉的说明——2015 年 3 月 8 日在第十二届全国人民代表大会第三次会议上》，载中国人大网 http：//www. npc. gov. cn/zgrdw/npc/xinwen/2015 -03/09/content_ 1916887. htm，2021 年 8 月 3 日最后访问。

制定浦东新区法规。[①] 前述各种立法变通形态中，海南自贸港法规的变通机制在变通力度等方面最具代表性，在改革试错方面也最具前瞻性，因此需要在实施过程中不断总结经验，并与其他变通机制进行对比，从而在试点试错、经验积累的过程中促进我国地方立法变通制度本身的完善。

基于前述三方面制度设计缘由，对海南自贸港法规功能的合理定位，既要在宏观视角上立足于“国家法制统一”的需求，又要在中观视角上注重海南自贸港法治体系建设的要求，更要在微观视角上着眼于地方改革试点与经验的提炼推广。

首先，从宏观视角来看，维护“社会主义法制的统一和尊严”是我国1982年《宪法》第5条第2款规定的基本内涵。海南自贸港作为新时期对外开放的窗口，在制度变通幅度上更甚于经济特区的创设。而海南自贸港法规作为一种较新形式的立法变通形态，更是在立法事项和变通权界限方面超越了经济特区立法权，更容易触及和变通《立法法》第8条规定的法律保留事项。因此，在自贸港法规的制定过程中，也必然会对国家法制统一造成更大程度的减损。由此，就需要在确保党中央的集中统一领导和国家法制统一的基础上，合理运用自贸港法规制定权，以维护中央统一领导和国家法制统一为价值基础，作为立法变通权行使的基本前提。

其次，从中观视角来看，海南自贸港法规的授权目的在于填补海南自贸港法治体系的“四梁八柱”。制度创新和科技创新是推动海南自贸港前进的“两个轮子”，其中制度创新的关键在于法治的引领和保障。海南自贸港法规作为一种较新形式的地方立法变通权，一方面，可以在贸易、投资及相关管理活动等领域引领海南自贸港的制度建设和实践探索，为

---

① “为建立完善与支持浦东大胆试、大胆闯、自主改相适应的法治保障体系，推动浦东新区高水平改革开放，打造社会主义现代化建设引领区，第十三届全国人民代表大会常务委员会第二十九次会议决定：一、授权上海市人民代表大会及其常务委员会根据浦东改革创新实践需要，遵循宪法规定以及法律和行政法规基本原则，制定浦东新区法规，在浦东新区实施。二、根据本决定制定的浦东新区法规，应当依照《中华人民共和国立法法》的有关规定分别报全国人民代表大会常务委员会和国务院备案。浦东新区法规报送备案时，应当说明对法律、行政法规、部门规章作出变通规定的情况。”参见《全国人民代表大会常务委员会关于授权上海市人民代表大会及其常务委员会制定浦东新区法规的决定》，2021年6月10日第十三届全国人民代表大会常务委员会第二十九次会议通过。

海南自贸港的实践运行提供相应的法律规范依据。另一方面，海南自贸港法规的创设目的也在于同海南省其他法规制定权相衔接，通过协力推进多层级、多领域的制度集成性的海南自贸港法律法规体系。因此，如果说海南自贸港法是对海南自贸港总体建设作出顶层设计的“根部”，那么，海南自贸港法规即是对顶层设计这一“根部”进行细化完善的“枝叶”。

最后，从微观视角来看，海南自贸港法规虽属于地方立法变通权的范畴，但其试点的目的在于积累经验，以试错和示范的方式总结和提炼可复制的成功经验并向全国范围内推广。所以立法变通权的本质在于突破，海南自贸港法规的授权目的也在于为海南自贸港建设提供制度创新和改革试验的突破口。在可承受的减损“国家法制统一”的成本范围内，通过立法变通权的运用，以试错和示范的方式，为向全国范围推广奠定试验基础。因此，不同于前述宏观和中观视角的分析，必须将海南自贸港法规精准定位为试点经验的提炼与推广，从地方试点的微观视角扩展上升为整体国家法律体系和法律制度的完善。

五 海南自贸港法规的制度性问题及其完善方向

海南自贸港法规是海南自贸港建设过程中的重要法治手段，但通过前文的分析可以看出，自贸港法规制定权在立法事由、变通权限、法律位阶等方面存在诸多未尽问题。而这些问题的解决方案，将会直接影响自贸港法规本身功能的发挥和自贸港法治体系的完善进程。本部分通过在同类地方立法变通权中进行对比来阐明这些问题，并在现行变通机制特别是较为成熟的《立法法》第13条授权机制中寻找海南自贸港法规制度的发展和完善路径。

其一，自贸港法规与经济特区法规的立法事项及变通界限仍不够明确。一方面，受限于海南自贸港法规定的贸易、投资及相关管理活动这一立法事项的概括性规定，经济特区法规也同样在1988年全国人大授权特区立法权时采取了“一揽子”授权方式，并未明确规定立法事项，仅就特区设立目的于经济领域的事项作出变通性立法的规定。由此，贸易、投资和经济领域的相互交叉关系造成了自贸港法规和经济特区法规界分上的困难。另一方面，由于海南自贸港法规有权对法律或行政法规保留事项作出规定，其涉及立法或变通权限的界限是否纯粹限于贸易、投资及相关管理活动，抑或是可以及于《立法法》第 8 条规定的基本经济制度和财政、海关、金融、外贸等基本制度层面仍有待解释。

对于上述问题的理解，一方面，海南自贸港法规无疑具有独立的地方立法变通权性质，与海南省既有的一般地方性法规、经济特区法规共同构筑起海南省权力机关的地方立法权体系。另一方面，在两类法规制定权的变通界限方面，经济特区法规虽未能就法律保留事项作出变通规定，但对于一般性的经济制度仍有权以特区法规的形式予以规定。而海南自贸港的建设过程中，其目的不仅是面向国内的试错和示范，更是面向国际打造高水平、法治化和国际化的自由贸易港。对于海关、金融、外贸等事项的立法考量更是推动海南自贸港建设中的应有之义。因此，在海南自贸港法规的立法变通界限方面，实则可以及于《立法法》第 8 条规定的财政、海关、金融和外贸等基本制度层面。

其二，海南自贸港法规作为一项授权性立法，本应在授权立法的同时明确立法事项、变通界限与其他法规制定权之间的关系，但由于海南自贸港建设的实践经验不足以及海南自贸港法本身的原则性定位，未能完全遵循授权立法明确性原则的基本要求。而海南自贸港法规作为海南省地方立法权配置之一，增加了海南省地方立法权体系的复杂性，也面临着自贸港法规与法律、行政法规、经济特区法规和地方性法规效力位阶高低的问题。一方面，从海南自贸港法规的变通规定来看，自贸港法规可以对法律、行政法规的规定作变通。依此视角来看，自贸港法规等同于经济特区法规、高于一般地方性规范。另一方面，由于海南自贸港法规可以对法律或行政法规保留事项作出规定，其在效力上应高于经济特区法规。但就其与法律和行政法规的效力位阶而言，自贸港法规作为一项地方立法变通权，不管归属于授权立法的形式，抑或是特殊的地方立法，一般情况下，其效力位阶低于法律和行政法规。但对于海南自贸港法规的变通规定而言，其可对法律和行政法规作出变通性规定，在此情况下，自贸港法规实则已经在自贸港法治体系中取代了法律、行政法规在该区域的适用，也应认为变通规定情况下，海南自贸港法规具有等同于变通对象的效力位阶。

其三，海南自贸港法规的创设以及浦东新区法规的创设，显现出一种立法和授权决定个别化和碎片化的潜在趋势，而这种趋势与地方立法变通的主题相结合则值得特别警惕。就全国人大及其常委会的活动方式而言，一直存在法律和决定的分工。普遍性的事务一般应当由法律来规范，而个殊性的具体事项则借助决定形式。[①] 法律和决定在传统上基本是泾渭分明的，而2021年的最新实践则有将二者混同的意蕴。自贸港制度是普遍性的，而海南自贸港则是个别的，海南自贸港法本身是为海南自贸港量身定作的法律，并未考虑未来在其他地方继续设立自贸港的可能性，其第10条更是在法律中对海南省人大及其常委会进行排他性的个别授权，此种立法方式在很大程度上并没有遵循立法的普遍性要求。浦东新区法规及其授权决定的个别化和碎片化现象则更为明显，因为浦东新区法规的名称本身就包含着一种立法碎片化的风险。全国人大常委会关于浦东新区的授权决定本身在法律上似乎大可不必，完全可以由国务院将浦东新区增设为经济特区，由此上海市人大及其常委会依据《立法法》自动取得经济特区法规制定权。地方立法变通本身就是对国家法制统一性的限制或减损，如果这种立法变通权的授予本身又采取个别化、碎片化的形式，则其不利影响可能会被放大。因此，笔者主张对这些地方立法变通制度进行定期性的效果评估和比较，特别是不断总结自贸港法规的变通实践，从而引领立法变通制度向国家法制的统一性和立法的普遍性原则适当回归。

对于前述三个方面的问题，其妥善解决可以有两个思路：一是在规范层面通过法律解释来解决，二是通过法律修改来进行制度设计的完善。前文所提及的自贸港法规的立法事项、变通界限、与其他同类法规之间的关系等问题，可以结合未来的自贸港立法实践通过解释海南自贸港法和《立法法》等予以进一步明确和解决。但海南自贸港法的制度设计特别是其立法的根本性体制问题，则需要法律修改才能得到彻底解决，诸如自贸港法规制度、浦东新区法规制度的地位宜在未来修改《立法法》时在第四章关于地方性法规的规定中进行统筹考量。但无论是释法还是

---

① 秦前红、刘怡达：《“有关法律问题的决定”：功能、性质与制度化》，载《广东社会科学》2017年第6期，第219页。

修法，都必须始终铭记海南自贸港是我国改革开放进程中力度最大的“试验田”，自贸港法规的变通性是实现以法治手段保障改革试验的重要途径。因此，自贸港法规中诸多问题的解决及其制度的完善，必须在改革与法治双轮驱动之下进行考虑。笔者认为，在我国处理改革与法治关系的具体机制中，《立法法》第13条规定的授权决定机制最为成熟，其若干具体安排对于发展和完善海南自贸港法规制度具有借鉴意义。《立法法》第13条的法律变通具有日落条款、效果评估和报告制度的限制，有助于防止地方立法变通对法治体系的常规性造成颠覆性例外。[①] 在海南自贸港法起草的过程中，笔者曾建议在其第10条中增加日落条款、效果评估和报告制度的限制，且据笔者了解，在全国人大常委会法工委举办专家座谈会时亦有学者提出效果评估等建议，但可惜没有得到采纳。借鉴《立法法》第13条的授权决定机制，可以考虑对海南自贸港法规制定权进行一定限制，从而更好地发挥其保障和促进自贸港建设的功能，并对全国改革开放更好地发挥“试验田”的功能。具体而言，自贸港法规对法律和行政法规作出变通规定时，不仅应要求海南省人大及其常委会在立法前向全国人大或国务院说明变通的情况和理由，而且应当在法规付诸实施后，定期对法规的实施情况进行科学的效果评估，总结其经验和不足，并向全国人大常委会和国务院报告其实施情况和评估结果，从而促进全国性制度的完善，使海南自贸港的改革试验与全国的改革开放进行更好衔接。从我国目前各自贸区的改革情况来看，由于缺少效果评估和报告制度等机制，行政化运作等各种现实因素“冲淡试验的科学性，使试验无法对改革充分发挥试错和积累经验的作用，背离试验机制的初衷”[②]，这一点在未来的自贸港建设和自贸港法规实践中应当予以特别注意。

---

① 王建学：《授权地方改革试点决定应遵循比例原则》，载《法学》2017年第5期，第39页。

② 王建学：《论我国自贸区改革试验功能的法治化与科学化》，载《江苏行政学院学报》2021年第1期，第120页。

六 结语

建设海南自贸港是改革开放的重大战略决策，为保证自贸港制度行稳致远、久久为功，必须在立法和法治方面下足功夫，“实现自由贸易港制度的顶层设计法治化”①。重大决策的法治化实施必须审慎、稳妥和周全，并考虑法治发展的长远性和全局性。海南自贸港法规将在未来海南自贸港法治体系中发挥重要作用，其立法初衷、解释适用和制度发展也应当从法治发展的长远性和全局性进行审慎和周全的思考。自贸港法规等新的地方立法变通形态，应当与《立法法》规定的立法体制有效融合，并最终和《宪法》进行有效衔接，成为以《宪法》为统帅的中国特色社会主义法律体系的有机组成部分。

（本章内容曾以《海南自贸港法规的规范属性、基本功能与制度发展——以〈宪法〉和〈立法法〉为分析视角》为题发表于《经贸法律评论》2021 年第 4 期，系与张明合作，谨致谢忱）

---

① 曹晓路、王崇敏：《中国特色自由贸易港立法的基本框架与实现路径——以海南自由贸易港立法为视角》，载《当代法学》2020 年第 4 期，第 140 页。

法条聚焦：《关于国家监察委员会制定监察法规的决定》

第六篇

监察立法权配置

第十二章

监察机关立法权纵向配置研究

——基于地方试点的视角

【本章提要】 随着全国人大常委会2019年年底作出《关于国家监察委员会制定监察法规的决定》，监察体制改革正式步入监察立法权时代。目前，监察机关立法权纵向配置问题争议重重，对于地方监察委应否与国家监察委分享立法权，简单予以肯定或否定都缺乏事实根据和法律论证。考虑到地方各级监察委已经纷纷从事立法活动，在合理的过渡期内应当容忍并规范地方各级监察委所进行的立法试点，在具体探讨监察法规、监察规章和其他监察规范相互关系的基础上，提炼监察机关立法权纵向配置的可复制的成功经验，从而为未来正式修改《立法法》确立科学合理的监察立法制度奠定基础。

一 问题的提出

在全面深化改革和国家治理现代化的背景下，我国各项制度改革都在以加速度模式向前推进。狂飙突进的国家监察体制改革可谓典型代表，其从2016年年底拉开地方试点序幕到2017年年底全面推开仅用了不到一年时间。[①] 随后，2018年3月全国人大将监察制度写入宪法并通过《监察

---

① 全国人大常委会2016年12月25日通过《关于在北京市、山西省、浙江省开展国家监察体制改革试点工作的决定》，2017年11月4日通过《关于在全国各地推开国家监察体制改革试点工作的决定》。

法》。如果说监察基本制度在确立过程中采取的是先试点后推开的改革模式，那么在进一步发展监察具体制度的过程中，改革模式则转变为试点和完善同步推进。监察机关立法权制度安排就属于叠加推进的典型，这种叠加既为监察体制改革带来了效率，却也同时增加了改革的难度。

监察机关立法权制度安排极为重要，它不仅涉及我国人民代表大会制之下国家机关间的权力关系和国家基本立法制度，而且决定着监察制度的诸多具体构造。自《监察法》颁布以来，国家监委与中央纪委已经联合印发三十多项规定，① 为正式制定政务处分法、监察官法等法律开辟了试验田。② 与此同时，地方各级监委也纷纷仿效国家监委制定监察规范。为应对监察体制改革深化过程中逐渐显现的一些深层次问题，国家监委拟进一步系统制定《监察法实施细则》。因此，2019 年 10 月 26 日全国人大常委会通过了《关于国家监察委员会制定监察法规的决定》（以下简称“2019 年决定”），其中授权“国家监察委员会根据宪法和法律，制定监察法规”③，并大体规定了监察法规的事项范围、制定程序和监督办法等，然而该决定只字未提地方各级监察机关的立法权。

从效果上看，2019 年决定是对既有监察立法实践的事后追认，它满足了当前监察工作的实际需要，也为未来正式修改《立法法》甚至宪法的相关内容提供了过渡安排。在此过渡期内，显然有必要从制度构成上认真考虑监察机关立法权④纵向配置问题，探讨地方监察机关应否以及如

---

① 这些规定通常冠有“国监发”字号，其中较为重要的有《公职人员政务处分暂行规定》（2018 年 4 月 16 日）、《国家监察委员会管辖规定（试行）》（2018 年 4 月 17 日）、《中央纪委国家监委监督检查审查调查措施使用规定（试行）》（2018 年 7 月 26 日）、《国家监察委员会特约监察员工作办法》（2018 年 8 月 24 日）和《中央纪委国家监委立案相关工作程序规定（试行）》（2018 年 11 月 23 日）。

② 《政务处分法》和《监察官法》这两部法律的制定于 2018 年 9 月列入第十三届全国人大常委会立法规划，其中，《公职人员政务处分法（草案）》于 2019 年 8 月提交常委会第十二次会议审议，随后公开向社会征求意见，2020 年 6 月 20 日由第十三届全国人大常委会第十九次会议通过。《监察官法》于 2021 年 8 月 20 日由第十三届全国人大常委会第三十次会议通过。

③ 《全国人民代表大会常务委员会关于国家监察委员会制定监察法规的决定》（2019 年 10 月 26 日第十三届全国人民代表大会常务委员会第十四次会议通过），载《全国人民代表大会常务委员会公报》2019 年第 6 期，第 923 页。

④ 立法权的对象范围存在学理分歧，《立法法》主要调整法律、法规和规章兼及司法解释和其他规范性文件，本章为求全面而涵盖监察机关可能制定的所有规则，包括法规、规章和其他规范性文件兼及解释。

何行使立法权，从而积累可复制的成功经验，为未来确立科学合理的监察机关立法制度奠定事实基础。考虑到监察机关立法权纵向配置问题在当前监察法的理论和实践中存在高度争议，本章首先总结既有各种学理及其不足，评价监察机关立法权纵向配置的最新实践，并在此基础上从地方试点的角度探讨解决该问题的基本方案，从而助力科学稳妥地推进监察体制改革。

二　监察机关立法权纵向配置的理论分歧

监察机关立法权及其纵向配置问题最早出现在学界讨论中，因此最初是以学理问题而呈现的。学界的基本共识是国家监委应当有权制定监察法规，但对于应否授权地方各级监察机关制定监察规章或其他监察规范则各持己见、聚讼纷纭，择其主要而言有下列三种观点。

（一）回避论及其不足

传统观点仅讨论国家监委的监察法规制定权，但避而不谈地方监察机关行使立法权的可能性，因此监察机关立法权纵向配置问题遭到了回避。比如在监察体制改革初期，童之伟教授曾系统讨论监察体制改革过程中的各种法治问题，提出在全面推开监察制度前应当修改《立法法》，明确国家监委“应有权制定监察法规”。[①] 但对于监察规章和其他监察规范的制定权配置，则未涉及。事实上，直到全国人大常委会作出2019年决定以前，学界关于监察体制改革的讨论基本上都未曾涉及该问题，也就无所谓支持还是反对。未涉及该问题的原因既可能是忽视亦可能是刻意回避，相对于国家监委的监察法规制定权，监察规章等下级规范的制定权既具体琐碎也较为次要，在监察机关立法权问题浮出水面以前，这一问题自然不易受到关注和讨论。

然而若静心沉思则会发现，这一问题其实是不容回避或忽视的。从理论上讲，宪法设置的国家监察机关包括国家监委和地方各级监委，其

① 童之伟：《将监察体制改革全程纳入法治轨道之方略》，载《法学》2016年第12期，第12页。

中，后者在数量、形态和层级上是一个比前者更为丰富的存在，并且覆盖省、市、县三级各类行政区域。[①] 既然监察机关及其监察权行使存在着纵向分层，那么当立法成为监察权的一种特殊形态和权能，必然也就存在纵向配置的可能性和规范空间。这至少应当构成监察体制改革的一个问题，无论答案系肯定或否定，其问题本身却不容回避。

（二）肯定论及其不足

第二是肯定论，即肯定监察机关的立法权应当在国家监委和特定地方监委之间进行纵向配置。但学界现有观点仅赞成授权省级监委制定监察规章，而否定省级以下监委的立法权。其否定省级以下监委的立法权是因为“监察立法权暂时不宜过度下放，省级以下监察委员会不宜被赋予监察立法权。无论是从党内法规制定主体来看，还是从立法现实来看，省级以下监察委员会都欠缺必要的立法基础”[②]。其肯定省级监委立法权的具体理由是，“结合党内法规制定主体以及行政规章的制定主体”，在当下确有必要允许省级监委制定监察规章，“随着监察体制改革的深入，监察立法供给不足日益凸显，允许省级监察委员会制定地方监察规则也并非毫无意义。”[③] 同时，“赋予省级监察委员会监察规章制定权有其积极意义，不仅可以弥补地方性法规过于原则或抽象的不足，还能够提高效率，从而为监察机关依法行使监察职权及时提供可操作的规范。”[④]

可见，肯定论实为有限肯定论，其试图在满足立法需求与防止过度赋权之间进行平衡。但也正因为尝试平衡这一对矛盾，肯定论存在着内在冲突，其用以赞成省级监察规章制定权的理由完全可以用于进一步赞成省级以下监察机关的立法权，而其用以反对省级以下监察机关立法权的理由也完全可以适用于反对省级监察规章制定权。亦言之，其差别对

---

① 监察体制改革试点期间，地方监察机关从省级延伸到县级，《监察法》第 7 条第 2 款正式规定：“省、自治区、直辖市、自治州、县、自治县、市、市辖区设立监察委员会。”

② 冯铁拴：《国家监察立法体系化论析》，载《西南政法大学学报》2019 年第 1 期，第 12 页。

③ 冯铁拴：《中国监察体制改革论析：过去、现在与未来》，载《甘肃政法学院学报》2018 年第 2 期，第 20 页。

④ 冯铁拴：《国家监察立法体系化论析》，载《西南政法大学学报》2019 年第 1 期，第 12 页。

待省级和省级以下监察机关立法权的立场缺乏内在融贯的规范论证和理由支持。此外，其结合立法现实所得出的“不宜”“确有必要”等结论在社会学意义上缺乏实据。因此，肯定论更像是一种权宜的猜想。

（三）否定论及其不足

第三是否定论，即认为监察机关的立法权应当由国家监委垄断，从而否定其在各级监察机关进行纵向配置的可能性。比如秦前红教授认为监察立法从依法监察的角度来讲应仅以国家监委制定监察法规和监察解释为限，其理由是，“结合国家公权自行扩张的天然属性、国家监察权的中央事权属性、监察一体化的组织目标和‘全国一盘棋’的改革目标、同级党政机关相对于本级监察机关的优势地位、反腐地域差异的实际程度以及监察活动的实践需求等多重因素，省级监察机关制定法规规章不仅与监察改革初衷不符，亦有违监察法治原理，甚或导致各个省份在监察工作上各自为政、自行其是的尴尬局面。”①

否定论的基本前提是有效规范监察权并防止监察立法权的滥用，因此其思路深深契合规范和控制公权的基本立宪价值，但问题在于，其对监察立法权滥用的担忧并未附带充足的理由。事实上，以国家公权自我扩张的天然属性来否定赋予特定国家机关某项职权在宏观意义上可以成立，但在具体语境下却有进一步探讨的空间，否则，宪法所作的任何赋权决定都会是有害而无益的。此外，国家监察权的中央事权属性和监察一体化的组织目标等确实是监察机关的固有特性，但立法权分散配置是否必然与之无法相容则不能一概而论。作为对比，军事权同样具有中央事权属性和一体化组织目标，但军事立法权却存在纵向配置，因此，亦不能基于这些理由而概括否定地方监察机关行使立法权的规范空间。

三　各级监察机关行使立法权的实践发展

既有各种学术观点不仅缺乏充分的事实根据和法律论证，而且已经

---

① 秦前红、石泽华：《论依法监察与监察立法》，载《法学论坛》2019 年第 5 期，第46 页。

在不同程度上被实践所抛弃。自《监察法》颁布以来，国家监委、省级监委以及省级以下监委均在不同范围内行使立法权，而且其立法行为发生在法无明文授权的条件下。

（一）各级监察机关普遍制定规则

相关宪法修正案和《立法法》均未授予监察机关任何立法权。《监察法》仅在第68条授权中央军委具体规定解放军和武警部队开展监察工作的办法，此外，并未做出任何立法授权，甚至未涉及法律解释问题。因此，若在严格意义上理解《监察法》，国家监委就连解释权都没有，[①] 更遑论制定监察法规的立法权。然而如前文所述，尽管缺乏法律的明确授权，国家监委和地方各级监委已经开始制定监察规范。以特约监察员制度为例，不仅相当数量的省级监委仿效国家监委制定了相关工作办法，[②] 而且省级以下监委也制定了工作办法，并且覆盖省级以下县级以上各级各类行政区域，连自治县亦不例外。[③]

前述规范俨然构成关于特约监察员制度的纵向体系，它们既涉及同类事项，也在上下级之间存在一定的依附关系。从制定依据上看，省级办法均以《监察法》和国家监委的相应监察法规为制定依据，省级以下的办法则通常逐层依照上级规范而制定，比如，湖南省郴州市的办法依

---

① 全国人大常委会1981年6月10日通过《关于加强法律解释工作的决议》授予最高法、最高检、国务院以特定法律解释权，这些授权后来得到《立法法》《人民法院组织法》和《人民检察院组织法》的正式确认。因此，只有全国人大及其常委会、最高法、最高检、国务院和特定法律所明确授权的其他主体有权解释法律，国家监委显然不在此列。

② 截至本章完稿时，可以在相关省级纪检监察网检索到下列省级纪委监委印发的相关办法：《北京市监察委员会特约监察员工作办法》《甘肃省监察委员会特约监察员工作办法》《湖北省监察委员会特约监察员工作办法（试行）》《湖南省监察委员会特约监察员工作办法》《江西省监察委员会特约监察员工作办法》《广东省监察委员会特约监察员工作办法》《江苏省监察委员会特约监察员工作办法（试行）》《黑龙江省监察委员会特约监察员工作办法》《福建省监察委员会特约监察员工作办法》《浙江省监察委员会特约监察员工作办法》《安徽省监察委员会特约监察员工作办法》。

③ 由于涉及众多行政区域，此类工作办法数量庞大，较为典型的有：《武汉市监察委员会特约监察员工作办法》《秦皇岛市监察委员会特约监察员工作办法》《厦门市监察委员会特约监察员工作办法》《郴州市监察委员会特约监察员工作办法》《肇庆市监察委员会特约监察员工作办法》《高要区监察委员会特约监察员工作办法》《乐东黎族自治县监察委员会聘请特约监察员工作实施方案》等。

照《监察法》、国家监委的监察法规以及湖南省办法，[①] 广东省肇庆市高要区的办法则依照《监察法》以及国家、省、市三级监委的办法。[②] 此外，偶尔也会出现省级以下的办法（如南昌市）跳过本省办法而直接依据《监察法》和国家监委的监察法规。[③] 可见，不仅各级监委均实际地行使规则制定权，而且其规则制定的实践较为丰富多样。这表明，随着监察体制改革的实践发展，监察机关立法权纵向配置已经成为一个不容回避的问题。而前文所述的既有各种学术观点都受到不同程度的冲击，回避论已经完全过时，肯定论的有限肯定已经落后于实践，而否定论则完全被实践所抛弃。

（二）监察机关立法权泛化的深层原因

从总体上看，从事立法活动的监察机关在层级上已经完全泛化，地方各级监察机关都在制定规则。相比之下，地方性法规和地方政府规章的制定主体在2015年地方立法扩容后也只是下沉到设区的市。前述状况是由多种因素造成的，但从根本上讲，监察体制改革的步伐过快是其深层原因。一方面，宪法和《监察法》基于有限的监察体制改革试点经验而迅速建立了监察基本制度，监察制度实际运作的各个方面都需要具有可操作性的监察规范，因此监察规范的需求骤增；但另一方面，监察立法权的单一配置导致规范供给极为有限，监察规范依宪法和《立法法》[④]

---

① 《郴州市监察委员会特约监察员工作办法》第1条规定："为深化国家监察体制改革，充分发挥纪委和监委合署办公优势，推动监察机关依法接受民主监督、社会监督、舆论监督，规范特约监察员工作，根据《中华人民共和国监察法》，参照《国家监察委员会特约监察员工作办法》、《湖南省监察委员会特约监察员工作办法》，制定本办法。"参见郴州纪检监察网 http：//www. czlz. czs. gov. cn/zwgk/tzgg/content_ 2996594. html，2020年2月6日最后访问。

② 广东省肇庆市高要区纪委监委出台《高要区监察委员会特约监察员工作办法》，该办法是根据《监察法》《国家监察委员会特约监察员工作办法》《广东省监察委员会特约监察员工作办法》及《肇庆市监察委员会特约监察员工作办法》制定的。

③ 《南昌市监察委员会特约监察员工作办法》的制定依据是《监察法》和《国家监察委员会特约监察员工作办法》，而此前，江西省纪委监委已印发《江西省监察委员会特约监察员工作办法》。

④ 根据《立法法》第8条第2项的法律保留原则，"各级人民代表大会、人民政府、人民法院和人民检察院的产生、组织和职权"只能由全国人大或其常委会制定法律。从理论上讲，各级监察机关的产生、组织和职权也应类推适用法律保留原则。

只能由全国人大及其常委会以法律形式来供给，2019 年决定才正式增加监察法规。两相对比，监察规范供求之间存在巨大的缺口，而且并无有效的化解机制。

在此意义上，全国人大常委会 2019 年决定是缓解监察规范供求矛盾的一个临时方案，在正式修改《立法法》确立监察机关立法权制度以前，它至少创造了一个增加监察规范供给的过渡期，其效果仍待进一步观察。不过，2019 年决定的问题在于，它仅暂时满足了国家监委的立法需求，却忽视了省级以下监察机关的立法需求。当然，从理论上讲，国家监委可以通过制定监察法规同时满足各级监察机关的立法需求，比如国家监委的特约监察员工作办法完全可以同时规定各级监委的特约监察员制度。但该办法完全没有顾及地方监委，甚至没有授权地方监委制定类似办法。以此类推，上级监委在制定规则时完全可以兼顾下级监委的需求。然而，这种情形在实践中从未发生。有趣的是，尽管上级监委从未授权下级监委制定类似办法，下级监委却常将上级监委的办法作为制定自身办法时的依据。由此可见，各级（特别是上级）监察机关在制定规则时存在各自为政的情况，即仅着眼于自身的立法需求。

（三）监察机关行使立法权的合法性反思

从规范上讲，各级监察机关的立法行为是无法逃避合法性考问的。从基本价值来看，这显然涉嫌违反“法无授权不可为”的公法原则。[①] 在未得到相关法律肯定或授权的条件下，各级监察机关所制定的规则必然在性质、权限、效力等方面均处于模糊状态。地方监察机关制定的规则能否视为监察规章？它们具有何种效力？调整对象范围为何？能否为监察相对人设定义务或负担？诸如此类的问题目前来看均无明确答案。

国家监委在全国人大常委会作出 2019 年决定以前所制定的规则也不无疑义，它们到底属于监察法规还是监察解释？从内容和形式来看似乎属于前者。尽管宪法和法律委员会在审议报告中认为，“制定监察法规是

---

① 参见童之伟《“法无授权不可为”的宪法学展开》，载《中外法学》2018 年第 3 期，第 570 页。

国家监察委员会履行宪法法律职责所需要的职权”，① 但鉴于监察立法权的重要性，并不能从对最高监察职责的必要性②中推导默认的立法权能，上位法的明文授权仍然十分必要。即使是在 2019 年决定作出以来，又如何对国家监委新制定的规则进行分类定性？监察法规还是监察解释？若为前者，是执行性、创制性还是授权性？

四　监察机关立法权纵向配置的试点思路

各级监察机关普遍制定规则的实践发展冲击了现行法律秩序，同时也给既有法学理论带来了挑战。这种状况是监察体制改革车轮滚滚向前的必然产物。然而，从规范角度又应当如何对其进行适当的评价？如何才能化解理论与实践的矛盾？

（一）监察机关立法权纵向配置的空白评价

监察机关立法权纵向配置问题是整个监察体制改革的组成部分，也只有在监察体制改革的内在逻辑中才能得到理解。从基本演进轨迹来看，监察体制改革由于推进速度过快，其多数环节均存在法治质量粗糙的问题，在规范角度并没有采用最优方案。比如出于效率的考虑，本应由全国人大作出的监察体制改革试点决定③却由全国人大常委会作出，本应在

---

① 《全国人民代表大会宪法和法律委员会关于〈全国人民代表大会常务委员会关于国家监察委员会制定监察法规的决定（草案）〉审议结果的报告——2019 年 10 月 26 日在第十三届全国人民代表大会常务委员会第十四次会议上》，载《全国人民代表大会常务委员会公报》2019 年第 6 期，第 925 页。

② 美国宪法第 1 条第 8 款授权国会为履行其各项职权而“制定一切必要且适当的（necessary and proper）法律”，必要且适当理论成为联邦最高法院扩张国会权力的依据。但该理论难以用于推导我国监察机关的立法权，盖因后者在性质上并非美国国会那样的立法机关。

③ 参见童之伟《将监察体制改革全程纳入法治轨道之方略》，载《法学》2016 年第 12 期，第 3 页；沈岿：《论宪制改革试验的授权主体——以监察体制改革试点为分析样本》，载《当代法学》2017 年第 4 期，第 4 页。尽管关于应由全国人大还是其常委会作出《决定》存在争议，但《决定》本身也确实为国家监察体制改革试点工作奠定了法律基础。参见叶海波《国家监察体制改革试点的法治路径》，载《四川师范大学学报》（社会科学版）2017 年第 3 期，第21 页。

宪法修正案和《监察法》出台后才能普遍设立的监察体制①却由全国人大常委会以决定先予推开。而目前包括国家监委在内的各级监察机关普遍制定规则的既有实践及其合法性疑义，在根本上与前述问题是一脉相承的，其根源均在于监察体制改革的紧迫性。

如果单纯从规范角度来看，监察体制改革过程中的诸多举措或现象，包括2016年试点决定、2017年推开决定以及监察机关立法权纵向配置实践等，恐怕都要受到否定评价。但否定评价显然会与必将监察体制改革进行到底的政治决断格格不入，因此显得不合时宜。而若完全放弃规范立场放任甚至肯定改革中的诸多做法，又不利于按照法治目标科学推进改革。正是这种背景导致既有各种观点动辄得咎，其缺乏充分的事实根据和法律论证的原因并不在学理自身，而在于实践的先行品性。在监察体制改革的动态过程中，简单的肯定或否定评价都是静态的也必然会过时。

因此，在监察体制改革的内在逻辑中，既不宜径直否定地方监察机关制定规则的合法性，但也不能认可或肯定这种实践，而应当采取“让子弹飞一会儿”的折中方案，即对当前监察机关立法权纵向配置实践进行空白评价，在其不存在明显错误的前提下，无可奈何地予以容忍。在正式修改《立法法》以前，于一定的合理过渡期内规范各级监委所进行的立法试点，提炼监察机关立法权纵向配置的可复制的成功经验，从而为确立科学合理的监察立法制度奠定基础。

（二）监察机关立法权纵向配置的试点空间

尽管监察机关特别是地方各级监委进行监察立法或解释并不具有充分的宪法和法律依据，但简单否定或肯定监察机关立法权纵向配置都缺乏充分理由，在下列三个意义上，监察机关立法权纵向配置具有一定空间并且可以进行实践尝试。

---

① 参见秦前红《监察体制改革的逻辑与方法》，载《环球法律评论》2017年第2期，第20页；韩大元：《论国家监察体制改革中的若干宪法问题》，载《法学评论》2017年第3期，第14页；朱福惠、张晋邦：《监察体制改革与宪法修改之学理阐释》，载《四川师范大学学报》（社会科学版）2017年第3期，第8页。

第一，从我国的法律体系构成来看，法规制定权历来同时配备规章制定权。比如国务院的行政法规配备了部委的部门规章，地方人大的地方性法规（以及行政法规）配备了地方政府规章，经济特区法规配备了经济特区规章，中央军事委员会的军事法规配备了总部、军兵种、军区和武警部队的军事规章。事实上，在由法规到规章的规范层级递减延长线上，还有其他规范性文件，它们分工负责从而构成一个完整的体系。以此类推，既然存在监察法规，那么监察规章和其他规范性文件也就必然具有存在空间。法规、规章和其他规范性文件之所以相互并存，是因为规则的一般性与实践的具体性之间具有距离与矛盾，需要借助中间型规范的明确和细化从而实现相互联通。

第二，国家监委与地方各级监委的纵向关系从宪法上看是领导与被领导的关系，而其他法规规章制定主体，比如国务院与其部委、上级政府与下级政府、地方人大与同级人民政府、中央军委与总部军兵种军区和武警部队，都是领导与被领导的关系。从监察专责机关的属性和职责来看，上下级监察机关“领导的程度其实要远强于行政机关和检察机关内部”,① 因此本来应当特别强调监察组织和职权在规范上的统一性和一体性，涉及刑事司法职能时尤其如此。但在组织体制、具体职能和机制创新等各个方面，各地情况千差万别又难以一概而论。因此，应当允许更为具体的执行性规范的存在，从而满足地方监委的规范需求，同时保证监察体制改革在具体环节得到落实。至少各地的实践检验，有助于寻找最佳的制度方案。

第三，考虑到国家监察机关与党的纪检机关合署，有必要允许各级监察机关制定特定形式的规则来配合纪检监察联合发文的惯例。各级纪委需要通过制定党内法规和其他党内规范性文件来规范纪检事项，由于党政合署的原因，实践中各级纪委和监察机关往往联合印发纪检监察规范。在目前党内法规体系之下，地方党内法规的制定权不仅涵盖省、自治区、直辖市，而且包括中央明确授权的副省级和省会城市，这种层级分布与地方性法规较为类似。地方党内法规是结合地方实际、先行先试

① 秦前红：《我国监察机关的宪法定位——以国家机关相互间的关系为中心》，载《中外法学》2018 年第 3 期，第 568 页。

进行制度创新建设的重要形式。[①] 如果否定地方监察机关的规则制定空间，则会造成地方党内法规建设的短板。而若相反，则有利于将这些规范纳入法律体系中进行规范和调控，实现依法治国与依规治党的双重目标。

（三）监察机关立法权纵向配置的试点方案

监察机关立法权纵向配置试点具有可行空间，但其实现则需要借助实体和过程两个方面的具体方案。从总体上看，应当在探讨监察法规、监察规章和其他规范性文件相互关系的基础上，规范地方各级监委所进行的立法试点，按照建立框架、地方探索、效果评估、经验总结、制度推广的基本路径逐渐塑造确立科学合理的监察立法制度。

从实体上讲，各级监察机关立法权纵向配置试点应当尊重基本的立法权限划分。第一，监察机关立法权纵向配置不能违背法律保留的底线要求，凡是涉及人身自由等基本权利的限制、刑事司法程序等问题，包括国家监委在内的各级监委均不得行使立法权包括不得制定执行性法规，但国家监委可以制定司法性监察解释。[②] 第二，从构成上讲，国家监委应当通过制定监察法规“形成一个包括监察主体法、监察实体法、监察程序法在内的完备的监察法规体系”[③]，地方各级监委的立法行为也应当包括主体法、实体法和程序法三部分。不过根据法律的法规创造力原则，[④] 2019 年决定中所谓“根据宪法和法律，制定监察法规”，不应包括国家监委直接依据宪法制定法规，而应当解释为只能在宪法规定的职权范围内根据法律制定执行性的监察法规。第三，监察法规、监察规章和其他规范性文件应当具有合理的规范密度区分。宜将省级甚或设区的市级监委制定的规则定为监察规章，并在不抵触法律和监察法规的前提下，将监

---

① 参见周悦丽《新时代的地方党内法规建设：问题与思考》，载《新视野》2019 年第 1 期，第 92 页。

② 国家监委具有行政和司法双重属性，因此理论上应当存在执行性监察法规与司法性监察解释的区别。参见李龙、李一鑫《国家监察委员会的法规制定权研究》，载《河南社会科学》2019 年第 12 期，第 39 页。

③ 李红勃：《监察法规的法律地位及其规范体系》，载《现代法学》2019 年第 5 期，第 38 页。

④ 王贵松：《论法律的法规创造力》，载《中国法学》2017 年第 1 期，第 109 页。

察规章限于实施和细化上级规范的具体事项，且监察规章既不得减损公民、法人和其他组织的权利或增加其义务，也不得增加或减少自身的权力或法定职责。县级监察机关所制定的其他规范性文件只应涉及其内部职责分配和工作办法，且不能对外产生效力。

从过程上看，监察机关立法权纵向配置实践的展开应当遵循建立框架、地方探索、效果评估、经验总结和制度推广的基本路径。首先，应当在基本框架上明确界定各级监察机关的立法权限。对于国家监委而言，“当前的紧要任务在于明确界定监察法规制定权限”①，此外，还应通过监察法规大体划定地方各级监委的权限，从而维持地方立法试点的基本秩序。其次，国家监委也应当尽快出台监察法规，对监察法规、监察规章和其他规范性文件的制定程序和备案机制进行规范，确保自身及时掌握各级监察机关制定规则的总体状况。再次，通过对各级监察机关所制定的各类规范进行汇总，及时对各级监察机关制定规则的效果进行科学评估，特别是从法治角度总结监察机关立法权纵向配置的经验和教训，从中提炼可复制的成功经验。最后，国家监委应当向全国人大报告其所提炼的成功经验乃至提出相关议案，以便后者正式修改《立法法》确立科学合理的监察立法制度。

结语　以试点科学稳妥推进监察体制改革

我国国家监察制度和监察立法体制在当今各国宪法中是独一无二的，国家监察改革也没有任何既有经验可以参考，因此，改革过程必须力求科学稳妥，在自身轨迹中及时总结经验和教训。“需要找准改革路径和改革方法，更加注重从我国实际出发，不断健全我国监察法律体系，确保国家监察体制改革法治化建设不断发展和完善”。② 地方试点在监察体制改革一开始就发挥了重要作用，如学者所说，“地方纪检监察机关的改革

① 聂辛东：《国家监察委员会的监察法规制定权限：三步确界与修法方略》，载《政治与法律》2020 年第 1 期，第 70 页。

② 张云霄：《国家监察体制改革法治化进程初探》，载《法学杂志》2018 年第 5 期，第 35 页。

探索可以成为中国未来反腐败体制机制创新的重要突破口，可以采取地方探索、经验总结的渐进式改革路径，为全国范围内各级纪检监察机关改革积累宝贵经验。"[①]

在监察机关立法权纵向配置方面，及时总结各方面经验从而保证正式制度的合理性，这是科学稳妥推进监察体制改革的题中之义。因此在监察官法等多项监察相关法的制定上，学者主张"分步走"[②] 的策略，笔者深以为然。"在改革狂飙突进，并冲破了前期理论准备的前提下，地方监察委必须发挥创造性与主动性以填充制度空白。换言之，监察体制改革既是中央顶层设计的结果，也充斥着地方监察委的创新性实践。"[③] 本章旨在为解决监察机关立法权纵向配置问题提供思路，同时在一般意义上强调地方试点的重要性。科学稳妥推进监察体制改革必须牢记40年前那句"实践是检验真理的唯一标准"，而实践总是地方性的。

［本章内容曾以《监察机关立法权纵向配置研究》为题发表于《四川师范大学学报》（社会科学版）2020年第5期］

① 过勇、宋伟：《中国地方纪检监察机关改革模式分析》，载《政治学研究》2014年第5期，第11页。

② 刘练军：《监察官立法三问：资格要件、制度设计与实施空间》，载《浙江社会科学》2019年第3期，第57页。

③ 于晓虹、杨惠：《监察体制改革视阈下的地方治理逻辑——基于地方监察委实践的实证分析（2016—2018）》，载《治理研究》2019年第6期，第86页。

法条聚焦：《立法法》第39条、第53条、第54条

第七篇

政府法律案的效果评估

第十三章

政府法律案效果评估机制的制度构建

——法国的经验与启示

【本章提要】 法国自20世纪70年代逐步建立起日益完善的政府法律案效果评估机制，2008年修宪则将该机制宪法化。议会通过政府法律案受益于政府的行政专长，通过立法前效果评估又能够剔除法案中的部门利益。效果评估机制在源头上促进了政府法律案的中立性，最终实现法律安全原则。我国既有立法实践存在严重的部门利益，《立法法》在2015年修改过程中在一定程度上回应了立法中的部门利益问题。但为防止立法中的部门利益，不应完全排除政府法律案本身，而应通过效果评估确保其中立性，就此可以充分借鉴法国的立法机制。

一 引言

作为法律调整对象的现代社会生活日益细密分化，因此法律本身也不得不日趋专业化和技术化。然而立法机关由于其成员普遍缺少行政专家背景，因此不得不借助政府的行政能力来起草法案，从而弥补议会立法的专业性欠缺，在世界各国的立法程序中，政府提出的法律案都构成了议会立法的必要来源。随之而来的问题是，如何防止部门利益的法律化和法律的行政化与部门化？我国全国人大及其常委会由于历史原因一直面临自身主导性不足的问题，其立法的长期主要来源是国务院提出的法律案。据统计，“现行法律有90%以上都是由国务院相关部门起草制定的”①，其负面表现既有“被深深诟病的‘部门利益法律化’”也有“个体层面上的立法腐败”②。鉴于此，党的十八届四中全会提出，“从体制机制和工作程序上有效防止部门利益法律化”。这一目标的实现必须借助有效的立法工作机制，也有必要对各国立法机制进行比较和借鉴。

与很多国家的宪法体制不同，法国宪法采取行政主导体制，政府不仅享有专门的行政立法权并排除议会法律的介入，而且具有参与议会立法过程的重要资格。《宪法》第39条明确规定，“法律创议权同时属于总理和议会议员。”由此，政府各部门可以通过总理向议会提出政府法律案（les projets de loi），这构成了议会的主要立法来源。然而，当今法国并未因此出现部门利益法律化问题，那么，法国是如何既享受政府法律案的专业性又有效剔除其部门利益的？事实上，法国建立了完善的立法机制来防范政府法律案中的部门利益，政府在向议会提出法律案以前，必须依次经过效果评估（Étude d'impact，亦可译为“影响评价”）、最高行政法院审查、内阁委员会审议等程序。其中，完善的效果评估机制对保证政府法律案的中立性和科学性发挥了至关重要的作用，本章旨在研究该机制的历史发展、基本内容及目标和界限，从而为我国构建防止部门利益法律化的有效机制提供借鉴。

二 政府法律案效果评估机制的历史发展

从历史上看，政府法律案的效果评估机制大体上经历了最初萌芽、正式确立、完善优化和最终宪法化四个阶段。

（一）最初萌芽阶段

效果评估机制萌芽于20世纪70年代的环境立法规制领域。由于社会

---

① 张维炜：《立法法修改：为法治引领改革立章法》，载《中国人大》2014年第19期，第16页。

② 冯英：《政府过程视角下的行政立法腐败问题分析》，载《中国行政管理》2012年第10期，第61页。

经济发展带来的环境问题日益突出，国家不得不采取相应的环境规制措施。然而，对于崭新的环境问题，传统的立法和行政部门都缺乏足够的应对经验和能力，因此，为增加环境规制的有效性和科学性，1976 年《环境保护法》在第 2 条规定，“领土整治或相关工程在实施以前必须进行环境方面的效果评估，以便明确其对环境所产生的影响。”① 同时，议会授权最高行政法院通过法令来细化效果评估的内容、评估报告的公布条件以及免予评估的清单等。这是法国法律制度首次正式采用效果评估机制，不过准确地说，这一要求并非完全针对立法行为，而是对政府的领土整治行为提出的。但效果评估在实施过程中极大提升了政府环境立法和执法行为的有效性，因此其适用范围不断扩大，最终涵盖了立法和决策过程本身。

效果评估机制又与法国宪法中根深蒂固的正当法律程序观念结合在一起，根据这一观念，任何公权行为都必须具有充分正当的理由。就议会立法而言，历来存在一项基本制度，即议案提出者必须说明理由。传统的立法理由说明往往偏重法律方面的论证，新的效果评估机制则强化了事实方面的论证，使论证结果更具科学性。效果评估机制由于取得了良好的效果，在 20 世纪 80 年代以来不断发展和摸索，尽管它还缺少统一和明确的步骤和形式。

（二）正式确立阶段

至 20 世纪 90 年代中后期，政府在总结经验教训的基础上对效果评估过程提出了一般性要求，从而正式确立了这一机制。在 1995 年 7 月 26 日关于旨在实施国家与公共服务改革的总理通令中，首次在立法机制的意义上明确使用“效果评估”的概念，并将它作为法律法规草案的说明性文件的内容，② 也就是说，法律法规案的提案人在说明其提案的理由时，必须具有提案效果评估的内容。

在 1995 年 11 月 21 日关于对法律法规草案试行效果评估机制的总理

---

① V. la loi n° 76 – 629 du 10 juillet 1976 relative à la protection de la nature.

② V. Circulaire du Premier ministre du 26 juillet 1995 relative à la préparation et à la mise en œuvre de la réforme de l'État et des services publics.

通令中，则进一步对评估内容提出了统一明确的要求："法律法规草案所附带的理由说明，必须常规增加下列内容：其所追求的总目标、所包含的各种新规定。草案之后所附的文件要包括理由说明书、报告书、效果评估，而且必须包含草案各种利弊的说明与分析。"①

在 1998 年 1 月 26 日关于法律法规草案效果评估的总理通令中，要求事先效果评估的方法必须普遍化，规定，"效果评估的目的在于，事前评价拟议措施的行政、法律、社会、经济和预算后果，并以有说服力的方式来确保公众在对其作出正式决定以前能够预估其总体上的效果。"② 因此，效果评估被作为辅助工具而适用于所有公共决定的作出。不过，效果评估在适用领域上也受到一定限制，1998 年通令将国际条约与协定和特定类型的法律排除在外，理由是它们在事实上具有特殊的性质。

（三）完善优化阶段

尽管法律法规案的效果评估机制已经正式确立，但政府并没有故步自封，而是不断对该机制进行反思和研究，由此开启了该机制自 21 世纪以来不断完善和优化的过程。

法国政府每隔几年就会组建独立的研究小组，对效果评估机制的效果进行评估，从而寻求科学地完善该机制。最有代表性的是效果评估机制确立后的第 6 年，政府授权前秘书长曼德尔肯（Dieudonné Mandelkern）组成关于规制质量的跨政府部门研究小组，该研究小组在 2002 年 4 月提出最终报告，在总体上认为，"效果评估内容在质量和密度上是粗糙的，并且经常无法为作出决定提供足够明确的资料，甚至使决定本身处于争议之中。"③ 并且效果评估的实施经常迟缓，前后环节之间缺少连贯性，使效果评估无法充分发挥立法前的程序性辅助功能。

---

① V. Circulaire du Premier ministre du 21 novembre 1995 relative à l'expérimentation d'une étude d'impact accompagnant les projets de loi et de décret en Conseil d'État.

② V. Circulaire du Premier ministre du 26 janvier 1998 relative à l'étude d'impact des projets de loi et de décret en Conseil d'État.

③ V. Rapport du groupe de travail interministériel sur la qualité de la réglementation, présidé par M. Dieudonné Mandelkern, Paris, Ministère de la fonction publique (La documentation française), avril 2002, p. 27.

为在改正缺点的基础上进一步扩大效果评估的范围，曼德尔肯报告建议对效果评估机制进行整体改进：通过确定“一个时间上的框架”，从而使效果评估具有足够的时间安排，并且保证其他立法环节的时间充裕；通过“事先在规划和方法上进行结合”，从而确定预先的日程安排，并建立不同评估任务分配制度，包括指定专门的评估负责人，并细化不同环节之间的接合；通过优先考虑拟议规制的成本问题，使相关行政机关获得有效实施新规范的更有利条件；通过“给予评估机构广泛的方式论指导和创立资源与支持中心”来改善效果评估的管理。①

在考虑曼德尔肯报告的基础上，2003 年 8 月 26 日总理通令对效果评估程序进行了整体优化，规定自 9 月开始实行一种更为灵活同时也更具整体性的程序。中央政府秘书长和总理内阁的一名成员负责在整体上主持效果评估，对每个法律案考虑拟议规定的性质和范围，采取适宜的效果评估措施，同时规定效果评估可以求助于“有关个人组成的资源网络，在不同监察机关以及不同行政机关进行选择”，中央政府秘书长负责建立和维持这一网络。②

（四）最高阶段：宪法化

2008 年修宪使效果评估上升为宪法层次的机制。根据修正后的宪法第 34—1 条、第 39 条和第 44 条，政府法律案应由部长会议经征询最高行政法院意见后制定，并提交议会两院其中任何一院的秘书处，而政府法律案的提出必须符合组织法所确定的条件，其中包括必须符合组织法规定的效果评估程序，政府法律案若在提交议会后被相关议院的议长会议认定为违背组织法所确定的评估规则，则不得纳入议会议程，如果议长会议与政府就此发生分歧，议长或总理可以提请宪法委员会裁决，在此情况下，宪法委员会应于 8 日内作出裁决。③ 根据前述宪法规定，议会在

① V. Rapport du groupe de travail interministériel sur la qualité de la réglementation, présidé par M. Dieudonné Mandelkern, Paris, Ministère de la fonction publique (La documentation française), avril 2002, p. 27.

② V. Circulaire du Premier ministre du 26 août 2003 relative à la maîtrise de l'inflation normative et à l'amélioration de la qualité de la réglementation.

③ V. Article 46 - I de la loi constitutionnelle n° 2008 - 724 du 23 juillet 2008.

2009 年 4 月 15 日颁布了关于实施宪法第 34—1 条、第 39 条和第 44 条的第 2009—403 号组织法（以下简称“2009 年组织法”），其第二章专门规定了统一完整的效果评估机制。① 至此，政府法律案的效果评估机制走向成熟。

三 政府法律案效果评估机制的内容和运作

根据 2009 年组织法第 7 条，政府法律案的效果评估机制主要从属于法律案必须说明理由的基本制度。易言之，政府必须对其之所以如此设计法案进行充分的理由说明，在现代立法体制中，充分和正当的立法说理必须具有客观性和科学性，而效果评估在此方面具有核心意义。通过评估对象、评估内容、评估方法、评估程序等相互关联的环节，效果评估机制可以客观、科学、充分和公正地鉴别政府法律案本身合理与否。

（一）效果评估的对象范围

考虑到效果评估对于提升立法的科学性具有重要作用，议会采取了尽可能扩大适用该机制的立场。2009 年组织法第 11 条明确列举了免除效果评估的对象范围，排除范围以外的所有政府法律案均必须经过效果评估程序。免除评估的对象是宪法修正案、财政法案、社会保障拨款法案和规划法案（其中规定公共财政的多年度方针）以及关于延长紧急状态的法案，除予评估的原因各不相同。宪法修正案适用宪法规定的特别修宪程序，其过程比普遍立法更为复杂，且具有充分的民主参与保障，因此不必进行效果评估；财政法案、社会保障拨款法案和规划法案因为主要涉及专门的财政问题，而与直接的法律规制并无关系，亦不必套用效果评估程序；而关于延长紧急状态的法案由于存在紧急情况的特别事由，所以不能适用效果评估程序。

需要补充说明两点：一是如果一项法律本身属于评估范围，那么该

---

① V. la loi organique n° 2009—403 du 15 avril 2009 relative à l'application des articles 34 – 1，39 et 44 de la Constitution，https：//www. legifrance. gouv. fr/affichTexte. do? cidTexte = JORF-TEXT000020521873&dateTexte = &categorieLien = id，2016 年 12 月 3 日最后访问。

法律的修正提案必须适用效果评估程序，其理由毋庸赘述；二是关于国际条约和协定的政府法律案适用特殊的效果评估程序，政府在提交此类法律案时应附带必要文件，其中指明条约与协定所追求的目标，评估其经济、财政、社会和环境后果，分析其对法国国内法秩序的影响，并清楚揭示其谈判、协商及签字与批准的状态与进度安排，必要时还要说明法国对其予以保留的内容和原因。从总体上看，效果评估程序几乎涵盖了所有政府法律案，其适用范围极为广泛。

（二）效果评估的内容

根据2009年组织法第8条，应当进行准确评估并予以详细公布的内容包括以下八项：①拟议法律案与现行欧洲法（含现行有效和正在审议中的欧洲法）的关联，及其对法国国内法秩序的影响；②在拟议法律案旨在调整的领域中，当前全国性法律的适用状态；③拟议法律案的时间效力、将废止的法律法规及其所欲采取的过渡措施；④拟议法律案对地方公共团体的适用形式；⑤拟议法律案之经济、财政、社会与环境效果的评估，以及拟议规定对所有各类公共行政和相关自然人与法人所造成的成本与收益，并具体说明其计算成本与收益的准确方法；⑥拟议法律案对公共就业的影响后果的评估；⑦拟议法律案的草案文本在提交最高行政法院后由其所提出的咨询和审查意见；⑧预计将制定的实施性行政法规的名单。

前述八项内容乍看起来似乎略显杂乱，但在立法理由说明的框架内极易理解，在逻辑上其实可以归纳为当前立法状况、新立法追求的目标、新立法实现目标的手段与方法及其手段与方法的有效性四个方面。八项内容的多数均集中于对实现立法目标的手段与方法及其有效性的论证上。

（三）效果评估的方法

评估方法在相关法律中并无明确规定，因为它在本质上是个技术问题而非法律问题，需要借助统计学、数学、经济学等社会科学以外的客观分析工具。从既有各类法律案的效果评估报告来看，最频繁使用的是成本收益分析法（l’analyse coût – avantage）及其附属分析工具。

成本收益分析法是评估拟议立法措施在特定调整领域中对相关主体

所造成的总成本和总收益。其中成本进一步细化为直接成本、实施成本和间接成本：直接成本主要包括税费、行政负担成本等；实施成本主要是指监督、强制执行等成本；间接成本是指不直接受干预行为影响，但通过上述直接成本转移替代后的影响成本。收益进一步分为直接收益和间接收益：直接收益是指立法措施直接带来的公共健康、安全、生态环境的改善以及市场效率的提高如成本节约、产品或服务的扩充等；间接收益包括第三方受益、宏观经济受益如 GDP 的提高、就业环境的改善等，也包括不可货币化的收益如基本权利的保护、社会凝聚力的提高以及社会和民族稳定等。

为保证成本收益分析的准确性和有效性，多数法律案效果评估还必须更为细致地考虑到各种相关因素，并相应采取各种附带分析工具。比如，考虑到拟议措施的成本和收益所发生的时间维度，会采取贴现率的分析方法，分不同年度更准确计算成本和收益的年化价值总量。再比如，当信息不完全导致成本收益分析出现结果不确定时，采用多标准分析法给假定的多个拟议政策设定多个指标，并建立数字矩阵，以指标所占比重加权得出最优的政策选择。

总之，不论使用何种评估方法，效果评估报告必须能够证明法律案以最小成本实现最大收益，并在目标与措施之间保持适当平衡，这时就可以在法律上衡量其是否符合比例原则。

（四）效果评估的基本程序

为保证效果评估各个环节的前后衔接连贯，总理通令要求政府秘书长专门负责效果评估的实际运作，作为政府法律案效果评估程序的总协调人和负责人。不过具体的效果评估工作会根据法律案的性质和影响由不同的主体具体执行，既可以由内阁相关部门主持，也可以在政府预算允许的条件下委托专业机构，但无论如何，应当采取总理通令所规定的统一标准和步骤。效果评估报告在完成后，应当作为立法理由书的必要组成部分连同政府法律案一起移送最高行政法院，效果评估报告的科学性和充分性成为最高行政法院审查法律案的重要参照。如果政府法律案及附带报告获得最高行政法院的审查通过，则在法律案提交议会任何一院进行报告的同时，其效果评估报告应连同法律案交存该议院的秘书处。

提交议会则意味着正式进入议会立法程序，开始适用议会的议事规程。如果议会和政府就效果评估本身发生分歧，则适用前述的宪法委员会裁决程序，如果未出现分歧，或者宪法委员会认定效果评估程序已经实际有效进行，则立法程序继续按照议事规程确定的步骤进行，直至立法完成。虽然评估报告本身并不具有正式的法律效力，但论证的科学性、客观性和充分性显然有助于法律案本身获得更多的支持。

四　政府法律案效果评估机制的目标与界限

政府法律案效果评估机制在从无到有、不断完善的发展中并非毫无争议。在其产生初期曾经有观点认为，效果评估机制增加了立法成本，过度侵害了政府的法律创议权，但这种观点在 20 世纪 90 年代逐渐被抛弃。人们普遍认为，强制性的效果评估机制有助于在根本上促进立法科学化，防止部门利益法律化，从而最终实现宪法上的法律安全原则。不过也有必要补充，效果评估机制确实限制了政府的法律创议权，因此为维护一定的行政自主性，实现立法分工原则，评估机制不能完全走向议会主导。

（一）目标：法律安全原则

法律安全（sécurité juridique）原则来源于 1789 年人权宣言。宣言第 2 条将安全确认为人的自然权利之一，它构成一切政治结合的目的，因此，法律作为公意表达必须平等、稳定、不溯及既往并服务于权利保障，这就要求法律必须达到特定的质量要求，具有可理解性、可预见性、规范性、普遍性等特性，如果缺少任何一项特性，法律就不是安全的，基本人权也得不到保障。效果评估机制建立之初，人们并没有深刻意识到其与法律安全原则的本质性关联，而只是在经验上看到效果评估促进了立法质量的提升。自 20 世纪 90 年代以来，人们则基于法律安全原则来论证效果评估机制的正当性。

在 1991 年，最高行政法院发布了关于法律安全性的公共报告，系统阐述了法律安全原则的宪法价值、对人权保障的特殊意义及对立法各个环节的实质性要求，并首次将法律安全与立法前效果评估联系起来，同时对立法环节所导致的法律不安全风险提出了警告。[①] 在1994年，最高审计法院皮克（Jean Picq）法官受政府委托组成独立的研究委员会，并发布了关于国家责任与组织的报告，对国家权力的行使过程提出了各种改善和优化建议，其中认为对政府法律案进行适当的效果评估，不仅可以纠正立法的随意性、剔除法案中的部门利益，从而在事前有效提高立法质量，而且可以减轻法律事后审查机制的工作压力，因此对法律安全原则具有极为有益的促进作用。[②] 此后，效果评估机制被上升为促进法律安全的有效机制受到普遍重视，皮克报告直接影响到1995年至1998年的三次总理通令，是效果评估机制正式确立的重要原因。

效果评估机制在确立后不断发挥积极作用，因为被视为实现法律安全原则的有效手段获得了普遍认可，存在争议的问题不再是要不要建立该机制，而是应当如何优化它从而使之更好地发挥作用。在2006年，最高行政法院的年度报告专门以法律安全为主题，认为在现代法治国家的背景下，由于需要以法律解决大量的专业性问题，法律本身的复杂性与日俱增，这对实现法律安全原则提出了严峻挑战，议会通过政府法律案来弥补自身专业性不足的同时越来越依赖政府部门起草法案，这为部门利益法律化提供了滋生的环境。在此背景下，更加合理地扩大效果评估机制，有助于在根本上实现法律安全原则。[③] 最高行政法院还建议将效果评估的基本规则确立在组织法中，并在宪法第39条为它确立一个规范基础。

最高行政法院的报告对效果评估机制宪法化起到了重要的推动作用。正是由于对法律安全原则的强调，2008年宪法化得以实现，2009年组织法得以颁布。可见，政府法律案效果评估机制的根本目标就是维护法律安全原则。

（二）界限：立法过程中的权力分工

为落实法律安全原则，理论上应当对最大范围内的政府法律案进行

---

① V. Rapport public du Conseil d'État de 1991 sur la sécurité juridique.

② V. Rapport de la mission conduite par Jean Picq sur les responsabilités et l'organisation de l'État

③ Sécurité juridique et complexité du droit – Rapport public 2006 du Conseil d'État, http://www.conseil-etat.fr/Media/CDE/Francais/rapportpublic2006，2016年12月10日最后访问。

最大限度的效果评估。不过具体地讲，过于烦琐的评估要求会为政府的法律创议权造成过重负担，并进而架空其法律创议权，因此，评估机制的具体运用应具有一定界限。2009 年组织法在确定评估机制细节时曾经发生过争议，议会试图尽可能扩大效果评估的范围，而总理则认为政府的法律创议权受到了过度限制。组织法在通过后颁布前被强制提交宪法委员会进行合宪性审查。① 宪法委员会宣告组织法的规定在两方面违反了宪法。

一是在时间上，组织法原本规定“政府法律案在其起草之初必须进行效果评估”，② 以便将效果评估的启动尽可能提前。不过在起草之初就进行评估可能并不合理，因为在法律草案成形以前，效果评估的作用并不明显，而且可能导致不得不在草案成形后再次评估，从而增加评估的行政成本。宪法委员会最终认定，基于权力分工原则，不能允许议会核查政府法律案是否在起草之初就进行了效果评估，否则会导致议会过度介入政府的行政过程，损害行政的自主性空间。③

二是在内容上，组织法原本规定第八项评估内容为“预计将制定的实施性行政法规的名单、将采取的主要方针和颁布期限”，以便使议会详细掌握法律通过后的具体实施过程和环节，从而在立法时进行斟酌取舍。但宪法委员会认为，行政法规具有一定的自我形成空间，此空间有免于议会干预的效力，因此，议会不能要求政府在效果评估书中明确提供实施性法规的主要方针和颁布期限。④

从宪法委员会的裁决来看，政府法律案效果评估机制虽然具有宪法价值，其广泛适用也有助于促进法律安全原则因此应当获得原则性认可，

---

① 法国宪法第 61 条规定，“组织法在其颁布以前须提交宪法委员会以宣告其是否符合宪法。”

② 该组织法最初通过时的原始规定，可参见 http：//www. assemblee - nationale. fr/13/ta/ta0247. asp。

③ Considérant 13, Décision n° 2009 – 579 DC du 9 avril 2009 du Conseil Constitutionnel sur la loi organique n° 2009 – 403 du 15 avril 2009 relative à l'application des articles 34 – 1, 39 et 44 de la Constitution.

④ Considérant 16, Décision n° 2009 – 579 DC du 9 avril 2009 du Conseil Constitutionnel sur la loi organique n° 2009 – 403 du 15 avril 2009 relative à l'application des articles 34 – 1, 39 et 44 de la Constitution.

但也不能将这一机制的适用范围无限放大，否则将会导致议会过度介入政府法律创议的过程，这不仅无助于发挥政府在立法过程中的专业能力，而且会削弱议会在审议过程中对法案本身的民主控制。

五 对我国防止部门利益法律化的启示与借鉴

（一）防止部门利益法律化的第二种思路

对于如何防止我国立法过程中严重的部门利益法律化，学界普遍主张“强化全国人大在立法中的主导权”，“立法机关从一开始就应当将法律草案交由常委会负责起草，从而跨越部门立法的狭隘界限。”① 实务界也赞同这种思路，如有全国人大代表提出，“人大在立法中的主导作用，除了制定立法规划和计划之外，我认为更重要的是法案的起草。因为在法案的起草过程中，才体现了主导权，特别是目前还存在着社会上诟病的部门利益法制化的倾向。”② 据此，多数法案的起草工作应当由国务院及其部委向全国人大转移。这种思路在《立法法》2015 年修正时得到采纳。新《立法法》第 53 条规定，“全国人民代表大会有关的专门委员会、常务委员会工作机构应当提前参与有关方面的法律草案起草工作；综合性、全局性、基础性的重要法律草案，可以由有关的专门委员会或者常务委员会工作机构组织起草。专业性较强的法律草案，可以吸收相关领域的专家参与起草工作，或者委托有关专家、教学科研单位、社会组织起草。”

考虑到目前人大的审议功能仍有待加强，人大代表的立法参与也较为有限，确实应当强化人大的立法主导权，这符合我国立法体制的发展趋势。但同时也应注意，如果将国务院及其部委完全排除在法案起草工作以外，可能导致人大立法无法有效利用行政部门的专业能力，就特定专业性规制立法而言，必须承认国务院及其部委相比于人大代表更具专业优势。因此，防止部门利益法律化还应有第二种思路，即肯定国务院

---

① 王利明：《立法应去部门化》，载《当代贵州》2015 年第 21 期，第 64 页。

② 《人大主导 防止立法部门化》，载中国人大网 http：//www. npc. gov. cn/zgrdw/npc/xinwen/lfgz/2014 －12/26/content_ 1891446. htm，2021 年 9 月 3 日最后访问。

及其部委可以承担特定法案的起草任务，但同时采取有效措施剔除其部门利益。立法当然应当去除部门利益，但却不必也不能完全去部门化。

（二）国务院有权提出法律案

国务院在宪法上具有提案权。根据宪法第 89 条第 2 项，国务院有权向全国人大或其常委会提出议案。具体到立法领域，国务院根据《立法法》可以向全国人大提出法律案，由主席团决定列入会议议程（第 14 条），也可以向全国人大常委会提出法律案，由委员长会议决定列入会议议程，或者先交有关的专门委员会审议、提出报告，再决定列入会议议程（第 26 条）。国务院部委是国务院的组成部门，就其所辖事务若认为有必要制定或修改法律，当然可以请求国务院并经由国务院向全国人大及其常委会提出法律案，而相关法案的起草工作既可以由国务院自身也可以由其部委承担。

宪法和《立法法》赋予国务院法律提案权，是因为两个重要考虑：一方面，国务院在性质上是全国人大的执行机关，由其提出议案有助于促进行政与立法的良性互动；另一方面，国务院及其部委具有行政专长，全国人大及其常委会在立法时没有理由对其弃之不用。因此，不能因为部门利益法律化现象，就完全否定或剥夺国务院的法律提案权，而应当在利用国务院及其部委行政专长的同时采取有效手段防止部门利益法律化。任何制度都是利弊共存的，关键在于如何兴利除弊。

（三）建立健全政府法律案的效果评估机制

考虑到国务院的法律提案权并从第二种思路出发，就有必要在我国建立健全政府法律案的效果评估机制。《立法法》2015 年修正已经迈出尝试的步伐。新《立法法》第 54 条统一要求“提出法律案，应当同时提出法律草案文本及其说明，并提供必要的参阅资料”。这与法国立法体制要求法律案必须附带理由说明是相同的。基于法律案说理的要求，立法前效果评估机制也就具备了存在基础。第 39 条规定：“拟提请常务委员会会议审议通过的法律案，在法律委员会提出审议结果报告前，常务委员会工作机构可以对法律草案中主要制度规范的可行性、法律出台时机、法律实施的社会效果和可能出现的问题等进行评估。评估情况由法律委员会在审议结果报告中予以说明。”这一规定具有进步意义，但其不足之处在于：效果评估仅限于全国人大常委会的立法程序；“可以”的措辞表明它并非必经程序；效果评估任务由常委会工作机构承担，缺乏专业性；效果评估的具体运作仍待进一步明确；效果评估机制未被上升为克服部门利益法律化的有效工具。

对于前述不足，我国可以充分借鉴法国的评估机制。首先，在《立法法》第 54 条的基础上，法律案的提出者若为国务院，则应当同时提出法律草案文本的理由说明，而法律案的效果评估报告应当是理由说明的必要组成部分。其次，政府法律案的效果评估在对象范围、评估内容、评估方法及评估程序上应当具有明确而具体的要求。再次，全国人大及其常委会在审议政府法律案时应对其效果评估报告进行审核，并根据评估报告的客观性、科学性和充分性来决定对政府法律案的处理，评估报告显示立法存在部门利益，或者报告本身欠缺理由的，应当退回再次起草或评估，反之则可以纳入会议议程。最后，对于全国人大主导制定的法案，也可以适用效果评估机制，从而努力促进立法科学化，提高法律质量，在源头上塑造更为完善的中国特色社会主义法律体系。

（本章内容曾以《论法国的政府法律案效果评估机制及其启示与借鉴》为题发表于《中国行政管理》2017 年第 10 期，系与李玲合作，谨致谢忱）

附录

中华人民共和国立法法
（条文及草案说明）

中华人民共和国立法法

（2000 年 3 月 15 日第九届全国人民代表大会第三次会议通过
根据 2015 年 3 月 15 日第十二届全国人民代表大会第三次会议
《关于修改〈中华人民共和国立法法〉的决定》修正）

目录

第一章 总则

第一条 为了规范立法活动，健全国家立法制度，提高立法质量，完善中国特色社会主义法律体系，发挥立法的引领和推动作用，保障和发展社会主义民主，全面推进依法治国，建设社会主义法治国家，根据宪法，制定本法。

第二条 法律、行政法规、地方性法规、自治条例和单行条例的制定、修改和废止，适用本法。

国务院部门规章和地方政府规章的制定、修改和废止，依照本法的有关规定执行。

第三条 立法应当遵循宪法的基本原则，以经济建设为中心，坚持社会主义道路、坚持人民民主专政、坚持中国共产党的领导、坚持马克思列宁主义毛泽东思想邓小平理论，坚持改革开放。

第四条 立法应当依照法定的权限和程序，从国家整体利益出发，维护社会主义法制的统一和尊严。

第五条 立法应当体现人民的意志，发扬社会主义民主，坚持立法公开，保障人民通过多种途径参与立法活动。

第六条 立法应当从实际出发，适应经济社会发展和全面深化改革的要求，科学合理地规定公民、法人和其他组织的权利与义务、国家机关的权力与责任。

法律规范应当明确、具体，具有针对性和可执行性。

第二章 法律

第一节 立法权限

第七条 全国人民代表大会和全国人民代表大会常务委员会行使国家立法权。

全国人民代表大会制定和修改刑事、民事、国家机构的和其他的基本法律。

全国人民代表大会常务委员会制定和修改除应当由全国人民代表大

会制定的法律以外的其他法律；在全国人民代表大会闭会期间，对全国人民代表大会制定的法律进行部分补充和修改，但是不得同该法律的基本原则相抵触。

第八条 下列事项只能制定法律：

（一）国家主权的事项；

（二）各级人民代表大会、人民政府、人民法院和人民检察院的产生、组织和职权；

（三）民族区域自治制度、特别行政区制度、基层群众自治制度；

（四）犯罪和刑罚；

（五）对公民政治权利的剥夺、限制人身自由的强制措施和处罚；

（六）税种的设立、税率的确定和税收征收管理等税收基本制度；

（七）对非国有财产的征收、征用；

（八）民事基本制度；

（九）基本经济制度以及财政、海关、金融和外贸的基本制度；

（十）诉讼和仲裁制度；

（十一）必须由全国人民代表大会及其常务委员会制定法律的其他事项。

第九条 本法第八条规定的事项尚未制定法律的，全国人民代表大会及其常务委员会有权作出决定，授权国务院可以根据实际需要，对其中的部分事项先制定行政法规，但是有关犯罪和刑罚、对公民政治权利的剥夺和限制人身自由的强制措施和处罚、司法制度等事项除外。

第十条 授权决定应当明确授权的目的、事项、范围、期限以及被授权机关实施授权决定应当遵循的原则等。

授权的期限不得超过五年，但是授权决定另有规定的除外。

被授权机关应当在授权期限届满的六个月以前，向授权机关报告授权决定实施的情况，并提出是否需要制定有关法律的意见；需要继续授权的，可以提出相关意见，由全国人民代表大会及其常务委员会决定。

第十一条 授权立法事项，经过实践检验，制定法律的条件成熟时，由全国人民代表大会及其常务委员会及时制定法律。法律制定后，相应立法事项的授权终止。

第十二条 被授权机关应当严格按照授权决定行使被授予的权力。

被授权机关不得将被授予的权力转授给其他机关。

第十三条 全国人民代表大会及其常务委员会可以根据改革发展的需要，决定就行政管理等领域的特定事项授权在一定期限内在部分地方暂时调整或者暂时停止适用法律的部分规定。

第二节 全国人民代表大会立法程序

第十四条 全国人民代表大会主席团可以向全国人民代表大会提出法律案，由全国人民代表大会会议审议。

全国人民代表大会常务委员会、国务院、中央军事委员会、最高人民法院、最高人民检察院、全国人民代表大会各专门委员会，可以向全国人民代表大会提出法律案，由主席团决定列入会议议程。

第十五条 一个代表团或者三十名以上的代表联名，可以向全国人民代表大会提出法律案，由主席团决定是否列入会议议程，或者先交有关的专门委员会审议、提出是否列入会议议程的意见，再决定是否列入会议议程。

专门委员会审议的时候，可以邀请提案人列席会议，发表意见。

第十六条 向全国人民代表大会提出的法律案，在全国人民代表大会闭会期间，可以先向常务委员会提出，经常务委员会会议依照本法第二章第三节规定的有关程序审议后，决定提请全国人民代表大会审议，由常务委员会向大会全体会议作说明，或者由提案人向大会全体会议作说明。

常务委员会依照前款规定审议法律案，应当通过多种形式征求全国人民代表大会代表的意见，并将有关情况予以反馈；专门委员会和常务委员会工作机构进行立法调研，可以邀请有关的全国人民代表大会代表参加。

第十七条 常务委员会决定提请全国人民代表大会会议审议的法律案，应当在会议举行的一个月前将法律草案发给代表。

第十八条 列入全国人民代表大会会议议程的法律案，大会全体会议听取提案人的说明后，由各代表团进行审议。

各代表团审议法律案时，提案人应当派人听取意见，回答询问。

各代表团审议法律案时，根据代表团的要求，有关机关、组织应当派人介绍情况。

第十九条　列入全国人民代表大会会议议程的法律案，由有关的专门委员会进行审议，向主席团提出审议意见，并印发会议。

第二十条　列入全国人民代表大会会议议程的法律案，由法律委员会根据各代表团和有关的专门委员会的审议意见，对法律案进行统一审议，向主席团提出审议结果报告和法律草案修改稿，对重要的不同意见应当在审议结果报告中予以说明，经主席团会议审议通过后，印发会议。

第二十一条　列入全国人民代表大会会议议程的法律案，必要时，主席团常务主席可以召开各代表团团长会议，就法律案中的重大问题听取各代表团的审议意见，进行讨论，并将讨论的情况和意见向主席团报告。

主席团常务主席也可以就法律案中的重大的专门性问题，召集代表团推选的有关代表进行讨论，并将讨论的情况和意见向主席团报告。

第二十二条　列入全国人民代表大会会议议程的法律案，在交付表决前，提案人要求撤回的，应当说明理由，经主席团同意，并向大会报告，对该法律案的审议即行终止。

第二十三条　法律案在审议中有重大问题需要进一步研究的，经主席团提出，由大会全体会议决定，可以授权常务委员会根据代表的意见进一步审议，作出决定，并将决定情况向全国人民代表大会下次会议报告；也可以授权常务委员会根据代表的意见进一步审议，提出修改方案，提请全国人民代表大会下次会议审议决定。

第二十四条　法律草案修改稿经各代表团审议，由法律委员会根据各代表团的审议意见进行修改，提出法律草案表决稿，由主席团提请大会全体会议表决，由全体代表的过半数通过。

第二十五条　全国人民代表大会通过的法律由国家主席签署主席令予以公布。

第三节　全国人民代表大会常务委员会立法程序

第二十六条　委员长会议可以向常务委员会提出法律案，由常务委员会会议审议。

国务院、中央军事委员会、最高人民法院、最高人民检察院、全国人民代表大会各专门委员会，可以向常务委员会提出法律案，由委员长会议决定列入常务委员会会议议程，或者先交有关的专门委员会审议、提出报告，再决定列入常务委员会会议议程。如果委员长会议认为法律案有重大问题需要进一步研究，可以建议提案人修改完善后再向常务委员会提出。

第二十七条 常务委员会组成人员十人以上联名，可以向常务委员会提出法律案，由委员长会议决定是否列入常务委员会会议议程，或者先交有关的专门委员会审议、提出是否列入会议议程的意见，再决定是否列入常务委员会会议议程。不列入常务委员会会议议程的，应当向常务委员会会议报告或者向提案人说明。

专门委员会审议的时候，可以邀请提案人列席会议，发表意见。

第二十八条 列入常务委员会会议议程的法律案，除特殊情况外，应当在会议举行的七日前将法律草案发给常务委员会组成人员。

常务委员会会议审议法律案时，应当邀请有关的全国人民代表大会代表列席会议。

第二十九条 列入常务委员会会议议程的法律案，一般应当经三次常务委员会会议审议后再交付表决。

常务委员会会议第一次审议法律案，在全体会议上听取提案人的说明，由分组会议进行初步审议。

常务委员会会议第二次审议法律案，在全体会议上听取法律委员会关于法律草案修改情况和主要问题的汇报，由分组会议进一步审议。

常务委员会会议第三次审议法律案，在全体会议上听取法律委员会关于法律草案审议结果的报告，由分组会议对法律草案修改稿进行审议。

常务委员会审议法律案时，根据需要，可以召开联组会议或者全体会议，对法律草案中的主要问题进行讨论。

第三十条 列入常务委员会会议议程的法律案，各方面意见比较一致的，可以经两次常务委员会会议审议后交付表决；调整事项较为单一或者部分修改的法律案，各方面的意见比较一致的，也可以经一次常务委员会会议审议即交付表决。

第三十一条 常务委员会分组会议审议法律案时，提案人应当派人听取意见，回答询问。

常务委员会分组会议审议法律案时，根据小组的要求，有关机关、组织应当派人介绍情况。

第三十二条　列入常务委员会会议议程的法律案，由有关的专门委员会进行审议，提出审议意见，印发常务委员会会议。

有关的专门委员会审议法律案时，可以邀请其他专门委员会的成员列席会议，发表意见。

第三十三条　列入常务委员会会议议程的法律案，由法律委员会根据常务委员会组成人员、有关的专门委员会的审议意见和各方面提出的意见，对法律案进行统一审议，提出修改情况的汇报或者审议结果报告和法律草案修改稿，对重要的不同意见应当在汇报或者审议结果报告中予以说明。对有关的专门委员会的审议意见没有采纳的，应当向有关的专门委员会反馈。

法律委员会审议法律案时，应当邀请有关的专门委员会的成员列席会议，发表意见。

第三十四条　专门委员会审议法律案时，应当召开全体会议审议，根据需要，可以要求有关机关、组织派有关负责人说明情况。

第三十五条　专门委员会之间对法律草案的重要问题意见不一致时，应当向委员长会议报告。

第三十六条　列入常务委员会会议议程的法律案，法律委员会、有关的专门委员会和常务委员会工作机构应当听取各方面的意见。听取意见可以采取座谈会、论证会、听证会等多种形式。

法律案有关问题专业性较强，需要进行可行性评价的，应当召开论证会，听取有关专家、部门和全国人民代表大会代表等方面的意见。论证情况应当向常务委员会报告。

法律案有关问题存在重大意见分歧或者涉及利益关系重大调整，需要进行听证的，应当召开听证会，听取有关基层和群体代表、部门、人民团体、专家、全国人民代表大会代表和社会有关方面的意见。听证情况应当向常务委员会报告。

常务委员会工作机构应当将法律草案发送相关领域的全国人民代表大会代表、地方人民代表大会常务委员会以及有关部门、组织和专家征求意见。

第三十七条 列入常务委员会会议议程的法律案，应当在常务委员会会议后将法律草案及其起草、修改的说明等向社会公布，征求意见，但是经委员长会议决定不公布的除外。向社会公布征求意见的时间一般不少于三十日。征求意见的情况应当向社会通报。

第三十八条 列入常务委员会会议议程的法律案，常务委员会工作机构应当收集整理分组审议的意见和各方面提出的意见以及其他有关资料，分送法律委员会和有关的专门委员会，并根据需要，印发常务委员会会议。

第三十九条 拟提请常务委员会会议审议通过的法律案，在法律委员会提出审议结果报告前，常务委员会工作机构可以对法律草案中主要制度规范的可行性、法律出台时机、法律实施的社会效果和可能出现的问题等进行评估。评估情况由法律委员会在审议结果报告中予以说明。

第四十条 列入常务委员会会议议程的法律案，在交付表决前，提案人要求撤回的，应当说明理由，经委员长会议同意，并向常务委员会报告，对该法律案的审议即行终止。

第四十一条 法律草案修改稿经常务委员会会议审议，由法律委员会根据常务委员会组成人员的审议意见进行修改，提出法律草案表决稿，由委员长会议提请常务委员会全体会议表决，由常务委员会全体组成人员的过半数通过。

法律草案表决稿交付常务委员会会议表决前，委员长会议根据常务委员会会议审议的情况，可以决定将个别意见分歧较大的重要条款提请常务委员会会议单独表决。

单独表决的条款经常务委员会会议表决后，委员长会议根据单独表决的情况，可以决定将法律草案表决稿交付表决，也可以决定暂不付表决，交法律委员会和有关的专门委员会进一步审议。

第四十二条 列入常务委员会会议审议的法律案，因各方面对制定该法律的必要性、可行性等重大问题存在较大意见分歧搁置审议满两年的，或者因暂不付表决经过两年没有再次列入常务委员会会议议程审议的，由委员长会议向常务委员会报告，该法律案终止审议。

第四十三条　对多部法律中涉及同类事项的个别条款进行修改，一并提出法律案的，经委员长会议决定，可以合并表决，也可以分别表决。

第四十四条　常务委员会通过的法律由国家主席签署主席令予以公布。

第四节　法律解释

第四十五条　法律解释权属于全国人民代表大会常务委员会。

法律有以下情况之一的，由全国人民代表大会常务委员会解释：

（一）法律的规定需要进一步明确具体含义的；

（二）法律制定后出现新的情况，需要明确适用法律依据的。

第四十六条　国务院、中央军事委员会、最高人民法院、最高人民检察院和全国人民代表大会各专门委员会以及省、自治区、直辖市的人民代表大会常务委员会可以向全国人民代表大会常务委员会提出法律解释要求。

第四十七条　常务委员会工作机构研究拟订法律解释草案，由委员长会议决定列入常务委员会会议议程。

第四十八条　法律解释草案经常务委员会会议审议，由法律委员会根据常务委员会组成人员的审议意见进行审议、修改，提出法律解释草案表决稿。

第四十九条　法律解释草案表决稿由常务委员会全体组成人员的过半数通过，由常务委员会发布公告予以公布。

第五十条　全国人民代表大会常务委员会的法律解释同法律具有同等效力。

第五节　其他规定

第五十一条　全国人民代表大会及其常务委员会加强对立法工作的组织协调，发挥在立法工作中的主导作用。

第五十二条　全国人民代表大会常务委员会通过立法规划、年度立法计划等形式，加强对立法工作的统筹安排。编制立法规划和年度立法计划，应当认真研究代表议案和建议，广泛征集意见，科学论证评估，根据经济社会发展和民主法治建设的需要，确定立法项目，提高立法的及时性、针对性和系统性。立法规划和年度立法计划由委员长会议通过并向社会公布。

全国人民代表大会常务委员会工作机构负责编制立法规划和拟订年度立法计划，并按照全国人民代表大会常务委员会的要求，督促立法规划和年度立法计划的落实。

第五十三条 全国人民代表大会有关的专门委员会、常务委员会工作机构应当提前参与有关方面的法律草案起草工作；综合性、全局性、基础性的重要法律草案，可以由有关的专门委员会或者常务委员会工作机构组织起草。

专业性较强的法律草案，可以吸收相关领域的专家参与起草工作，或者委托有关专家、教学科研单位、社会组织起草。

第五十四条 提出法律案，应当同时提出法律草案文本及其说明，并提供必要的参阅资料。修改法律的，还应当提交修改前后的对照文本。法律草案的说明应当包括制定或者修改法律的必要性、可行性和主要内容，以及起草过程中对重大分歧意见的协调处理情况。

第五十五条 向全国人民代表大会及其常务委员会提出的法律案，在列入会议议程前，提案人有权撤回。

第五十六条 交付全国人民代表大会及其常务委员会全体会议表决未获得通过的法律案，如果提案人认为必须制定该法律，可以按照法律规定的程序重新提出，由主席团、委员长会议决定是否列入会议议程；其中，未获得全国人民代表大会通过的法律案，应当提请全国人民代表大会审议决定。

第五十七条 法律应当明确规定施行日期。

第五十八条 签署公布法律的主席令载明该法律的制定机关、通过和施行日期。

法律签署公布后，及时在全国人民代表大会常务委员会公报和中国人大网以及在全国范围内发行的报纸上刊载。

在常务委员会公报上刊登的法律文本为标准文本。

第五十九条 法律的修改和废止程序，适用本章的有关规定。

法律被修改的，应当公布新的法律文本。

法律被废止的，除由其他法律规定废止该法律的以外，由国家主席签署主席令予以公布。

第六十条　法律草案与其他法律相关规定不一致的，提案人应当予以说明并提出处理意见，必要时应当同时提出修改或者废止其他法律相关规定的议案。

法律委员会和有关的专门委员会审议法律案时，认为需要修改或者废止其他法律相关规定的，应当提出处理意见。

第六十一条　法律根据内容需要，可以分编、章、节、条、款、项、目。

编、章、节、条的序号用中文数字依次表述，款不编序号，项的序号用中文数字加括号依次表述，目的序号用阿拉伯数字依次表述。

法律标题的题注应当载明制定机关、通过日期。经过修改的法律，应当依次载明修改机关、修改日期。

第六十二条　法律规定明确要求有关国家机关对专门事项作出配套的具体规定的，有关国家机关应当自法律施行之日起一年内作出规定，法律对配套的具体规定制定期限另有规定的，从其规定。有关国家机关未能在期限内作出配套的具体规定的，应当向全国人民代表大会常务委员会说明情况。

第六十三条　全国人民代表大会有关的专门委员会、常务委员会工作机构可以组织对有关法律或者法律中有关规定进行立法后评估。评估情况应当向常务委员会报告。

第六十四条　全国人民代表大会常务委员会工作机构可以对有关具体问题的法律询问进行研究予以答复，并报常务委员会备案。

第三章　行政法规

第六十五条　国务院根据宪法和法律，制定行政法规。

行政法规可以就下列事项作出规定：

（一）为执行法律的规定需要制定行政法规的事项；

（二）宪法第八十九条规定的国务院行政管理职权的事项。

应当由全国人民代表大会及其常务委员会制定法律的事项，国务院根据全国人民代表大会及其常务委员会的授权决定先制定的行政法规，经过实践检验，制定法律的条件成熟时，国务院应当及时提请全国人民代表大会及其常务委员会制定法律。

第六十六条 国务院法制机构应当根据国家总体工作部署拟订国务院年度立法计划，报国务院审批。国务院年度立法计划中的法律项目应当与全国人民代表大会常务委员会的立法规划和年度立法计划相衔接。国务院法制机构应当及时跟踪了解国务院各部门落实立法计划的情况，加强组织协调和督促指导。

国务院有关部门认为需要制定行政法规的，应当向国务院报请立项。

第六十七条 行政法规由国务院有关部门或者国务院法制机构具体负责起草，重要行政管理的法律、行政法规草案由国务院法制机构组织起草。行政法规在起草过程中，应当广泛听取有关机关、组织、人民代表大会代表和社会公众的意见。听取意见可以采取座谈会、论证会、听证会等多种形式。

行政法规草案应当向社会公布，征求意见，但是经国务院决定不公布的除外。

第六十八条 行政法规起草工作完成后，起草单位应当将草案及其说明、各方面对草案主要问题的不同意见和其他有关资料送国务院法制机构进行审查。

国务院法制机构应当向国务院提出审查报告和草案修改稿，审查报告应当对草案主要问题作出说明。

第六十九条 行政法规的决定程序依照中华人民共和国国务院组织法的有关规定办理。

第七十条 行政法规由总理签署国务院令公布。

有关国防建设的行政法规，可以由国务院总理、中央军事委员会主席共同签署国务院、中央军事委员会令公布。

第七十一条 行政法规签署公布后，及时在国务院公报和中国政府法制信息网以及在全国范围内发行的报纸上刊载。

在国务院公报上刊登的行政法规文本为标准文本。

第四章　地方性法规、自治条例和单行条例、规章

第一节　地方性法规、自治条例和单行条例

第七十二条　省、自治区、直辖市的人民代表大会及其常务委员会根据本行政区域的具体情况和实际需要，在不同宪法、法律、行政法规相抵触的前提下，可以制定地方性法规。

设区的市的人民代表大会及其常务委员会根据本市的具体情况和实际需要，在不同宪法、法律、行政法规和本省、自治区的地方性法规相抵触的前提下，可以对城乡建设与管理、环境保护、历史文化保护等方面的事项制定地方性法规，法律对设区的市制定地方性法规的事项另有规定的，从其规定。设区的市的地方性法规须报省、自治区的人民代表大会常务委员会批准后施行。省、自治区的人民代表大会常务委员会对报请批准的地方性法规，应当对其合法性进行审查，同宪法、法律、行政法规和本省、自治区的地方性法规不抵触的，应当在四个月内予以批准。

省、自治区的人民代表大会常务委员会在对报请批准的设区的市的地方性法规进行审查时，发现其同本省、自治区的人民政府的规章相抵触的，应当作出处理决定。

除省、自治区的人民政府所在地的市，经济特区所在地的市和国务院已经批准的较大的市以外，其他设区的市开始制定地方性法规的具体步骤和时间，由省、自治区的人民代表大会常务委员会综合考虑本省、自治区所辖的设区的市的人口数量、地域面积、经济社会发展情况以及立法需求、立法能力等因素确定，并报全国人民代表大会常务委员会和国务院备案。

自治州的人民代表大会及其常务委员会可以依照本条第二款规定行使设区的市制定地方性法规的职权。自治州开始制定地方性法规的具体步骤和时间，依照前款规定确定。

省、自治区的人民政府所在地的市，经济特区所在地的市和国务院已经批准的较大的市已经制定的地方性法规，涉及本条第二款规定事项范围以外的，继续有效。

第七十三条 地方性法规可以就下列事项作出规定:

(一) 为执行法律、行政法规的规定,需要根据本行政区域的实际情况作具体规定的事项;

(二) 属于地方性事务需要制定地方性法规的事项。

除本法第八条规定的事项外,其他事项国家尚未制定法律或者行政法规的,省、自治区、直辖市和设区的市、自治州根据本地方的具体情况和实际需要,可以先制定地方性法规。在国家制定的法律或者行政法规生效后,地方性法规同法律或者行政法规相抵触的规定无效,制定机关应当及时予以修改或者废止。

设区的市、自治州根据本条第一款、第二款制定地方性法规,限于本法第七十二条第二款规定的事项。

制定地方性法规,对上位法已经明确规定的内容,一般不作重复性规定。

第七十四条 经济特区所在地的省、市的人民代表大会及其常务委员会根据全国人民代表大会的授权决定,制定法规,在经济特区范围内实施。

第七十五条 民族自治地方的人民代表大会有权依照当地民族的政治、经济和文化的特点,制定自治条例和单行条例。自治区的自治条例和单行条例,报全国人民代表大会常务委员会批准后生效。自治州、自治县的自治条例和单行条例,报省、自治区、直辖市的人民代表大会常务委员会批准后生效。

自治条例和单行条例可以依照当地民族的特点,对法律和行政法规的规定作出变通规定,但不得违背法律或者行政法规的基本原则,不得对宪法和民族区域自治法的规定以及其他有关法律、行政法规专门就民族自治地方所作的规定作出变通规定。

第七十六条 规定本行政区域特别重大事项的地方性法规,应当由人民代表大会通过。

第七十七条 地方性法规案、自治条例和单行条例案的提出、审议和表决程序,根据中华人民共和国地方各级人民代表大会和地方各级人民政府组织法,参照本法第二章第二节、第三节、第五节的规定,由本级人民代表大会规定。

地方性法规草案由负责统一审议的机构提出审议结果的报告和草案修改稿。

第七十八条　省、自治区、直辖市的人民代表大会制定的地方性法规由大会主席团发布公告予以公布。

省、自治区、直辖市的人民代表大会常务委员会制定的地方性法规由常务委员会发布公告予以公布。

设区的市、自治州的人民代表大会及其常务委员会制定的地方性法规报经批准后，由设区的市、自治州的人民代表大会常务委员会发布公告予以公布。

自治条例和单行条例报经批准后，分别由自治区、自治州、自治县的人民代表大会常务委员会发布公告予以公布。

第七十九条　地方性法规、自治区的自治条例和单行条例公布后，及时在本级人民代表大会常务委员会公报和中国人大网、本地方人民代表大会网站以及在本行政区域范围内发行的报纸上刊载。

在常务委员会公报上刊登的地方性法规、自治条例和单行条例文本为标准文本。

第二节　规章

第八十条　国务院各部、委员会、中国人民银行、审计署和具有行政管理职能的直属机构，可以根据法律和国务院的行政法规、决定、命令，在本部门的权限范围内，制定规章。

部门规章规定的事项应当属于执行法律或者国务院的行政法规、决定、命令的事项。没有法律或者国务院的行政法规、决定、命令的依据，部门规章不得设定减损公民、法人和其他组织权利或者增加其义务的规范，不得增加本部门的权力或者减少本部门的法定职责。

第八十一条　涉及两个以上国务院部门职权范围的事项，应当提请国务院制定行政法规或者由国务院有关部门联合制定规章。

第八十二条　省、自治区、直辖市和设区的市、自治州的人民政府，可以根据法律、行政法规和本省、自治区、直辖市的地方性法规，制定规章。

地方政府规章可以就下列事项作出规定：

（一）为执行法律、行政法规、地方性法规的规定需要制定规章的事项；

（二）属于本行政区域的具体行政管理事项。

设区的市、自治州的人民政府根据本条第一款、第二款制定地方政府规章，限于城乡建设与管理、环境保护、历史文化保护等方面的事项。已经制定的地方政府规章，涉及上述事项范围以外的，继续有效。

除省、自治区的人民政府所在地的市，经济特区所在地的市和国务院已经批准的较大的市以外，其他设区的市、自治州的人民政府开始制定规章的时间，与本省、自治区人民代表大会常务委员会确定的本市、自治州开始制定地方性法规的时间同步。

应当制定地方性法规但条件尚不成熟的，因行政管理迫切需要，可以先制定地方政府规章。规章实施满两年需要继续实施规章所规定的行政措施的，应当提请本级人民代表大会或者其常务委员会制定地方性法规。

没有法律、行政法规、地方性法规的依据，地方政府规章不得设定减损公民、法人和其他组织权利或者增加其义务的规范。

第八十三条　国务院部门规章和地方政府规章的制定程序，参照本法第三章的规定，由国务院规定。

第八十四条　部门规章应当经部务会议或者委员会会议决定。

地方政府规章应当经政府常务会议或者全体会议决定。

第八十五条　部门规章由部门首长签署命令予以公布。

地方政府规章由省长、自治区主席、市长或者自治州州长签署命令予以公布。

第八十六条　部门规章签署公布后，及时在国务院公报或者部门公报和中国政府法制信息网以及在全国范围内发行的报纸上刊载。

地方政府规章签署公布后，及时在本级人民政府公报和中国政府法制信息网以及在本行政区域范围内发行的报纸上刊载。

在国务院公报或者部门公报和地方人民政府公报上刊登的规章文本为标准文本。

第五章　适用与备案审查

第八十七条　宪法具有最高的法律效力，一切法律、行政法规、地方性法规、自治条例和单行条例、规章都不得同宪法相抵触。

第八十八条　法律的效力高于行政法规、地方性法规、规章。

行政法规的效力高于地方性法规、规章。

第八十九条　地方性法规的效力高于本级和下级地方政府规章。

省、自治区的人民政府制定的规章的效力高于本行政区域内的设区的市、自治州的人民政府制定的规章。

第九十条　自治条例和单行条例依法对法律、行政法规、地方性法规作变通规定的，在本自治地方适用自治条例和单行条例的规定。

经济特区法规根据授权对法律、行政法规、地方性法规作变通规定的，在本经济特区适用经济特区法规的规定。

第九十一条　部门规章之间、部门规章与地方政府规章之间具有同等效力，在各自的权限范围内施行。

第九十二条　同一机关制定的法律、行政法规、地方性法规、自治条例和单行条例、规章，特别规定与一般规定不一致的，适用特别规定；新的规定与旧的规定不一致的，适用新的规定。

第九十三条　法律、行政法规、地方性法规、自治条例和单行条例、规章不溯及既往，但为了更好地保护公民、法人和其他组织的权利和利益而作的特别规定除外。

第九十四条　法律之间对同一事项的新的一般规定与旧的特别规定不一致，不能确定如何适用时，由全国人民代表大会常务委员会裁决。

行政法规之间对同一事项的新的一般规定与旧的特别规定不一致，不能确定如何适用时，由国务院裁决。

第九十五条　地方性法规、规章之间不一致时，由有关机关依照下列规定的权限作出裁决：

（一）同一机关制定的新的一般规定与旧的特别规定不一致时，由制定机关裁决；

（二）地方性法规与部门规章之间对同一事项的规定不一致，不能确定如何适用时，由国务院提出意见，国务院认为应当适用地方性法规的，应当决定在该地方适用地方性法规的规定；认为应当适用部门规章的，应当提请全国人民代表大会常务委员会裁决；

（三）部门规章之间、部门规章与地方政府规章之间对同一事项的规定不一致时，由国务院裁决。

根据授权制定的法规与法律规定不一致，不能确定如何适用时，由全国人民代表大会常务委员会裁决。

第九十六条　法律、行政法规、地方性法规、自治条例和单行条例、规章有下列情形之一的，由有关机关依照本法第九十七条规定的权限予以改变或者撤销：

（一）超越权限的；

（二）下位法违反上位法规定的；

（三）规章之间对同一事项的规定不一致，经裁决应当改变或者撤销一方的规定的；

（四）规章的规定被认为不适当，应当予以改变或者撤销的；

（五）违背法定程序的。

第九十七条　改变或者撤销法律、行政法规、地方性法规、自治条例和单行条例、规章的权限是：

（一）全国人民代表大会有权改变或者撤销它的常务委员会制定的不适当的法律，有权撤销全国人民代表大会常务委员会批准的违背宪法和本法第七十五条第二款规定的自治条例和单行条例；

（二）全国人民代表大会常务委员会有权撤销同宪法和法律相抵触的行政法规，有权撤销同宪法、法律和行政法规相抵触的地方性法规，有权撤销省、自治区、直辖市的人民代表大会常务委员会批准的违背宪法和本法第七十五条第二款规定的自治条例和单行条例；

（三）国务院有权改变或者撤销不适当的部门规章和地方政府规章；

（四）省、自治区、直辖市的人民代表大会有权改变或者撤销它的常务委员会制定的和批准的不适当的地方性法规；

（五）地方人民代表大会常务委员会有权撤销本级人民政府制定的不适当的规章；

（六）省、自治区的人民政府有权改变或者撤销下一级人民政府制定的不适当的规章；

（七）授权机关有权撤销被授权机关制定的超越授权范围或者违背授权目的的法规，必要时可以撤销授权。

第九十八条　行政法规、地方性法规、自治条例和单行条例、规章应当在公布后的三十日内依照下列规定报有关机关备案：

（一）行政法规报全国人民代表大会常务委员会备案；

（二）省、自治区、直辖市的人民代表大会及其常务委员会制定的地方性法规，报全国人民代表大会常务委员会和国务院备案；设区的市、自治州的人民代表大会及其常务委员会制定的地方性法规，由省、自治区的人民代表大会常务委员会报全国人民代表大会常务委员会和国务院备案；

（三）自治州、自治县的人民代表大会制定的自治条例和单行条例，由省、自治区、直辖市的人民代表大会常务委员会报全国人民代表大会常务委员会和国务院备案；自治条例、单行条例报送备案时，应当说明对法律、行政法规、地方性法规作出变通的情况；

（四）部门规章和地方政府规章报国务院备案；地方政府规章应当同时报本级人民代表大会常务委员会备案；设区的市、自治州的人民政府制定的规章应当同时报省、自治区的人民代表大会常务委员会和人民政府备案；

（五）根据授权制定的法规应当报授权决定规定的机关备案；经济特区法规报送备案时，应当说明对法律、行政法规、地方性法规作出变通的情况。

第九十九条　国务院、中央军事委员会、最高人民法院、最高人民检察院和各省、自治区、直辖市的人民代表大会常务委员会认为行政法规、地方性法规、自治条例和单行条例同宪法或者法律相抵触的，可以向全国人民代表大会常务委员会书面提出进行审查的要求，由常务委员会工作机构分送有关的专门委员会进行审查、提出意见。

前款规定以外的其他国家机关和社会团体、企业事业组织以及公民认为行政法规、地方性法规、自治条例和单行条例同宪法或者法律相抵触的，可以向全国人民代表大会常务委员会书面提出进行审查的建议，由常务委员会工作机构进行研究，必要时，送有关的专门委员会进行审查、提出意见。

有关的专门委员会和常务委员会工作机构可以对报送备案的规范性文件进行主动审查。

第一百条 全国人民代表大会专门委员会、常务委员会工作机构在审查、研究中认为行政法规、地方性法规、自治条例和单行条例同宪法或者法律相抵触的，可以向制定机关提出书面审查意见、研究意见；也可以由法律委员会与有关的专门委员会、常务委员会工作机构召开联合审查会议，要求制定机关到会说明情况，再向制定机关提出书面审查意见。制定机关应当在两个月内研究提出是否修改的意见，并向全国人民代表大会法律委员会和有关的专门委员会或者常务委员会工作机构反馈。

全国人民代表大会法律委员会、有关的专门委员会、常务委员会工作机构根据前款规定，向制定机关提出审查意见、研究意见，制定机关按照所提意见对行政法规、地方性法规、自治条例和单行条例进行修改或者废止的，审查终止。

全国人民代表大会法律委员会、有关的专门委员会、常务委员会工作机构经审查、研究认为行政法规、地方性法规、自治条例和单行条例同宪法或者法律相抵触而制定机关不予修改的，应当向委员长会议提出予以撤销的议案、建议，由委员长会议决定提请常务委员会会议审议决定。

第一百零一条 全国人民代表大会有关的专门委员会和常务委员会工作机构应当按照规定要求，将审查、研究情况向提出审查建议的国家机关、社会团体、企业事业组织以及公民反馈，并可以向社会公开。

第一百零二条 其他接受备案的机关对报送备案的地方性法规、自治条例和单行条例、规章的审查程序，按照维护法制统一的原则，由接受备案的机关规定。

第六章 附则

第一百零三条 中央军事委员会根据宪法和法律，制定军事法规。

中央军事委员会各总部、军兵种、军区、中国人民武装警察部队，可以根据法律和中央军事委员会的军事法规、决定、命令，在其权限范围内，制定军事规章。

军事法规、军事规章在武装力量内部实施。

军事法规、军事规章的制定、修改和废止办法，由中央军事委员会依照本法规定的原则规定。

第一百零四条　最高人民法院、最高人民检察院作出的属于审判、检察工作中具体应用法律的解释，应当主要针对具体的法律条文，并符合立法的目的、原则和原意。遇有本法第四十五条第二款规定情况的，应当向全国人民代表大会常务委员会提出法律解释的要求或者提出制定、修改有关法律的议案。

最高人民法院、最高人民检察院作出的属于审判、检察工作中具体应用法律的解释，应当自公布之日起三十日内报全国人民代表大会常务委员会备案。

最高人民法院、最高人民检察院以外的审判机关和检察机关，不得作出具体应用法律的解释。

第一百零五条　本法自2000年7月1日起施行。

关于《中华人民共和国立法法（草案)》的说明

——2000年3月9日在第九届全国人民代表大会第三次会议上

全国人民代表大会常务委员会法制工作委员会主任 顾昂然

各位代表：

根据全国人大常委会的决定，我向大会作关于《中华人民共和国立法法（草案)》的说明。

立法法是关于国家立法制度的重要法律。根据中共十一届三中全会关于发展社会主义民主、健全社会主义法制的精神，一九八二年宪法对我国立法体制进行了改革。宪法、全国人大组织法、地方组织法对立法权限的划分、立法程序、法律解释等问题作了基本规定，全国人大及其常委会的议事规则对法律的制定程序又进一步作了具体规定。实践表明，这些规定是正确的、可行的。1979年以来，我国的立法工作取得了显著成就，积累了不少经验。但在实际工作中也存在着一些问题，主要是：有些法规、规章规定的内容超越了权限；有些法规、规章的规定同法律相抵触或者法规之间、规章之间、法规与规章之间存在着相互矛盾、冲突的现象；有的质量不高，在起草、制定过程中，有的部门、地方存在着不从国家整体利益考虑而为部门、地方争局部利益的倾向。这些问题在一定程度上损害了国家法制的统一和尊严，也给执法造成困难。因此，需要根据宪法制定立法法，对法律、法规以及规章的制定作出统一规定，使之更加规范化、制度化，以维护国家法制的统一，建立和完善有中国特色社会主义法律体系，这对推进依法治国，建设社会主义法治国家，有着十分重要的意义。

全国人大常委会法制工作委员会根据全国人大常委会立法规划，受委员长会议委托，从1993年下半年着手进行立法法的起草工作，多次召开各有关方面和法律专家参加的座谈会，进行讨论研究，三次将立法法草案征求意见稿印发中央有关机关和各省、自治区、直辖市的人大常委会广泛征求意见，反复修改，形成了立法法草案。九届全国人大常委会第十二、十三次会议对立法法草案进行了审议，根据人大常委会组成人员的审议意见和各方面的意见，对立法法草案进一步作了修改完善。

立法法草案以宪法为依据，总结二十年来的立法经验，对立法工作应当遵循的基本原则，法律、行政法规、地方性法规、自治条例和单行条例、规章各自的权限范围，制定程序和适用规则等问题，作了比较具体的规定。现对草案的几个主要问题说明如下：

一、关于适用范围

立法法是规范立法活动的法律。根据宪法确定的立法体制，立法法草案规定：法律、行政法规、地方性法规、自治条例和单行条例的制定、修改和废止，适用本法。国务院部门规章和地方政府规章的制定、修改和废止程序，依照本法的有关规定执行。中央军事委员会根据宪法和法律制定的军事法规，只在军队内部施行，其制定、修改和废止的程序与法律、行政法规、地方性法规有所不同，因此，草案规定：军事法规的制定、修改和废止程序，由中央军事委员会规定。

关于宪法的修改，宪法规定了特殊的程序，与一般立法程序不同。宪法第六十四条规定：“宪法的修改，由全国人民代表大会常务委员会或者五分之一以上的全国人民代表大会代表提议，并由全国人民代表大会以全体代表的三分之二以上的多数通过。”宪法的修改应当按照宪法规定的程序执行，本法对此未做规定。

根据宪法第三十一条制定的香港特别行政区基本法、澳门特别行政区基本法，对其修改和解释程序都作了特别规定，这两个法律的修改和解释应当分别按照这两个基本法的规定执行。

二、关于立法活动应当遵循的基本原则

根据宪法，总结二十年来立法工作经验，立法法草案明确规定了立法活动应当遵循的基本原则：第一，应当遵循宪法的基本原则。宪法的基本原则是指以经济建设为中心，坚持四项基本原则，坚持改革开放。坚持四项基本原则，就是多年来一贯强调的坚持社会主义道路，坚持人民民主专政，坚持中国共产党的领导，坚持马列主义、毛泽东思想、邓小平理论。这是立法工作坚持正确的政治方向，维护人民利益的根本保证，立法必须坚持和维护宪法的基本原则。第二，维护社会主义法制的统一和尊严。法制统一，是维护国家统一和建立国内统一市场的重要保证。不论是中央还是地方，不论是权力机关还是行政机关，都必须从国家整体利益出发，防止通过立法搞地方保护主义和部门保护主义。第三，立法应当体现人民的意志，维护人民的利益。因此，在立法工作中，应当发扬社会主义民主，保障人民通过多种途径参与立法活动。第四，坚持从实际出发的指导思想。从实际出发，实事求是，是我们的思想路线，立法应当从我国的国情出发，符合我国的实际，科学、合理地规定公民、法人和其他组织的权利与义务、国家机关的权力与责任，坚持权利与义务、权力与责任相统一的原则。第五，立法法对立法活动进行了规范，立法应当依照法定的权限和程序进行。

三、关于立法权限的划分

宪法规定：全国人大及其常委会行使国家立法权，制定法律；国务院根据宪法和法律制定行政法规；省级人大及其常委会在不同宪法、法律、行政法规相抵触的前提下制定地方性法规；民族自治地方包括自治区、自治州、自治县的人大有权制定自治条例和单行条例，分别报有关上级人大常委会批准。宪法对这些国家机关的立法权限从大的原则上作了规定，立法法草案对全国人大及其常委会与国务院、中央与地方之间，在立法事项方面的具体划分作了规定。

根据宪法规定，总结实践经验，草案着重对只能由全国人大及其常委会立法的事项作了进一步明确，即：（1）国家主权的事项；（2）各级人民代表大会、人民政府、人民法院和人民检察院的产生、组织和职权；（3）民族区域自治制度、特别行政区制度、基层群众自治制度；（4）犯罪与刑罚；（5）对公民政治权利的剥夺、限制人身自由的强制措施和处罚；（6）对非国有财产的征收；（7）民事基本制度；（8）基本经济制度以及财政、税收、海关、金融和外贸的基本制度；（9）诉讼和仲裁制度；（10）必须由全国人大及其常委会制定法律的其他事项。上述事项，都是关系国家基本的政治制度、经济制度和民事刑事等法律制度的重大事项。

至于哪些事项应由全国人大立法，哪些可以由全国人大常委会立法，按宪法的规定，全国人大制定和修改刑事、民事、国家机构的和其他的基本法律，全国人大常委会制定和修改除基本法律以外的其他法律。

草案对行政法规、地方性法规、自治条例和单行条例的权限范围作了大致规定。除以上只能由全国人大及其常委会制定法律的事项外，对其他事项，尚未制定法律的，原则上行政法规、地方性法规可以先作规定，如果需要对只能由法律规定的事项作出规定，则需经全国人大及其常委会授权。自治条例和单行条例可以根据当地民族的特点，对法律、行政法规作变通规定，但不得违背法律、行政法规的基本原则，不得对法律、行政法规专门就民族自治地方所作的规定作出变通规定。此外，草案对国务院各部、委员会规章和省级政府、较大市政府规章的权限范围也作出规定，主要是为执行法律、法规需要作出具体规定的事项。

四、关于授权立法

八十年代，全国人大及其常委会先后两次对国务院作出授权立法决定，一是在 1984 年，授权国务院就改革工商税制发布有关税收条例试行；二是在 1985 年，授权国务院在经济体制改革和对外开放方面可以制定暂行的规定或者条例。这两次授权，为促进经济建设和改革开放，加快立法步伐，起到了积极作用，各方面的反映也是好的。

建立和完善社会主义市场经济体制，制定与之相配套的法律，需要有一个过程。到 2010 年形成有中国特色社会主义法律体系之前，还有一些问题，制定法律的条件尚不成熟，需要由国务院先制定行政法规，待条件成熟后再上升为法律。因此，保留授权立法是必要的，同时也应对授权立法进一步予以规范和完善。为此，立法法草案对授权立法制度作了必要的规定：一是，全国人大及其常委会有权作出决定，授权国务院可以根据实际需要，就应当由法律规定的部分事项先制定行政法规，但有关犯罪与刑罚、对公民政治权利的剥夺、限制人身自由的强制措施和处罚、司法制度等不能授权；二是，授权决定应当明确授权的目的、范围，被授权机关应当严格按照授权目的和范围行使这项权力；三是，经过实践积累经验，制定法律条件成熟时，应当及时由全国人大及其常委会制定法律，法律制定后，相应立法事项的授权终止；四是，根据授权制定的法规应当报授权决定规定的机关备案。今后，随着法律的日渐完善，逐步形成比较完备的法律体系，授权立法的范围自然逐渐缩小。

五、关于立法程序

立法程序一般包括法律案的提出、审议、表决和公布四个环节。全国人大组织法、全国人大及其常委会的议事规则对立法程序做了规定。实践表明，这些规定是正确的、适当的。立法法草案根据法律已有的规定，着重把多年来实践证明体现民主集中制原则并行之有效的一些基本经验，加以法律化、制度化。增加或强调的主要是：第一，常委会审议法律案一般实行三审制。第二，坚持统一审议，充分发挥各专门委员会在法律案审议中的作用。法律案由有关的专门委员会进行审议，提出审议意见，印发会议。法律委员会根据代表或常委会组成人员、有关专门委员会的审议意见和各方面的意见，对法律案进行统一审议，提出修改情况和主要问题的汇报或审议结果的报告及草案修改稿。法律委员会对有关专门委员会的重要审议意见没有采纳的，应向有关专门委员会反馈。各专门委员会之间对法律案的重要问题意见不一致时，应当向委员长会议报告。第三，进一步在立法过程中发扬民主，走群众路线。法律委员会、有关的专门委员会和常委会工作机构应当听取各方面的意见，听取意见可以采取座谈会、论证会、听证会等多种形式。一些重要的法律草案，经委员长会议决定，向全民公布，广泛征求意见。第四，为了集思广益，对法律案进行深入审议，常委会在分组会议审议的基础上，可以召开联组会议或全体会议，对主要问题进行讨论。第五，法律案在审议中如果有重大问题需要进一步研究的，可以暂不付表决。法律案因各方面对制定该法律的必要性、可行性等重大问题存在较大意见分歧，搁置审议满两年的，或者因暂不付表决经过两年没有再次列入常委会会议议程审议的，由委员长会议向常委会报告，对该法律案终止审议。

同时，草案还对行政法规、地方性法规和规章的制定程序作了原则规定。其中，在地方性法规的制定程序中，参照全国人大及其常委会的作法，规定要有统一审议的环节，以进一步提高地方性法规的质量，保证法制统一。

六、关于法律解释

法律解释是宪法赋予全国人大常委会的职权。为了加强法律解释工作，保证法律的正确执行，立法法草案规定，以下两种情况应由全国人大常委会进行法律解释：一是，法律规定需要进一步明确具体含义的；二是，法律制定后出现新的情况，需要明确适用法律依据的。草案还对法律解释案的提出、草拟、审议、表决和公布程序，作了相应的规定。

七、关于适用规则

现在，各种法律、行政法规、地方性法规、自治条例和单行条例、规章愈来愈多，执行中提出了许多问题，需要确定适用规则，明确它们相互间的效力等级。根据宪法和有关法律的规定，立法法草案进一步明确了法律、行政法规、地方性法规、自治条例和单行条例、规章的适用规则。基本原则是：第一，上位法的效力高于下位法。第二，同位法中特别规定与一般规定不一致的，适用特别规定。第三，同位法中新的规定与旧的规定不一致的，适用新的规定。第四，不溯及既往的原则，但为了更好地保护公民、法人和其他组织的权利和利益而作的特别规定除外。同时，草案还规定，法律、行政法规、地方性法规、自治条例和单行条例、规章之间不一致，执行机关不能根据效力高低确定如何适用时，应由有关机关对如何适用作出裁决。

八、关于法规、规章的备案

为了维护法制的统一，根据立法权限的划分，解决实践中存在的法规、规章与法律相抵触，法规与规章之间互相矛盾的问题，需要加强对法规、规章的备案工作。根据实践作法，立法法草案规定了行政法规、地方性法规、规章的备案审查程序。有关国家机关、社会团体、企业事业组织和公民认为行政法规、地方性法规、自治条例和单行条例同宪法和法律相抵触时，可以向全国人大常委会书面提出进行审查的要求或建议，由常委会工作机构分送有关专门委员会和法律委员会审查。有关专门委员会和法律委员会经审查，认为同宪法、法律相抵触的，可以向制定机关提出书面审查意见，制定机关应当在两个月内研究提出是否修改的意见；制定机关不予修改，有关专门委员会和法律委员会认为同宪法、法律相抵触的，可以提请全国人大常委会决定是否予以撤销。

《中华人民共和国立法法（草案）》和以上说明是否妥当，请大会审议。

全国人民代表大会关于修改《中华人民共和国立法法》的决定

（2015年3月15日第十二届全国人民代表大会第三次会议通过）

第十二届全国人民代表大会第三次会议决定对《中华人民共和国立法法》作如下修改：

一、将第一条修改为："为了规范立法活动，健全国家立法制度，提高立法质量，完善中国特色社会主义法律体系，发挥立法的引领和推动作用，保障和发展社会主义民主，全面推进依法治国，建设社会主义法治国家，根据宪法，制定本法。"

二、将第五条修改为："立法应当体现人民的意志，发扬社会主义民主，坚持立法公开，保障人民通过多种途径参与立法活动。"

三、将第六条修改为："立法应当从实际出发，适应经济社会发展和全面深化改革的要求，科学合理地规定公民、法人和其他组织的权利与义务、国家机关的权力与责任。

"法律规范应当明确、具体，具有针对性和可执行性。"

四、第八条增加一项，作为第六项："（六）税种的设立、税率的确定和税收征收管理等税收基本制度"。

第六项改为第七项，修改为："（七）对非国有财产的征收、征用"。

第八项改为第九项，修改为："（九）基本经济制度以及财政、海关、金融和外贸的基本制度"。

五、将第十条改为两条，作为第十条、第十二条，修改为：

"第十条　授权决定应当明确授权的目的、事项、范围、期限以及被授权机关实施授权决定应当遵循的原则等。

“授权的期限不得超过五年，但是授权决定另有规定的除外。

“被授权机关应当在授权期限届满的六个月以前，向授权机关报告授权决定实施的情况，并提出是否需要制定有关法律的意见；需要继续授权的，可以提出相关意见，由全国人民代表大会及其常务委员会决定。

“第十二条 被授权机关应当严格按照授权决定行使被授予的权力。

“被授权机关不得将被授予的权力转授给其他机关。”

六、增加一条，作为第十三条：“全国人民代表大会及其常务委员会可以根据改革发展的需要，决定就行政管理等领域的特定事项授权在一定期限内在部分地方暂时调整或者暂时停止适用法律的部分规定。”

七、将第十四条改为第十六条，增加一款，作为第二款：“常务委员会依照前款规定审议法律案，应当通过多种形式征求全国人民代表大会代表的意见，并将有关情况予以反馈；专门委员会和常务委员会工作机构进行立法调研，可以邀请有关的全国人民代表大会代表参加。”

八、将第二十六条改为第二十八条，增加一款，作为第二款：“常务委员会会议审议法律案时，应当邀请有关的全国人民代表大会代表列席会议。”

九、将第二十八条改为第三十条，修改为：“列入常务委员会会议议程的法律案，各方面意见比较一致的，可以经两次常务委员会会议审议后交付表决；调整事项较为单一或者部分修改的法律案，各方面的意见比较一致的，也可以经一次常务委员会会议审议即交付表决。”

十、将第三十一条改为第三十三条，修改为：“列入常务委员会会议议程的法律案，由法律委员会根据常务委员会组成人员、有关的专门委员会的审议意见和各方面提出的意见，对法律案进行统一审议，提出修改情况的汇报或者审议结果报告和法律草案修改稿，对重要的不同意见应当在汇报或者审议结果报告中予以说明。对有关的专门委员会的审议意见没有采纳的，应当向有关的专门委员会反馈。

“法律委员会审议法律案时，应当邀请有关的专门委员会的成员列席会议，发表意见。”

十一、将第三十四条改为第三十六条，增加两款，作为第二款、第三款：“法律案有关问题专业性较强，需要进行可行性评价的，应当召开论证会，听取有关专家、部门和全国人民代表大会代表等方面的意见。

论证情况应当向常务委员会报告。

“法律案有关问题存在重大意见分歧或者涉及利益关系重大调整，需要进行听证的，应当召开听证会，听取有关基层和群体代表、部门、人民团体、专家、全国人民代表大会代表和社会有关方面的意见。听证情况应当向常务委员会报告。”

第二款改为第四款，修改为：“常务委员会工作机构应当将法律草案发送相关领域的全国人民代表大会代表、地方人民代表大会常务委员会以及有关部门、组织和专家征求意见。”

十二、将第三十五条改为第三十七条，修改为：“列入常务委员会会议议程的法律案，应当在常务委员会会议后将法律草案及其起草、修改的说明等向社会公布，征求意见，但是经委员长会议决定不公布的除外。向社会公布征求意见的时间一般不少于三十日。征求意见的情况应当向社会通报。”

十三、增加一条，作为第三十九条：“拟提请常务委员会会议审议通过的法律案，在法律委员会提出审议结果报告前，常务委员会工作机构可以对法律草案中主要制度规范的可行性、法律出台时机、法律实施的社会效果和可能出现的问题等进行评估。评估情况由法律委员会在审议结果报告中予以说明。”

十四、删除第三十八条。

十五、将第四十条改为第四十一条，增加两款，作为第二款、第三款：“法律草案表决稿交付常务委员会会议表决前，委员长会议根据常务委员会会议审议的情况，可以决定将个别意见分歧较大的重要条款提请常务委员会会议单独表决。

“单独表决的条款经常务委员会会议表决后，委员长会议根据单独表决的情况，可以决定将法律草案表决稿交付表决，也可以决定暂不付表决，交法律委员会和有关的专门委员会进一步审议。”

十六、增加一条，作为第四十三条：“对多部法律中涉及同类事项的个别条款进行修改，一并提出法律案的，经委员长会议决定，可以合并表决，也可以分别表决。”

十七、增加一条，作为第五十一条：“全国人民代表大会及其常务委员会加强对立法工作的组织协调，发挥在立法工作中的主导作用。”

十八、增加一条，作为第五十二条：“全国人民代表大会常务委员会通过立法规划、年度立法计划等形式，加强对立法工作的统筹安排。编制立法规划和年度立法计划，应当认真研究代表议案和建议，广泛征集意见，科学论证评估，根据经济社会发展和民主法治建设的需要，确定立法项目，提高立法的及时性、针对性和系统性。立法规划和年度立法计划由委员长会议通过并向社会公布。

“全国人民代表大会常务委员会工作机构负责编制立法规划和拟订年度立法计划，并按照全国人民代表大会常务委员会的要求，督促立法规划和年度立法计划的落实。”

十九、增加一条，作为第五十三条：“全国人民代表大会有关的专门委员会、常务委员会工作机构应当提前参与有关方面的法律草案起草工作；综合性、全局性、基础性的重要法律草案，可以由有关的专门委员会或者常务委员会工作机构组织起草。

“专业性较强的法律草案，可以吸收相关领域的专家参与起草工作，或者委托有关专家、教学科研单位、社会组织起草。”

二十、将第四十八条改为第五十四条，修改为：“提出法律案，应当同时提出法律草案文本及其说明，并提供必要的参阅资料。修改法律的，还应当提交修改前后的对照文本。法律草案的说明应当包括制定或者修改法律的必要性、可行性和主要内容，以及起草过程中对重大分歧意见的协调处理情况。”

二十一、将第五十二条改为第五十八条，第二款修改为：“法律签署公布后，及时在全国人民代表大会常务委员会公报和中国人大网以及在全国范围内发行的报纸上刊载。”

二十二、将第五十三条改为第五十九条，第二款改为两款，作为第二款、第三款，修改为：“法律被修改的，应当公布新的法律文本。

“法律被废止的，除由其他法律规定废止该法律的以外，由国家主席签署主席令予以公布。”

二十三、增加一条，作为第六十条：“法律草案与其他法律相关规定不一致的，提案人应当予以说明并提出处理意见，必要时应当同时提出修改或者废止其他法律相关规定的议案。

“法律委员会和有关的专门委员会审议法律案时，认为需要修改或者废止其他法律相关规定的，应当提出处理意见。”

二十四、将第五十四条改为第六十一条，第三款修改为：“法律标题的题注应当载明制定机关、通过日期。经过修改的法律，应当依次载明修改机关、修改日期。”

二十五、增加一条，作为第六十二条：“法律规定明确要求有关国家机关对专门事项作出配套的具体规定的，有关国家机关应当自法律施行之日起一年内作出规定，法律对配套的具体规定制定期限另有规定的，从其规定。有关国家机关未能在期限内作出配套的具体规定的，应当向全国人民代表大会常务委员会说明情况。”

二十六、增加一条，作为第六十三条：“全国人民代表大会有关的专门委员会、常务委员会工作机构可以组织对有关法律或者法律中有关规定进行立法后评估。评估情况应当向常务委员会报告。”

二十七、将第五十七条改为第六十六条，修改为：“国务院法制机构应当根据国家总体工作部署拟订国务院年度立法计划，报国务院审批。国务院年度立法计划中的法律项目应当与全国人民代表大会常务委员会的立法规划和年度立法计划相衔接。国务院法制机构应当及时跟踪了解国务院各部门落实立法计划的情况，加强组织协调和督促指导。

“国务院有关部门认为需要制定行政法规的，应当向国务院报请立项。”

二十八、将第五十八条改为第六十七条，修改为：“行政法规由国务院有关部门或者国务院法制机构具体负责起草，重要行政管理的法律、行政法规草案由国务院法制机构组织起草。行政法规在起草过程中，应当广泛听取有关机关、组织、人民代表大会代表和社会公众的意见。听取意见可以采取座谈会、论证会、听证会等多种形式。

“行政法规草案应当向社会公布，征求意见，但是经国务院决定不公布的除外。”

二十九、将第六十一条改为第七十条，增加一款，作为第二款：“有关国防建设的行政法规，可以由国务院总理、中央军事委员会主席共同签署国务院、中央军事委员会令公布。”

三十、将第六十二条改为第七十一条，第一款修改为：“行政法规签署公布后，及时在国务院公报和中国政府法制信息网以及在全国范围内发行的报纸上刊载。”

三十一、将第六十三条改为第七十二条，第二款修改为：“设区的市的人民代表大会及其常务委员会根据本市的具体情况和实际需要，在不同宪法、法律、行政法规和本省、自治区的地方性法规相抵触的前提下，可以对城乡建设与管理、环境保护、历史文化保护等方面的事项制定地方性法规，法律对设区的市制定地方性法规的事项另有规定的，从其规定。设区的市的地方性法规须报省、自治区的人民代表大会常务委员会批准后施行。省、自治区的人民代表大会常务委员会对报请批准的地方性法规，应当对其合法性进行审查，同宪法、法律、行政法规和本省、自治区的地方性法规不抵触的，应当在四个月内予以批准。”

第三款修改为：“省、自治区的人民代表大会常务委员会在对报请批准的设区的市的地方性法规进行审查时，发现其同本省、自治区的人民政府的规章相抵触的，应当作出处理决定。”

删除第四款。

增加三款，作为第四款、第五款、第六款：“除省、自治区的人民政府所在地的市，经济特区所在地的市和国务院已经批准的较大的市以外，其他设区的市开始制定地方性法规的具体步骤和时间，由省、自治区的人民代表大会常务委员会综合考虑本省、自治区所辖的设区的市的人口数量、地域面积、经济社会发展情况以及立法需求、立法能力等因素确定，并报全国人民代表大会常务委员会和国务院备案。

“自治州的人民代表大会及其常务委员会可以依照本条第二款规定行使设区的市制定地方性法规的职权。自治州开始制定地方性法规的具体步骤和时间，依照前款规定确定。

“省、自治区的人民政府所在地的市，经济特区所在地的市和国务院已经批准的较大的市已经制定的地方性法规，涉及本条第二款规定事项范围以外的，继续有效。”

三十二、将第六十四条改为第七十三条，第二款修改为：“除本法第八条规定的事项外，其他事项国家尚未制定法律或者行政法规的，省、自治区、直辖市和设区的市、自治州根据本地方的具体情况和实际需要，可以先制定地方性法规。在国家制定的法律或者行政法规生效后，地方性法规同法律或者行政法规相抵触的规定无效，制定机关应当及时予以修改或者废止。”

增加两款，作为第三款、第四款：“设区的市、自治州根据本条第一款、第二款制定地方性法规，限于本法第七十二条第二款规定的事项。

“制定地方性法规，对上位法已经明确规定的内容，一般不作重复性规定。”

三十三、将第六十九条改为第七十八条，第三款修改为：“设区的市、自治州的人民代表大会及其常务委员会制定的地方性法规报经批准后，由设区的市、自治州的人民代表大会常务委员会发布公告予以公布。”

三十四、将第七十条改为第七十九条，第一款修改为：“地方性法规、自治区的自治条例和单行条例公布后，及时在本级人民代表大会常务委员会公报和中国人大网、本地方人民代表大会网站以及在本行政区域范围内发行的报纸上刊载。”

三十五、将第七十一条改为第八十条，第二款修改为：“部门规章规定的事项应当属于执行法律或者国务院的行政法规、决定、命令的事项。没有法律或者国务院的行政法规、决定、命令的依据，部门规章不得设定减损公民、法人和其他组织权利或者增加其义务的规范，不得增加本部门的权力或者减少本部门的法定职责。”

三十六、将第七十三条改为第八十二条，第一款修改为：“省、自治区、直辖市和设区的市、自治州的人民政府，可以根据法律、行政法规和本省、自治区、直辖市的地方性法规，制定规章。”

增加四款，作为第三款、第四款、第五款、第六款：“设区的市、自治州的人民政府根据本条第一款、第二款制定地方政府规章，限于城乡建设与管理、环境保护、历史文化保护等方面的事项。已经制定的地方政府规章，涉及上述事项范围以外的，继续有效。

“除省、自治区的人民政府所在地的市，经济特区所在地的市和国务院已经批准的较大的市以外，其他设区的市、自治州的人民政府开始制定规章的时间，与本省、自治区人民代表大会常务委员会确定的本市、自治州开始制定地方性法规的时间同步。

“应当制定地方性法规但条件尚不成熟的，因行政管理迫切需要，可以先制定地方政府规章。规章实施满两年需要继续实施规章所规定的行政措施的，应当提请本级人民代表大会或者其常务委员会制定地方性法规。

“没有法律、行政法规、地方性法规的依据，地方政府规章不得设定减损公民、法人和其他组织权利或者增加其义务的规范。”

三十七、将第七十六条改为第八十五条，第二款修改为：“地方政府规章由省长、自治区主席、市长或者自治州州长签署命令予以公布。”

三十八、将第七十七条改为第八十六条，第一款修改为：“部门规章签署公布后，及时在国务院公报或者部门公报和中国政府法制信息网以及在全国范围内发行的报纸上刊载。”

第二款修改为：“地方政府规章签署公布后，及时在本级人民政府公报和中国政府法制信息网以及在本行政区域范围内发行的报纸上刊载。”

三十九、将第五章的章名修改为“适用与备案审查”。

四十、将第八十条改为第八十九条，第二款修改为：“省、自治区的人民政府制定的规章的效力高于本行政区域内的设区的市、自治州的人民政府制定的规章。”

四十一、将第八十九条改为第九十八条，第二项修改为：“（二）省、自治区、直辖市的人民代表大会及其常务委员会制定的地方性法规，报全国人民代表大会常务委员会和国务院备案；设区的市、自治州的人民代表大会及其常务委员会制定的地方性法规，由省、自治区的人民代表大会常务委员会报全国人民代表大会常务委员会和国务院备案”。

第三项修改为：“（三）自治州、自治县的人民代表大会制定的自治条例和单行条例，由省、自治区、直辖市的人民代表大会常务委员会报全国人民代表大会常务委员会和国务院备案；自治条例、单行条例报送备案时，应当说明对法律、行政法规、地方性法规作出变通的情况”。

第四项修改为：“（四）部门规章和地方政府规章报国务院备案；地方政府规章应当同时报本级人民代表大会常务委员会备案；设区的市、自治州的人民政府制定的规章应当同时报省、自治区的人民代表大会常务委员会和人民政府备案”。

第五项修改为：“（五）根据授权制定的法规应当报授权决定规定的机关备案；经济特区法规报送备案时，应当说明对法律、行政法规、地方性法规作出变通的情况”。

四十二、将第九十条改为第九十九条，增加一款，作为第三款：“有关的专门委员会和常务委员会工作机构可以对报送备案的规范性文件进行主动审查。”

四十三、将第九十一条改为第一百条，第一款修改为：“全国人民代表大会专门委员会、常务委员会工作机构在审查、研究中认为行政法规、地方性法规、自治条例和单行条例同宪法或者法律相抵触的，可以向制定机关提出书面审查意见、研究意见；也可以由法律委员会与有关的专门委员会、常务委员会工作机构召开联合审查会议，要求制定机关到会说明情况，再向制定机关提出书面审查意见。制定机关应当在两个月内研究提出是否修改的意见，并向全国人民代表大会法律委员会和有关的专门委员会或者常务委员会工作机构反馈。”

增加一款，作为第二款：“全国人民代表大会法律委员会、有关的专门委员会、常务委员会工作机构根据前款规定，向制定机关提出审查意见、研究意见，制定机关按照所提意见对行政法规、地方性法规、自治条例和单行条例进行修改或者废止的，审查终止。”

第二款改为第三款，修改为：“全国人民代表大会法律委员会、有关的专门委员会、常务委员会工作机构经审查、研究认为行政法规、地方性法规、自治条例和单行条例同宪法或者法律相抵触而制定机关不予修改的，应当向委员长会议提出予以撤销的议案、建议，由委员长会议决定提请常务委员会会议审议决定。”

四十四、增加一条，作为第一百零一条：“全国人民代表大会有关的专门委员会和常务委员会工作机构应当按照规定要求，将审查、研究情况向提出审查建议的国家机关、社会团体、企业事业组织以及公民反馈，并可以向社会公开。”

四十五、将第九十三条改为第一百零三条，第二款修改为：“中央军事委员会各总部、军兵种、军区、中国人民武装警察部队，可以根据法律和中央军事委员会的军事法规、决定、命令，在其权限范围内，制定军事规章。”

四十六、增加一条，作为第一百零四条：“最高人民法院、最高人民检察院作出的属于审判、检察工作中具体应用法律的解释，应当主要针对具体的法律条文，并符合立法的目的、原则和原意。遇有本法第四十五条第二款规定情况的，应当向全国人民代表大会常务委员会提出法律解释的要求或者提出制定、修改有关法律的议案。

“最高人民法院、最高人民检察院作出的属于审判、检察工作中具体应用法律的解释，应当自公布之日起三十日内报全国人民代表大会常务委员会备案。

“最高人民法院、最高人民检察院以外的审判机关和检察机关，不得作出具体应用法律的解释。”

广东省东莞市和中山市、甘肃省嘉峪关市、海南省三沙市，比照适用本决定有关赋予设区的市地方立法权的规定。

本决定自公布之日起施行。

《中华人民共和国立法法》根据本决定作相应修改，重新公布。

关于《中华人民共和国立法法修正案（草案)》的说明

——2015 年 3 月 8 日在第十二届全国人民代表大会第三次会议上

全国人民代表大会常务委员会副委员长 李建国

各位代表：

我受全国人大常委会委托，现对《中华人民共和国立法法修正案(草案)》作说明。

一、修改立法法的必要性和指导思想

立法是国家的重要政治活动，立法法是关于国家立法制度的重要法律。我国现行立法法自 2000 年颁布施行以来，对规范立法活动，推动形成和完善中国特色社会主义法律体系，推进社会主义法治建设，发挥了重要作用。实践证明，立法法确立的立法制度总体是符合国情、行之有效的。但是，随着我国经济社会的发展和改革的不断深化，人民群众对加强和改进立法工作有许多新期盼，以习近平同志为总书记的党中央提出了新要求，立法工作面临不少需要研究解决的新情况、新问题。立法工作关系党和国家事业发展全局，在全面建成小康社会、全面深化改革、全面依法治国、全面从严治党的战略布局中，将发挥越来越重要的作用。为了适应立法工作新形势新任务的需要，贯彻落实党的十八大和十八届三中、四中全会精神，总结立法法施行以来推进科学立法、民主立法的实践经验，适时修改立法法，是十分必要的。这对于完善立法体制，提高立法质量和立法效率，维护国家法制统一，形成完备的法律规范体系，推进国家治理体系和治理能力现代化，建设社会主义法治国家，具有重要的现实意义和长远意义。

修改立法法的指导思想是，贯彻落实党的十八大和十八届三中、四中全会精神，高举中国特色社会主义伟大旗帜，以马克思列宁主义、毛泽东思想、邓小平理论、“三个代表”重要思想、科学发展观为指导，深入学习贯彻习近平总书记系列重要讲话精神，坚持党的领导、人民当家作主、依法治国有机统一，以提高立法质量为重点，深入推进科学立法、民主立法，更好地发挥立法的引领和推动作用，发挥人大及其常委会在立法工作中的主导作用，完善以宪法为核心的中国特色社会主义法律体系，全面推进依法治国，建设社会主义法治国家。

在修改立法法工作中，注意把握了以下几点：一是，认真贯彻落实党中央决策部署。按照中央全面深化改革领导小组关于贯彻实施党的十八届三中、四中全会两个决定的重要举措分工方案，凡涉及立法法修改的举措和要求，都通过修改立法法予以落实。通过修改立法法，完善立法体制，做到立法决策和改革决策相统一、相衔接，重大改革于法有据，立法主动适应改革需要，改革和法治同步推进。二是，突出重点，着力围绕提高立法质量完善制度。发挥立法的引领和推动作用，提高立法质量是关键。要认真总结多年来全国人大及其常委会和地方人大及其常委会在推进科学立法、民主立法方面的实践经验，将一些好的做法通过修改立法法提炼、固定下来。通过完善立法体制机制和程序，努力使制定和修改的法律能够准确体现党的主张和人民意愿的统一，有效地解决实际问题。三是，积极稳妥，分步推进。各方面对修改立法法提出的意见和建议不少。这一次修改立法法是部分修改，不是全面修改，对可改可不改的暂不改；对认识比较一致、条件成熟的，予以补充完善；对认识尚不统一的，继续深入研究；对属于工作机制和法律实施层面的问题，通过加强和改进相关工作予以解决。与此同时，需要强调的是，立法法的修改，要遵循宪法，并处理好与其他有关法律的关系。宪法是立法法制定的依据，修改立法法、完善立法体制也必须根据宪法。还要与全国人民代表大会组织法、全国人民代表大会议事规则、全国人大常委会议事规则、地方各级人民代表大会和地方各级人民政府组织法、各级人大常委会监督法等法律相衔接和相协调。

二、修改立法法的工作过程

按照全国人大常委会的工作部署，本届以来，全国人大常委会法工委着手立法法修改研究工作。通过收集整理代表议案和建议、赴地方调研、召开专题座谈会、邀请地方人大和政府法制机构有关负责同志共同研究等方式，广泛听取各方面意见。在充分沟通协商、深入研究论证的基础上，形成了立法法修正案草案，由全国人大常委会委员长会议提请2014年8月召开的十二届全国人大常委会第十次会议进行了初次审议。会后，全国人大法律委员会、全国人大常委会法工委广泛征求了中央有关部门、各地和有关方面的意见，并在中国人大网全文公布修正案草案，征求社会公众意见。根据全国人大常委会组成人员的审议意见和各方面的意见，对修正案草案进行了修改完善。2014年12月，十二届全国人大常委会第十二次会议对立法法修正案草案进行了再次审议。全国人大常委会组成人员和列席人员普遍认为，修正案草案贯彻党的十八大和十八届三中、四中全会精神，总体吸收了常委会组成人员的审议意见和各方面的意见，已趋成熟。会议决定将立法法修正案草案提请十二届全国人大三次会议审议。全国人大常委会第十二次会议之后，中国人大网全文公布修正案草案，第二次征求社会公众意见。

全国人大常委会办公厅于今年1月将立法法修正案草案发送全国人大代表。代表们对修正案草案进行了认真研读讨论，总体赞成修正案草案，同时提出了一些修改意见。全国人大法律委员会召开会议，根据全国人大常委会组成人员的审议意见和代表们提出的意见，对修正案草案进行了审议，作了修改完善，并将修改情况向全国人大常委会委员长会议作了汇报。

党中央高度重视立法法的修改，将立法法修改列为需要党中央2015年研究的重大立法事项。2015年2月12日，习近平总书记主持召开中央政治局常委会会议，听取了全国人大常委会党组《关于〈中华人民共和国立法法修正案（草案）〉几个主要问题的请示》的汇报，原则同意全国人大常委会党组的请示，并就进一步修改完善立法法修正案草案作出重要指示。会后，根据党中央的重要指示精神，对修正案草案又作了进一步修改完善。在此基础上，形成了提请大会审议的《中华人民共和国立法法修正案（草案）》。

三、立法法修正案草案的主要内容

（一）关于完善立法体制

我国实行统一而又分层次的立法体制。党的十八届四中全会对完善立法体制提出了明确要求。落实这一要求，根据各方面的意见，修正案草案对立法体制的规定作了如下修改：

1. 实现立法和改革决策相衔接。党的十八届四中全会决定提出，实现立法和改革决策相衔接，做到重大改革于法有据、立法主动适应改革和经济社会发展需要。实践条件还不成熟、需要先行先试的，要按照法定程序作出授权。按照这一要求，总结近年来的实践，修正案草案增加规定，全国人大及其常委会可以根据改革发展的需要，决定就行政管理等领域的特定事项授权在部分地方暂停适用法律的部分规定。同时，针对现行授权立法规定比较原则，以往有些授权范围过于笼统、缺乏时限要求等问题，修正案草案增加规定，授权决定不仅应当明确授权的目的、范围，还要明确授权的事项、期限和被授权机关实施授权决定应当遵循的原则等；被授权机关应当在授权期限届满的六个月以前，向授权机关报告授权决定实施的情况。（修正案草案第五条、第四条）

2. 赋予设区的市地方立法权。党的十八届四中全会决定提出，明确地方立法权限和范围，依法赋予设区的市地方立法权。目前全国设区的市 284 个，按照现行立法法规定，享有地方立法权的有 49 个（包括 27 个省、自治区的人民政府所在地的市，4 个经济特区所在地的市和 18 个经国务院批准的较大的市），尚没有地方立法权的 235 个。为落实好党中央的精神，既要依法赋予所有设区的市地方立法权，以适应地方的实际需要，又要相应明确其地方立法权限和范围，避免重复立法，维护国家法制统一。为此，根据各方面的意见，修正案草案在依法赋予所有设区的市地方立法权的同时，明确设区的市可以对“城乡建设与管理、环境保护、历史文化保护等方面的事项”制定地方性法规，法律对较大的市制定地方性法规的事项另有规定的，从其规定。原有 49 个较大的市已经制定的地方性法规，涉及上述事项范围以外的，继续有效。同时，考虑到设区的市数量较多，地区差异较大，这一工作需要本着积极稳妥的精神予以推进，修正案草案规定，由省、自治区的人大常委会综合考虑本省、自治区所辖的设区的市的人口数量、地域面积、经济社会发展情况以及立法需求、立法能力等因素，确定其他设区的市开始制定地方性法规的具体步骤和时间，并报全国人大常委会和国务院备案。此外，修正案草案还规定，设区的市人民政府可以相应制定地方政府规章。（修正案草案第二十八条、第三十二条）

根据民族区域自治法关于“自治州的自治机关行使下设区、县的市的地方国家机关的职权，同时行使自治权”的规定，在自治州人民代表大会可以依法制定自治条例、单行条例的基础上，建议相应赋予自治州人大及其常委会设区的市的地方立法权。（修正案草案第二十八条）

3. 落实税收法定原则。党的十八届三中全会决定提出了落实税收法定原则的明确要求。现行立法法第八条规定了只能制定法律的事项，“税收”是在该条第八项“基本经济制度以及财政、税收、海关、金融和外贸的基本制度”中规定的。一些常委会组成人员、代表和地方建议，应当对“税收法定”问题专设一项，作出明确规定。据此，修正案草案将“税收”专设一项作为第六项，明确“税种的开征、停征和税收征收管理的基本制度”只能由法律规定。（修正案草案第三条）

4. 对部门规章和地方政府规章权限进行规范。按照党的十八届四中全会决定要求，为进一步明确规章的制定权限范围，推进依法行政，修正案草案规定：一是制定部门规章，没有法律或者国务院的行政法规、决定、命令依据，不得设定减损公民、法人和其他组织权利或者增加其义务的规范，不得增加本部门的权力、减少本部门的法定职责（修正案草案第三十一条）。二是制定地方政府规章，没有法律、行政法规、地方性法规依据，不得设定减损公民、法人和其他组织权利或者增加其义务的规范。同时，考虑到地方实际工作的需要，修正案草案规定，应当制定地方性法规但条件尚不成熟的，因行政管理迫切需要，可以先制定地方政府规章，规章实施满两年需要继续实施规章所规定的行政措施的，应当提请本级人民代表大会或者其常务委员会制定地方性法规。（修正案草案第三十二条）

（二）关于发挥人大在立法工作中的主导作用

立法是宪法赋予人大及其常委会的一项重要职权。党的十八届四中全会决定提出，健全有立法权的人大主导立法工作的体制机制。根据各方面的意见，修正案草案从以下几个方面加以补充和完善：一是全国人大及其常委会通过立法规划、年度立法计划等形式，加强对立法工作的统筹安排（修正案草案第十六条、第十七条）。二是加强和改进法律起草机制，修正案草案规定，全国人大有关的专门委员会、常委会工作机构可以提前参与有关方面的法律草案起草工作；涉及综合性、全局性、基础性等事项的法律草案，可以由全国人大有关的专门委员会或者常委会工作机构组织起草（修正案草案第十八条）。三是更多发挥人大代表在立法中的作用。修正案草案规定，编制立法规划和年度立法计划，应当认真研究代表议案和建议；全国人大常委会审议法律案，应当通过多种形式征求代表的意见，并将有关情况予以反馈；全国人大专门委员会和常委会工作机构进行立法调研可以邀请有关的代表参加；全国人大常委会会议审议法律案，应当邀请有关的全国人大代表列席。（修正案草案第十七条、第六条、第七条）

（三）关于深入推进科学立法、民主立法

深入推进科学立法、民主立法是提高立法质量的根本途径。党的十八届三中、四中全会对深入推进科学立法、民主立法提出了一系列要求，常委会组成人员、代表、专家和社会公众也提出了许多好的意见和建议。据此，修正案草案规定：一是将提高立法质量明确为立法的一项基本要求，在总则中作出规定（修正案草案第一条）。二是拓宽公民有序参与立法的途径，开展立法协商，完善立法论证、听证、法律草案公开征求意见等制度（修正案草案第十条、第十一条、第十八条）。三是健全审议和表决机制。修正案草案规定，调整事项较为单一，各方面的意见比较一致的法律案，可以经一次人大常委会会议审议通过；对审议中个别意见分歧较大的重要条款设立单独表决制度；对多部法律中涉及同类事项的个别条款进行修改，一并提出法律案的，可以合并表决，也可以逐个表决（修正案草案第八条、第十四条、第十五条）。四是增加法律通过前评估、法律清理、制定配套规定、立法后评估等一系列推进科学立法的措施。（修正案草案第十二条、第二十一条、第二十三条、第二十四条）

（四）关于完善制定行政法规的程序

一些代表、部门和地方提出，行政法规是中国特色社会主义法律体系的重要组成部分，建议按照党的十八届四中全会决定精神，对制定行政法规的程序作进一步完善。据此，修正案草案增加规定：一是对国务院编制年度立法计划提出要求，国务院年度立法计划中的法律项目应当与全国人大常委会的立法规划和年度立法计划相衔接。国务院法制机构对国务院各部门落实立法计划的情况，应当及时跟踪了解，加强组织协调和督促指导（修正案草案第二十五条）。二是对行政法规的起草提出要求，行政法规在起草过程中，应当广泛听取有关机关、组织、人大代表和公民的意见。重要行政管理的法律、行政法规草案由国务院法制机构组织起草。行政法规草案应当向社会公布，征求意见，但是经国务院决定不予公布的除外。（修正案草案第二十六条）

（五）关于加强备案审查

规范性文件备案审查是保证宪法法律有效实施、维护国家法制统一的重要制度。一些代表、地方和专家建议加强备案审查工作，加大备案审查力度。按照党的十八届四中全会决定关于加强备案审查制度和能力建设的要求，根据各方面的意见，修正案草案增加规定：一是全国人大有关的专门委员会和常委会工作机构可以对报送备案的规范性文件进行主动审查（修正案草案第三十七条）。二是全国人大有关的专门委员会和常委会工作机构可以将审查、研究情况向提出审查建议的国家机关、社会团体、企业事业组织以及公民反馈，并可以向社会公开（修正案草案第三十八条、第三十九条）。三是民族自治地方制定的自治条例、单行条例和经济特区法规报送备案时，应当说明对法律、行政法规、地方性法规作出变通的情况。（修正案草案第三十六条）

（六）关于对司法解释的规范和监督

司法解释对于司法机关依法正确行使职权是必要的。按照党的十八届四中全会精神，针对目前实践中司法解释存在的问题，根据各方面的意见，修正案草案增加规定：一是最高人民法院、最高人民检察院对审判工作、检察工作中具体应用法律的解释，应当主要针对具体的法律条文，并符合立法的目的、原则和原意。二是最高人民法院、最高人民检察院在行使职权中遇有立法法规定情况的，应当向全国人大常委会提出法律解释的要求或者提出制定、修改有关法律的议案。三是最高人民法院、最高人民检察院作出具体应用法律的解释，应当报全国人大常委会备案。四是除最高人民法院、最高人民检察院外，其他审判机关和检察

机关，不得作出具体应用法律的解释。(修正案草案第四十一条)

此外，修正案草案还对国务院和中央军委联合发布行政法规、武警部队制定军事规章等进行了修改补充和完善。

这里还有一个问题需要说明。这次修改立法法赋予所有设区的市地方立法权后，需要考虑是否对几个不设区的地级市赋予地方立法权的问题。广东省东莞市和中山市、甘肃省嘉峪关市属地级市，但不设区。按照赋予设区的市地方立法权的精神，建议在依法赋予设区的市地方立法权的同时，赋予广东省东莞市、中山市和甘肃省嘉峪关市设区的市地方立法权。

《中华人民共和国立法法修正案（草案)》和以上说明，请审议。

后　　记

截至2021年8月20日第十三届全国人大常委会第三十次会议闭幕，我国现行有效法律共286件。按照法律部门分类目录，《立法法》是我国现行48件宪法相关法之一。就内容而言，《立法法》与其他法律相比显然具有特别的重要性，因为立法体制如同各个法律部门的“生产车间”，《立法法》通过构筑这个“生产车间”在源头上决定着整个社会主义法律体系的发展和完善。在此意义上，所有的法学或法律工作者，不论学科或部门，都应当关注《立法法》。当然，作为宪法相关法的类属说明，《立法法》与宪法具有最紧密的联系。

笔者的主要学术旨趣是宪法学，特别是宪法中的央地关系和地方制度，但该主题与《立法法》紧密相关。比如，省级人大常委会作为《宪法》规定的地方国家权力机关的常设机关，属于央地关系研究的重要对象，而根据《立法法》第99条第1款的规定，它如果认为行政法规、地方性法规、自治条例和单行条例同宪法或者法律相抵触，可以向全国人大常委会提出法规审查要求，这又属于《立法法》法规审查制度的范畴。围绕这一地方制度、审查制度和立法制度交叉的问题，笔者正式开始了对《立法法》的规范探索。该主题的研究成果以《省级人大常委会法规审查要求权的规范建构》为题最终在《法学评论》发表。

由于受到《法学评论》的肯定，此后笔者又陆续围绕与《立法法》相关的地方性法规制定权扩容、地方改革试点授权决定、法规审查要求和建议、经济特区法规变通权限、自贸区和自贸港立法、监察立法权配置等问题进行了一系列专题探索，直到最后完成《立法法释义学的理论建构》一文，阐明各项专题研究的统一的方法论基础，也确定了“立法法释义学专题研究”这一书名。总体来说，尽管前述问题的主题各异，但都属于《立法法》研究的范畴。笔者在研究方法上始终坚持以法释义学方法为主，特别是结合《宪法》来解释《立法法》。

特别感谢《法学评论》的鼓励。若非第一篇论文顺利发表，笔者大概不会走上立法法学的研究道路。后续主题的论文非常有幸在《当代法学》《法学》《法学家》《政法论丛》《中国行政管理》等刊物陆续发表，因此，同样非常感谢每本期刊和各位编辑老师的指正与肯定。当前学术体制创造了巨大的发表压力，几乎到了“一天不产奶，就会被屠宰”的地步。笔者虽有研究和写作的兴趣，但可以坦陈并无沉心写书的勇气。本书之所以能够集腋成裘，完全是各位期刊编辑老师不断提携的功劳，集结出版本身也不乏缓解考核压力的目的。书中的已发表内容均已在章末注明出处，欢迎读者将引用（如果有的话）贡献给期刊。

衷心感谢王贵松、郑磊、黄明涛、杨晓楠、秦小建、程雪阳、于文豪、屠凯、郑毅、田伟等学友指正笔者在特定问题上的论证，使得本书的相关内容更为周延。但由于笔者能力和精力有限，书中的错误和不足在所难免，诚挚期待读者批评指正（邮箱：amoitiger@ gmail. com）。本书部分章节的写作完成于任教厦大期间，因此要特别感谢厦门大学法学院各位领导、老师和同人的支持和包容。

感谢学界前辈秦前红老师和冯玉军老师在百忙之中拨冗为本书作序推荐，感谢韩大元老师、朱福惠老师、苗连营老师、熊文钊老师、宋方青老师等前辈对后学的大力提携与无私关爱。感谢天津大学法学院院长孙佑海教授、杨欢书记以及各位领导与同事的厚爱，感谢天津大学人文社科处特别是张俊艳处长的大力支持，使本书能纳入“天津大学社会科学文库”，受到出版资助。感谢中国社会科学出版社张林老师为本书编辑和出版付出的辛苦。

感谢国家社会科学基金特别是匿名评审专家的肯定，使笔者主持申报的“国家纵向治理体系现代化和法治化若干重大问题研究”获得2020年度国家社科基金重大项目的立项资助。本书中的诸多立法问题都涉及央地关系、地方制度和国家纵向治理中的法学问题。希望本书的出版不仅能够促进立法学的研究，也能够对国家纵向治理这一主题的研究提供学术增量。

最后也是最重要的，感谢王嘉懿小朋友提供的踩背服务，更感谢妻子李玲博士包揽了大量家务，使我的学术写作获得充裕的时间保障。这本书应当是献给她们的。

王建学

辛丑年十二月

于天津大学敬业湖畔